高职高专系列教材

商务谈判与推销技巧

主　编　刘　蓉

副主编　陈会玲

参　编　颜　伟　张海云　郑　娜　南建党

主　审　王永莲

机械工业出版社

本书共分为商务谈判和推销技巧两大部分，内容涉及商务谈判认知、商务谈判的前期准备、商务谈判过程及其策略、商务谈判技巧、国际商务谈判、商务谈判礼仪、推销与推销人员、推销模式、推销接近、推销洽谈、顾客异议、推销成交与管理，着重培养学生在商务谈判与推销中的综合素质和职业岗位能力。

本书充分体现了“以教学为主导，以学生为主体，教与学互动”的原则，将实训与课堂教学有机地结合起来，教材中有大量典型案例和课外知识，丰富了教学内容，能激发学习兴趣。同时，每一章每一个小节都能针对学习内容制定任务实训环节，易学好教。

本书目标导向明确、职业知识丰富、实训内容实用，理论与实践情景交融，既可作为高职高专院校市场营销等经济管理专业教材，也可作为应用型本科院校经管专业教材，还可以作为企业营销人员和管理人员的培训辅导教材或自学用书。

为方便教学，本书配备了电子课件等教学资源，索取方式见前言。

图书在版编目（CIP）数据

商务谈判与推销技巧/刘蓉主编. —北京：机械工业出版社，2015.1（2025.8 重印）
高职高专系列教材
ISBN 978-7-111-48781-4

Ⅰ. ①商… Ⅱ. ①刘… Ⅲ. ①商务谈判—高等职业教育—教材 ②推销-高等职业教育-教材 Ⅳ. ①F715.4 ②F713.3

中国版本图书馆 CIP 数据核字（2014）第 286559 号

机械工业出版社（北京市百万庄大街 22 号 邮政编码 100037）
策划编辑：孔文梅 责任编辑：孔文梅 乔 晨
责任校对：王 欣 封面设计：鞠 杨
责任印制：单爱军
中煤（北京）印务有限公司印刷
2025 年 8 月第 1 版第 12 次印刷
184mm×260mm · 15.75 印张 · 365 千字
标准书号：ISBN 978-7-111-48781-4
定价：45.00 元

电话服务 网络服务
客服电话：010-88361066 机 工 官 网：www.cmpbook.com
010-88379833 机 工 官 博：weibo.com/cmp1952
010-68326294 金 书 网：www.golden-book.com
封底无防伪标均为盗版 机工教育服务网：www.cmpedu.com

前　言

随着中国经济的高速发展，商务谈判与推销几乎渗透到经济活动的每个角落，需要大量具有实践操作能力的商务谈判与推销专业技术性人才。目前，大部分普通高职高专院校的经管类专业开设了商务谈判与推销技巧课程，但遗憾的是，多数使用的是商务谈判和推销技巧两本教材，知识重叠、不能互补，内容重理论、轻实践，忽视了学生实践动手能力的培养。因此，编写适应高素质技术技能人才培养的专业系列优质教材迫在眉睫。高职教育承担着为我国社会主义现代化建设培养应用型、技能型人才的重任，为了适应高等职业教育的要求，我们编写了本书。

本书在编写中紧扣专业课程教学大纲要求，从职业岗位及岗位群对技能要求的实际出发，以“适用、实用”为度，形成新的知识体系，前半部分是商务谈判，后半部分是推销技巧，知识前后呼应，便于学生和教师使用。本书在编写中加入了大量典型案例和课外知识，丰富了教学内容，更能激起学生的学习兴趣；充分体现了“以教学为主导，以学生为主体，教与学互动”的原则，将实训与课堂教学有机地结合起来，每一章每一个小节都能针对学习内容制定实训环节，不但锻炼了学生的独立业务操作能力和分析与解决问题的能力，也方便了教师教学使用。

本书由陕西工业职业技术学院刘蓉主编，并拟定教材大纲、框架设计及统稿；陕西工业职业职业技术学院的陈会玲、颜伟、张海云、郑娜和陕西交通职业技术学院的南建党都参与了教材的编写工作；陕西工业职业技术学院王永莲担任主审。具体编写分工如下：刘蓉编写第一章、第五章、第六章、第七章；陈会玲编写第二章、第三章、第四章；郑娜编写第八章；张海云编写第九章、第十一章；颜伟编写第十章；南建党编写第十二章。

本书目标导向明确、职业知识丰富、实训内容实用，理论与实践情景交融，既可作为高职高专院校市场营销等经济管理专业教材，也可作为应用型本科院校经管专业参考教材，还可以作为企业营销人员和管理人员的培训辅导教材或自学用书。

在本书的编写过程中，编者参阅了大量具有时效性的同类教材和国内外专家学者、企业行家的著作和最新学术观点，也采纳了许多专业网站、个人博客的新知灼见，限于篇幅，恕不能一一列出，书中只列出了主要参考文献，在此谨向各位作者致谢！如有遗漏，谨致歉意。

本书虽然在特色上做出了一些有益的探索和大胆的创新，但由于编者能力和水平有限，不当之处在所难免，恳请各位读者在使用本教材的过程中给予关注，并将意见及时反馈给我们，以便我们下次修订时完善。

为方便教学，本书配备了电子课件等教学资源。凡选用本书作为教材的教师均可登录机械工业出版社教育服务网 www.cmpedu.com 免费下载。如有问题请致信 cmpgaozhi@sina.com，或致电 010-88379375 联系营销人员。

编　者

目　录

第一章 商务谈判认知

商务谈判是指不同的利益群体为了双方利益，借助于思维、语言、策略、技巧而进行的沟通和协商的行为与过程。要想掌握商务谈判的技巧就必须要先对商务谈判有一定的了解，本章内容将会使大家对商务谈判有一个基本的认知。

【案例导入】

有一个妈妈把一个橙子给了邻居的两个孩子。这两个孩子便讨论起来该如何分这个橙子，两个人吵来吵去，怎么办？

结果，这两个孩子按照商定的办法各自取得了一半橙子，高高兴兴地拿回家去了。第一个孩子把半个橙子拿到家，把皮剥掉扔进了垃圾桶，把果肉放到果汁机上打果汁喝。另一个孩子回到家把果肉挖掉扔进了垃圾桶，把橙子皮留下来磨碎了，混在面粉里烤蛋糕吃。

如果有一个孩子想要整个橙子，既想要皮做蛋糕，又想喝橙子汁。想要整个橙子的孩子提议可以将其他的问题拿出来一块谈，他说："如果把这个橙子全给我，你上次欠我的棒棒糖就不用还了。"其实，他的牙齿被蛀得一塌糊涂，父母上星期就不让他吃糖了。另一个孩子想了一想，很快就答应了。他刚刚从父母那儿要了五块钱，准备买糖还债。这次他可以用这五块钱去打游戏，才不在乎这酸溜溜的橙子汁呢。

资料来源：（http://www.fm086.com/Article/ Article.asp?id=61198）

启示：谈判无处不在，广泛存在于日常生活的各个方面。谈判是一项对抗性、竞争性很强的工作，其中存在太多的策略和技巧。好的谈判者并不是一味固守立场，追求寸步不让，而是要与对方充分交流，从双方的最大利益出发，创造各种解决方案，用相对较小的让步来换得最大的利益，而对方也是遵循相同的原则来取得交换条件。在满足双方最大利益的基础上，如果还存在达成协议的障碍，那么就不妨站在对方的立场上，替对方着想。这样，最终的协议是不难达成的。

【学习目标】

要求学生理解和掌握商务谈判的概念与重要性，理解商务谈判的特征和商务谈判的基本原则，熟悉商务谈判的类型、基本形态与评价标准，灵活掌握商务谈判的具体谈判内容。

第一节　商务谈判的概念与特征

一、谈判与商务谈判

（一）谈判的概念

在现代社会生活中，每时每刻都在发生着各种各样的谈判。由于谈判所涉及的范围极其广泛，所以人们可以从多角度去诠释谈判。

在理论界人们对谈判有着不同的认知。法国谈判学家克里斯托夫·杜邦在《谈判的行为、理论与应用》中的解释是："谈判是指各角色因持有分歧而相互对立，但彼此又互为依存，他们选择谋求达成协议的实际态度，以便终止分歧，并在他们之间（即使是暂时）创造、维持、发展某种关系。"我国学者王海云在其所著的《商务谈判》中对谈判的定义是："谈判是人们为了改变相互关系而交换意见，为取得一致而相互磋商的一种行为。谈判亦是直接影响各种人际关系，对参与谈判的各方产生持久利益的过程。"

综上所述，虽然人们对谈判的解释各不相同，但其内涵在以下几个方面是一致的：

（1）谈判是指人们为了达到某种需要而产生的一种行为，这也就是谈判的原因。由于人们的需要极为广泛，从而可以借助谈判进行交流，以便达到意见一致。

（2）谈判是两方及两方以上参与的协商活动，不能一方说了算。所以，谈判的对象至少要有两个，谈判才能进行，否则就不能称其为谈判，也达不到谈判的目的。比如，求职时的谈判、买卖商品时的谈判等。谈判有时也是多方进行的，如"八方会谈"等。

（3）谈判需要在一个适宜的人际关系或人际氛围中寻求建立或改善社会关系的一种行为。因此，人们就要花费一定的时间去建立或改善人们的社会关系，而谈判是建立这种关系的重要手段。

（4）谈判还需要选择恰当的时间、地点。天时、地利、人和，这三点的结合可以更好地控制一场谈判，到达预想的结果。

从以上几点可以得出谈判是指人们为满足各自的需要，而进行相互磋商并达成一致意见的行为过程。

知识链接

商务活动的界定

商务活动是指一切有形货物与无形资产（劳务）的交换或买卖事宜。按照国际惯例，它可分为：

（1）直接的商品交易活动，如批发、零售商品业等。

（2）直接为商品交易服务的活动，如运输、仓储、加工整理等。

（3）间接为商品交易服务的活动，如金融、保险、信托、租赁等。

（4）具有服务性质的活动，如饭店宾馆、商品信息、咨询、广告等。

（二）商务谈判的概念

商务谈判是指不同利益群体之间，以经济利益为目的，围绕涉及双方利益的标的物，借助于思维、语言、策略、技巧进行的沟通和协商，最终达成一项双方都能接受的协议的行为和过程。它具有以下几方面的内涵：

（1）商务谈判的基本动因是交易的一方或双方认识到有可能从对方获得某种利益，产生的某种需要。

（2）商务谈判产生的前提是不同经济主体之间的需要既相互联系又有冲突或差别，需要通过谈判来解决。

（3）商务谈判的实质是一种协商说服的过程。这种将借助于思维、语言、态势进行协商说服的过程，能将谈判各方认识上的差异和不同的需要达成最终的一致。

（4）商务谈判的内容是涉及买卖双方利益的标的物，即与交易有关的各项交易条件。以商品贸易谈判为例，其内容主要包括交易商品的质量、数量、包装、价格、支付、保险、商检、索赔等条款。

二、商务谈判的特征

商务谈判作为谈判的一种，除具有谈判的一般特征之外，还具有一些自身的特殊性。主要表现在以下五个方面：

（一）以经济利益为目的，以价值谈判为核心

以经济利益为目的，以价值谈判为核心是商务谈判区别于其他谈判的主要特点。商务谈判发生的根本原因在于谈判者以获得经济利益为基本目的，在满足经济利益的前提下才涉及其他非经济利益。在商务谈判中，尽管谈判者的需要和利益表现在诸多方面，但价值是商务谈判的核心内容。因为价格是价值的表现形式，价格最直接地反映了谈判双方的利益，所以讨价还价就成了商务谈判的代名词。例如，在购销谈判中，销货方希望把价格定得尽量高一些，而购货方则希望尽量压低价格。

（二）“冲突”与“合作”的对立统一

在谈判中，双方都会意识到“冲突”与“合作”是一对不可或缺的矛盾，要解决这一对矛盾，最好的办法就是协商，谈判的过程就是一个不断协商的过程。由于谈判各方的出发点不同，商务谈判中双方的行为一般都具有排斥性（冲突），没有冲突也就没有必要谈判。相反，如果光有这种排斥与冲突，没有协商与合作，谈判也进行不下去。也就是说，谈判双方

的利益既有统一的一面，又有冲突的一面，所以，谈判双方需要通过谈判解决冲突，通过磋商来达成一致，这就要求谈判各方互相配合，共同努力。

阅读与思考

欧洲 A 公司代理 B 工程公司到中国与中国 C 公司谈判出口工程设备的交易。中方根据其报价提出了意见，建议对方考虑中国市场的竞争性和该公司第一次进入市场，认真考虑调整价格。该代理商做了一番解释后仍不降价，并说其委托人的价格是如何合理。中方对其条件又做了分析，代理人又做解释，一上午下来，毫无结果。中方认为其过于傲慢固执，代理人认为中方毫无购买诚意且没有理解力。双方相互埋怨之后，谈判不欢而散。

思考：双方是否有可能谈判成功？

（三）合同条款的严密性与准确性

合同条款反映了各方的权利和义务，合同条款的严密性与准确性是保障谈判者获得谈判利益的重要前提。在有些商务谈判中，谈判者花了很大力气，通过反复磋商，好不容易与对方签订了合同，谈判者似乎已经获得了这场谈判的胜利，但由于在订立合同条款时掉以轻心，不注意合同条款的完整、严密、准确、合理、合法，掉进了谈判对手在条款措辞上设下的陷阱，为此付出了惨重的代价。因此，在商务谈判中，谈判者要绝对重视合同条款的严密性与准确性。

（四）得利有节，让步有界

商务谈判是以获得经济利益为目的的，由于谈判双方的目标期望具有对立性，双方的谈判目标之间是有一定的距离的，实现己方目标的途径往往是对方的妥协，如果谈判中的各方在谈判目标上居高不下，或欲将对方“置于死地”，将会导致谈判的破裂，双方都将一无所获。在商务谈判中，每一方的退却和让步都有一定的界限，超越这一界限可能会使对方的利益受到损害或劳而无功。所以，谈判人员要想实现己方的谈判目标，也应站在对方的立场上，考虑对方利益的得失，考虑己方所提出的利益要求是否能被对方所接受，即己方的条件是否在对方的承受范围内，这是交易条件的灵活性。

（五）科学性与艺术性的结晶

商务谈判需要科学的计算，准确的数据，严格的推理，翔实的论证，谈判桌上差之毫厘，谈判桌下就可能失之千万，绝对马虎不得。同时商务谈判又是一门艺术，需要揣摩对方的心理，观察谈判场上的气氛，灵活掌握原则，恰当使用策略技巧，有原则而不呆板，精确而不死抠数字，极大程度地发挥自己的主观能动作用，发挥自己的创造性思维，既做得对，又做得好，这样才能取得较好的效果。

三、商务谈判的原则

（一）平等互利原则

平等互利原则是指商务谈判双方通过公平协商、平等交易，在实现己方利益的同时，要照顾到对方的利益，使谈判结果实现等价交换，互利互惠。平等互利原则包括以下两个方面：

（1）平等协商。谈判是一种相互间寻求合作的交往行为，谈判双方在互相磋商中都处于同等的社会地位，享有相同的权利，谈判各方必须互视平等，如果一方不能用平等的态度看待对方，合作就不可能成立，谈判也就无法进行。

（2）互利互惠。一场成功的商务谈判，每一方都必须通过谈判实现某些需要，否则，对方就没有理由参加。一旦一方退出，那么另一方也不会获得任何利益。如果一方带着彻底击败另一方的想法来参与谈判，那么就是在心理上没有做好谈判的准备。只要对方发现不能得到某些预期的利益时，就会停止谈判，或者得到的比给予的少得多，那么也会不愿意继续谈判。因此，参与谈判的各方都必须清醒地认识到，谈判各方必须遵循和维护平等互利这一原则，尽可能体现出各方的互利和互惠性。当然给予对方的利益，是要以己方得到相应的利益为条件，绝不能无端地牺牲己方的利益。

【案例赏析】

一场不公平的谈判

A国和B国曾就天然气问题举行谈判。A国谈判代表以强国自居，想压低B国天然气的价格。其能源部部长断定B国没有潜在的购买者，拒绝批准该国石油财团与B国人谈判的提价协议，单方面拟订合同，并在合同文本中，将B国的需求置之度外。但B国人不仅注重天然气能卖个好价钱，而且还渴望受人尊重，得到平等的待遇。A国的举动仿佛又在试图凌辱B国，结果激起了B国人巨大的愤慨，B国政府干脆不卖，一赌气竟将天然气付之一炬……

（资料来源：周琼、吴再芳主编，《商务谈判与推销技术》，机械工业出版社）

分析：案例中，某国片面地考虑对方需要的满足使该国在与墨西哥关于天然气的谈判中失败，只有充分而系统地重视了对方各种层次需要的满足情况，才能实现己方的各种需要。

（二）合法原则

随着市场经济和对外开放的进一步发展，国内、国际的贸易活动将会在越来越广的范围内受到法律的约束。合法原则是指在商务谈判及合同执行过程中，应遵守国家的政策、法律、法规和条例，只有遵循合法原则，商务谈判才具有法律效力，离开了法律，任何交易都将寸步难行。

（三）诚信原则

市场经济既是一种规则经济，又是一种信用经济。诚实守信是商务谈判双方交往的感情基础，它给人以安全感，使人愿意与你洽谈生意，消除疑虑，达成协议。诚信原则要求谈判的各方都要讲信用，重信誉，遵守和履行诺言和协议，即言必行，行必果。它要求谈判者遵守谈判中的承诺，不能出尔反尔，言而无信。当然，谈判者在谈判过程中切忌不要轻易许诺，这是守信的重要前提。只有守信，才能取得对方的信任，才能建立一种诚挚和谐的谈判气氛，进而促使交易的成功。

（四）协作原则

谈判是为了要解决某些事情而与对方进行协商，从这种意义上看，谈判本身就是一种合作的事业。双方通过谈判，共同寻求一种方案，使得双方结束谈判时，都感到远比他们开始谈判时的情况要好。反之，如果谈判策略运用不当，不仅会恶化本次谈判的气氛，甚至导致谈判的失败，还可能会对今后关系的发展投下阴影，甚至产生严重的影响。

【案例赏析】

合作共赢

20 世纪 40 年代中期，美国电影明星珍·罗素（Jane Russell）与制片商霍华德·休斯（Howard Hughes）签订了一项价值 100 万美元、为期一年的雇用合同。一年期满后，恰逢休斯现金不充裕，休斯便与罗素谈判，要求推迟付酬期限。起初，罗素坚决不同意，坚持要休斯立即付款。双方各自聘请了律师，准备打官司。后来，双方开始协商，经过一段时间的商讨，创造性地提出了一个双方都满意的解决方案：双方同意将付酬合同修改为分期付款，每年付 5 万美元，分 20 年付清。对休斯来说，可解决资金的周转困难；对罗素来说，付酬总数 100 万美元没有变化，每年收入 5 万美元，所得税适用税率降低，20 年负税总额减少，实际收益提高了。而且演员职业收入不稳定，有 20 年的基本收入保证，是罗素梦寐以求的事。

（案例改编自：《实用谈判技术》Herb Cohen 著，许是祥翻译，前程企业管理公司出版）

分析：在本案例中，罗素与休斯的谈判一度陷入僵局，经过双方协商，取得了双方都满意的结果，既让休斯解决了资金的周转困难，又让罗素有了长期的收入保障。可见，商务谈判是双方协作的过程，通过双方协作，才能共同找出一种使谈判各方均满意的方案。

【实训练习】

了解商务谈判

实训目的：增强学生对商务谈判活动重要性的认识，端正学生对待商务谈判的态度和观念，培养学生对商务谈判工作的兴趣。

实训方法：模拟演练法，小组讨论法。

实训内容：学生分成若干小组，准备好采访提纲，寻找一位从事商务谈判的工作人员并与其沟通，问询诸如你的主要任务是干什么、你的谈判经历和感受、如何完成谈判任务、如何才能成为称职的商务谈判人员等问题，然后小组内部进行讨论，各抒己见，总结出自己小组的认识和感受，最后在班内公开交流。

实训步骤：教师说明规则，学生分组，学生演练。

实训考核标准：

（1）采访的商务谈判人员必须是真实的。

（2）沟通内容应是真实的。
（3）沟通时间达到 15 分钟以上。
（4）小组总结应全面，有思想观点，有感悟。

第二节 商务谈判的类型与评价标准

一、商务谈判的类型

商务谈判按照不同的标准，可以划分为不同的类型：

（一）按谈判人员数量划分

1. 一对一谈判

一对一谈判是指出席谈判的各方均只有一个人，虽然出席的人数最少，但却是一种最困难的谈判类型，因为双方谈判者只能各自为战，得不到助手的帮助。所以一对一谈判对谈判人员的要求较高，要选择知识面广、有主见、决断能力强、有谈判经验并善于单兵作战者去完成，并事先做好充分准备。性格脆弱、优柔寡断者是很难胜任的。

2. 小组谈判

小组谈判是指谈判双方各派一个谈判小组参与谈判，每个谈判小组有 2～4 人，这是较常见的谈判类型。这种谈判小组内部每个人之间有分工、有协作，取长补短，各尽所能，可以大大缩短谈判时间，提高谈判效率。小组谈判的重要前提是正确选配小组成员，并要有一位富有领导能力的主谈人。

【案例赏析】

一家电子公司的员工贝思和库尔特被派往中国香港，向制造商推销芯片。出发之前，他们进行了排练，决定由贝思游说制造商。在香港，工厂经理同意了他们的提议，而且看起来很高兴。然而在贝思游说时，库尔特听到一种说法："西方人从不接受第一个报价。"所以当香港人提出他们的价格时，库尔特打断了他们的谈话。贝思大吃一惊，因为她认为对方的报价完全合理。然而，贝思很高兴被打断，因为香港经理同意将价格提高 10%。最后双方满意地成交了。

分析：在这个小组谈判的例子中，贝思是首席代表，库尔特担当其他角色。仅由一个谈判者独自收集足够的信息并成功地交易是相当困难的。

3. 大型谈判

对于关系企业生死存亡或影响地方乃至国家经济发展的重大项目的谈判，都必须采用大型谈判这种类型。谈判各方一般派出一个由各方面专家构成的高级代表团进行谈判，这类谈判各方阵营强大，主谈人的级别较高。谈判各方少则 6～8 人，多则 10 多人，有 1～2 名负责人作为谈判的总指挥，代表团下设若干个谈判小组，在负责人的指挥下，各小组各负其责、相互配合、共同作战。这类谈判的程序比较严密，时间较长。

（二）按谈判对象所在国家（地区）划分

1. 国内商务谈判

国内商务谈判是指我国公民及在我国注册的企事业单位、经济团体等的法人在我国境内进行的，就其关心的经济利益、经济关系及其他问题进行的各种形式的磋商。

2. 涉外商务谈判

涉外商务谈判是指在国际商务活动中，不同的利益主体为了达成某笔交易而就交易的各项条件进行协商的过程。谈判中利益主体的一方通常是外国的政府、企业或公民，另一方是本国的政府、企业或公民。涉外商务谈判比国内商务谈判要复杂得多。

（三）按谈判进行的地点划分

1. 主场谈判

主场谈判是指在本国、本地、本市或本企业的办公场所进行的谈判。由于谈判人员熟悉谈判环境，可以随时检索各种谈判资料，可以及时向领导请示和汇报，在心理上形成一种安全感和优越感，因而对己方有不少便利之处。

2. 客场谈判

客场谈判是指在谈判对手所在地进行的谈判，包括外国、外地或者对方的办公场所。处于客场谈判的一方，往往会存在较大的心理压力和工作上的不便，所以应尽量避免客场谈判。但有时候为了表示合作的愿望，也可以主动提出或接受对方邀请去客场谈判。

3. 中立地点谈判

中立地点谈判是指谈判地点设在第三方地点的商务谈判类型。中立地点谈判避免了地域上的优势，使得各方的地位较平等，谈判环境较为公平，但会造成谈判成本的提高。

（四）按谈判的交流方式划分

1. 口头谈判

口头谈判是指谈判者面对面直接用口头语言交流信息和协商条件。口头谈判的主要优点有：当面陈述、解释，直接而又灵活，便于谈判人员相互补充，反馈及时，能够利用情感因素促成谈判成功。口头谈判也有其缺点：要依靠谈判者的主观意志来判断和解决问题，主观性较强，有时也容易偏离主题；容易发生谈判之后的纠纷；谈判的费用支出较高等。

2. 书面谈判

书面谈判是指谈判者利用文字和图表等书面语言进行交流沟通的谈判，一般形式有信函、电报、传真等。书面谈判的优点有：可以促使双方事先做好准备；谈判内容均有文字记录；谈判效率较高。书面谈判也有其缺点：交流中缺乏情感因素，比较“生硬”；对已形成的书面文件，缺乏灵活的可调性；当文不达意时，有可能出现理解上的误会和纠纷。

在谈判实践中，谈判者可以根据具体的情况，单独运用口头谈判或书面谈判，也可以将口头谈判与书面谈判结合起来，综合运用。

二、商务谈判的基本形态

商务谈判尽管谈判的主体不同，形式各异，但是它的基本形态不外乎以下两种：赢—输式谈判和赢—赢式谈判。

（一）赢—输式谈判

赢—输式谈判是人们最为熟悉的谈判形态。这种谈判中，双方的利益处于正面冲突。换句话说，在这一类谈判中，倘若你是赢家，对手必定是输家；倘若你是输家，则对手必定是赢家。赢—输式谈判聚焦于各自立场，其一方具有灵活性；聚焦于短期利益，容易损害长期关系。

【案例赏析】

乔去台湾向基姆的公司索赔，因为乔的老板向基姆的公司订购的一批自行车出了问题。乔知道有其他供应商很乐意向他们提供自行车，但他不愿意破坏与基姆已建立起来的良好的供给关系。基姆不想从金钱上补偿乔，她所能做的只是换货。乔说因采购了错误的物资而使他在公司名誉受损，而换货不足以补偿。乔预订了一张机票，将在3小时以后起飞。他发现基姆滔滔不绝的谈话是在拖延时间，保持礼貌只会使他得不到任何东西，他生气地站起来离开了房间。基姆非常尴尬，但不想叫他回来，以免失去面子。乔目前在美国购买自行车，基姆的公司因此而受到损失。

分析：此案例中，乔不愿意破坏与基姆已建立起来的良好供给关系，给了基姆一次机会，但是基姆没有珍惜，其公司因此而受到损失。在商务谈判中，当双方的利益处于正面冲突时，应从长远角度进行考虑，如果过分考虑短期利益，只能损害长期合作关系。

（二）赢—赢式谈判

在赢—赢式谈判中，参与谈判的各方都能够获得好处，赢—赢式谈判注重的是双向沟通，双方都具有灵活性，聚焦于解决问题，维持长期关系。例如，劳方与资方如果通力合作，则能创造并分享更大的生产成果，此时双方都成为赢家。但若劳方与资方相互冲突，则生产成果缩减，双方将同时成为输家。

三、商务谈判的评价标准

在商务谈判中，有的人把自己获得利益的多少作为谈判是否成功的评价标准，这种看法是片面的甚至是有害的，是“谈判近视症”的一种表现。持这种观点的谈判者往往只获得了谈判桌上看得见的眼前利益，而忽视了双方真诚合作可能产生的潜在利益和长远利益。谈判是一项平等互利的合作事业，从这个观点出发，可以把评价商务谈判是否成功的标准归纳为三个方面：实现谈判目标、谈判要有效、建立良好的人际关系。

（一）实现谈判目标

衡量商务谈判是否成功的第一个标准是要实现谈判目标，商务谈判是谈判双方为了达成某种共识而进行的一种行为，谈判的最终结果是要看有没有达到预期目标，在多大程度上实现了预期目标，这是人们评价一场谈判是否成功的首要标准。没有人愿意为一个不能达到目标的谈判去耗费太多的时间和精力。

（二）谈判要有效

衡量商务谈判是否成功的第二个标准是有效。谈判追求的是经济效益，除非万不得已，不要拖延时间。时间越长，谈判的成功率越低，双方耗费的人力、物力和财力越多。没有人愿意为一件没有结果、遥遥无期的事情耗费人力、物力和财力，因此，谈判要追求效率。

（三）建立良好的人际关系

衡量商务谈判是否成功的第三个标准是双方是否能增进或至少不损害双方的利益，建立良好的人际关系。谈判不是你死我活，不是在损害对方利益的前提下满足自己的私利，而是要增进双方的利益，通过谈判使双方达到双赢。所以，对于商务谈判而言，谈判的结果不只是体现在最终成交的价格高低、利益分配的多寡，以及风险与收益的关系上，它还应体现在人际关系上，即还要看谈判是促进和加强了双方的友好合作关系，还是因此而削弱了双方的友好合作关系。

概括来说，成功的商务谈判应当是在与对手建立良好的人际关系的前提下，以富于效率的方式实现谈判的目标。

【实训练习】

商务谈判认知

实训目的：加深学生对商务谈判基础知识的系统理解，培养从系统、整体的角度出发思考如何提高商务谈判的能力。

实训方法：模拟演练法，小组讨论法。

实训内容：假设自己初次踏入商务工作，由于缺乏谈判沟通技巧，所以业绩欠佳，根据所学内容为自己制订一份商务谈判基本知识的学习计划，设计一个商务谈判的情景剧并小组间互相讨论。

实训步骤：

（1）将全班学生分为 4～6 个学习小组，以小组为单位组织引导学生讨论并制订商务谈判基本知识学习计划。

（2）各小组成员利用课余时间，到本区域的销售场所，观察推销人员与顾客谈判的过程，并在此基础上，各小组自行设计商务谈判情景及对话，进行角色扮演演练。

（3）选取小组在课堂上进行展示，并对其他小组成员的提问进行回答。

（4）各小组根据活动的内容，写出总结，并制订出可供实行的商务谈判基本知识学习计划。

实训考核标准：

（1）小组成员的协作性。

（2）计划的可实行、可操作性。

（3）工作完成的合理性、逻辑性、创新性。

（4）小组成员讨论、发言的参与性。

第三节 商务谈判的基本内容

商务谈判的基本内容就是涉及谈判各方利益的标的物及围绕该标的物衍生出来的相关条款，主要包括商品的质量、数量、包装、价格、交货及货款支付、商品检验、保险、争议与争议的处理、不可抗力等条款。

一、商品的质量、数量和包装

（一）商品质量

商品质量是指商品所能够明确表达出来的内在质量和外观形态的总和。它往往是交易双方最关心的问题，也是谈判的主要问题。商品质量取决于商品本身的自然属性，其内在质量具体表现在商品的化学成分、生物学特征及其物理、机械性能等方面；其外在形态具体表现为商品的造型、结构、色泽、味觉等技术指标或特征。在商品贸易合同中，质量条款是对商品应达到的技术指标、规格、等级、包装等的具体要求，是评定商品是否合格的重要依据。

质量条款的内容必须明确具体，用语、数据、计量单位必须准确、恰当，便于检验和分清责任。避免使用“可能”“差不多”“左右”“良好品质”等含糊不清的字样。

知识链接

商品质量约定方式

1．以商品标准确定交易品的质量

商品标准是为了保证商品满足需要或要求，对商品的结构、成分、规格、质量、等级、检验、包装、储存、运输、使用以及生产技术等方面所做的技术规定。商品标准是一定时间、一定范围内具有约束力的产品技术典范，是商品生产、检验、监督、使用、维护和贸易洽谈的技术依据，是评定商品质量的依据。

在商品标准中，对商品应该达到的技术要求（物理性能、化学性能、感官特性、稳定性、可靠性、能耗指标、材料要求、工艺要求、环境条件、有关质量保证、卫生、安全和环境保护方面的要求）、质量等级规定、规格划分的原则和方法、检验方法和检验规则、包装方法和要求、运输方法、贮存方法等各方面做了明确的规定。

商品标准根据其发布机构、适用领域和范围的不同，通常被划分为国际标准、区域标准、国家标准、行业标准、地方标准、企业标准等不同的级别。

2．以标准样品确定交易品的质量

标准样品也称为实物标准。当一些商品的质量要求难以用文字、数据、图表准确表达时，由标准化机构或交易双方共同确定的，能反映规定质量要求的标准实物样品，可以作为评价商品质量的依据。

在商务谈判中，样品可由交易的任一方提出，只要双方确认，卖方就应该供应与样品一致的商品，买方也应该接收与样品一致的商品。为了避免纠纷，样品要一式三份，由买卖双方各持一份，另一份送给合同规定的商检机构或其他公证机构保存，以备买卖双方发生争议时作为核对品质的依据。

3．在合同中具体约定交易品的质量指标

对于大型成套设备、高技术系统、精密仪器等交易品，往往没有与之对应的商品标准供交易双方共同遵守，如果交易标的是类似于这样的商品，就无法以法定的商品标准约定交易品的质量，在此情况下，交易双方往往要通过谈判确定商品质量的具体指标，并将双方都认可的指标要求写在合同文本中，以此作为确认交易品质量的依据。

阅读与思考

我国某公司与德国一家公司签订出口某种商品的合同，合同规定交货品质以中国商品检验局的品质检验为最后依据，但是在买卖成交之前，我方公司又向对方寄送样品，并电告买方所交货物与寄送的样品相似。货物抵达德国后，德国公司提出尽管有中国商品检验局出具的品质合格证书，但货物的品质比样品低，卖方有责任交付与样品一致的货物，因此要求赔偿，我方公司声称合同中并未规定凭样品交货，而仅规定凭规格买卖，既然所交货物符合合同规定，故不同意，经多方交涉，未能成功，我方最终赔偿了对方一笔钱。

思考：我方为什么要赔偿损失？

（二）商品的数量

商品的数量是指在交易过程中对交易商品的数量具体的统计数据，主要是由数字和数字单位构成。交易的数量是商务谈判的核心内容。成交商品数量的多少，不仅关系到卖方的销售计划和买方的采购计划能否完成，而且与商品的交易价格密切相关。商品交易的数量直接影响到交易双方的经济利益。

1．商品的计量单位

要想确定交易商品的数量，首先要明确所采用的计量单位。不同性质的商品其采用的计量单位也不相同。例如：小麦、石油采用的是重量单位；家电设备、人数采用的是个数单位；木材采用的是体积单位等。尤其在国际贸易中，由于各国采用的度量衡制度不同，谈判人员要掌握各种度量衡之间的换算关系，有时还要在合同中明确规定使用哪一种度量衡制度，以免造成误会和争议。

2．商品重量的计算

常用的重量计算方法有两种：一是按毛重计算；二是按净重计算。毛重是商品和包装物的总重量，净重是商品本身的重量。在商贸活动中，以重量计量的交易商品，大多是按净重计价的，因此，在商务谈判中，如何扣除皮重，必须协商明确，以免发生纠纷。

总之，在商务谈判中，交易双方必须对数量条款做出明确合理的规定。规定数量条款时应注意：明确计量单位；合理约定溢短装条款。

（三）商品包装

在商品的交易中，绝大多数商品都需要包装。商品包装是商品不可缺少的有机组成部分，是商品价值和使用价值得以实现的重要前提。商品包装具有促销、宣传、保护商品、便于储运、方便消费等多方面的作用。

为了合理选择商品包装和避免包装问题引起的纠纷，交易双方在磋商商品包装条款时应注意：①根据交易商品本身的特征明确其包装的种类、材料、规格、成本、技术和方法。商品经营包装有内销、出口、特种商品包装；商品流通包装有运输包装（外包装）、销售包装（内包装）；按包装内含商品数量多少划分，有单个包装、集合包装；按包装使用范围划分，有专用包装、通用包装；按包装材料划分，有纸制、木制、陶瓷、纤维、复合材料、其他材料包装等。这些不同的包装还有体积、容积、尺寸、重量的区别，这些都影响着商品交易。②根据谈判对方或用户对同类商品在包装种类、材料、规格、装潢上的不同要求和特殊要求及不同时期的变化趋势进行磋商并认定。

二、商品的价格

商品价格是商务谈判的核心问题。商品价格是否合理是决定商务谈判成败的重要条件，商品价格的高低直接影响着交易双方的经济利益。商品价格一般受商品成本、商品质量、成交数量、供求关系、谈判能力、竞争条件、运输方式和价格政策等多种因素的影响。此外，竞争者的经营策略也会直接影响商品交易的价格。

谈判者只有深入了解市场情况，掌握实情，切实注意上述因素的变动情况，才能取得谈判的成功。按质论价是价格谈判中常用的方法。谈判人员应该在商品品质的基础上，货比三家，确定合理价格。商品数量的大小是讨价还价的一个筹码。目前，大多数买卖双方均有批量定价，一般来说，商品数量大，价格就低；数量少，价格就高。商品的价格还受市场供求状况的影响。当商品供过于求时，价格就会下跌；反之，商品价格就会上涨。谈判中应根据商品在市场上现在和将来的需求状况进行分析。另外谈判人员还要考虑该商品的市场生命周期、市场定位、市场购买力等因素，判断市场供求变化趋势和签约后可能发生的价格变动，来确定商品交易价格，并要确定价格发生变动时的处理办法。

三、交货及货款支付

交货是指卖方按照与买方约定的时间、地点和方式将符合销售合同的货物交付给买方的行为。在商品交易中，货款的结算与支付是一个重要问题，直接关系到交易双方的利益，影响双方的生存与发展。

在商品交易中，交货是关系到买方利益的核心问题，因此，交易双方应对交货条款做出明确约定。交货条款主要包括交货时间、交货方式、交货地点、运输单据和运费等内容。货款的结算与支付同交货一样也是一个非常重要的问题，它直接关系到卖方的利益。支付条款主要包括货款结算支付的方式、期限、地点等内容。

四、商品检验

商品检验是对交易商品的质量、数量、包装等项目按照合同规定的标准进行检查或鉴定，并由检验部门出具证明，作为买卖双方交接货物、支付货款和处理索赔的依据。

在商品交易中，商品检验条款是十分重要的，它直接关系到交易双方的经济得失。交易商品是否符合合同中规定的质量要求，交易双方能否顺利交货履约，以及发生问题后的争议处理，都与合同中约定的商品检验条款密切相关。

知识链接

商品检验的主要内容

（1）检验内容和方法。检验通常针对交易货物的品质、数量、包装等项基本内容进行。检验方法指物理检验还是生化检验，抽样检验还是总体检验，一般检验还是法定检验等。

（2）检验时间和地点。货物检验的时间和地点通常有：以离岸品质和数量等为准；以到岸品质和数量等为准；以装运港的检验证明为依据，但货物到达目的港后买方有复检权并可依此索赔。

（3）检验机构。检验机构应具有合法的资格。检验机构的类型很多，有官方检验机构、半官方检验机构和非官方检验机构。

（4）检验证书。检验证书是检验机构对交易商品进行检验、鉴定后签发的书面证明文件。

五、保险

保险是以投保人交纳的保险费集中组成保险基金用来补偿因意外事故或自然灾害所造成的经济损失，或对个人因死亡伤残给予物质保障的一种方法。商务谈判中所指的保险主要指货物保险，其主要内容有：交易双方的保险责任，具体明确办理保险手续和支付保险费用的承担者。我国商品交易没有明文规定保险责任该由谁来承担，只有通过谈判、双方协商解决。

六、争议与争议的处理

在商品交易中，买卖双方常常会因彼此的权利和义务而引起争议，并由此引起索赔、仲裁等情况的发生。

（一）索赔

在商品交易过程中，引起争议是不可避免的。争议发生后，因一方违反合同规定，直接或间接给另一方造成损失，受损方在合同规定的期限内向违约方提出赔偿要求，以弥补其所受损失，就是索赔。从法律观点来说，违约的一方应该承担赔偿的责任，对方有权提出赔偿的要求，直到解除合同。只有当履约中发生不可抗力的事故，致使一方不能履约或不能如期履约时，才可根据合同规定或法律规定免除责任。在商品交易中，争议和索赔情况是经常发生的，在合同中一定要明确有关的条款，以维护自己的利益。

（二）仲裁

仲裁是双方当事人在谈判中磋商约定，当合同履行过程中发生争议时，经协商不能解决后，自愿把争议提交给双方约定的第三者进行裁决的行为。裁决的结果对双方都有约束力，双方必须依照执行。在商务谈判中，交易双方必须对仲裁条款做出明确的约定。在仲裁条款中，应约定仲裁机构、仲裁程序和规则、裁决的效力、仲裁费用的分担等内容。

知识链接

仲裁的特点

（1）仲裁申请的自愿性，即仲裁申请必须由当事各方一致同意并通过订立协议确定，没有仲裁申请协议的争议是不予仲裁的。

（2）仲裁结论的终局性，即一旦当事各方将争议递交仲裁，就排除了法院对该争议的管辖权，任何一方都不得再向法院起诉。因此，用仲裁方式解决争议，有利于保持交易关系，并且手续简单、费用较低、时间也较短。

七、不可抗力

不可抗力又称人力不可抗拒，通常是指合同签订后，不是由于当事人的疏忽过失，而是由于当事人所不可预见，也无法事先采取预防措施的事故（如地震、水灾、旱灾等自然原因或战争、政府封锁、禁运、罢工等社会原因）造成不能履行或不能全部履行合同。

在这种情况下，遭受事故的一方可以据此免除履行合同的责任或推迟履行合同，另一方也无权要求其履行合同或索赔。洽谈不可抗力的内容主要包括不可抗力事故的范围、事故出现后果和发生事故后的补救方法、手续、出具证明的机构和通知对方的期限等。

【实训练习】

了解商务谈判内容

实训目的：加深学生对商务谈判具体谈判内容的系统理解。

实训方法：小组讨论法。

实训内容：根据老师所给谈判项目，假设团队初次踏入商务谈判工作，根据所学内容为自己制订一份商务谈判谈判内容的准备计划，并小组间讨论。

实训步骤：

（1）将全班学生分为 4～6 个学习小组，以小组为单位组织引导学生讨论并制订商务谈判的谈判内容计划。

（2）各小组在课堂上进行展示，并对其他小组成员的提问进行回答。

（3）各小组根据活动的内容，写出总结和感受。

实训考核标准：

（1）小组成员的协作性。

（2）计划的可实行、可操作性。

（3）工作完成的合理性、逻辑性、创新性。

（4）小组成员讨论、发言的参与性。

复习思考题

1．你全面理解商务谈判的概念了吗？请你谈谈对“商务谈判的实质是一种协商说服的过程”的理解。

2．你是否清楚商务谈判的特征？请你谈谈对“平等互利原则”的理解。

3．商务谈判的原则是什么？

4．谈谈你对“赢—输”和“赢—赢”两种基本形态的理解。

5．你认为怎样的谈判才算是一场成功的谈判？

案例分析

胡安是计算机程序员，有一个新计算机游戏的设想。他相信这个游戏会获得巨大的成功。然而，编这个游戏程序要花很长的时间，在此期间他需要一份工作以维持生计。胡安的朋友玛丽亚是一家大计算机公司的经理，她及其同事都认为胡安的想法不错，但只能提供给他 1 万美元。胡安需要花几个月来设计游戏，虽然 1 万美元能够维持生活，但作为报酬是不够的。

胡安建议把 1 万美元作为预付款，他和公司按 1:3 的比例分取将来的利润。最终，双方以 1:4 的比例达成了协议。这个游戏伴随着大规模的营销手段投入市场，取得了巨大成功，为双方赚了不少钱。

问题：

（1）该案例体现了商务谈判哪些原则？

（2）从胡安的经历中你得到了哪些启示？

第二章　商务谈判的前期准备

凡事预则立，不预则废。谈判能否获得满意的成果，往往取决于准备阶段的筹措谋划工作是否充分。谈判准备阶段需要做的工作很多，总结起来大致包括以下几个方面：谈判信息准备、谈判方案的制订、谈判人员的选择与管理、模拟谈判。

【案例导入】

陕西某机电公司希望把自己的机电产品打入内蒙古市场，为了表示诚意，公司专门邀请了当地合作伙伴到陕西本公司考察。为了准备这次考察，公司从生产车间到办公大楼都进行了布置，并提前打听到内蒙古合作伙伴王经理会带团来进行考察。工作人员开始了解代表团的人员构成、谈判分工和爱好，提前预定酒店并做好了招待计划。代表团到达的当天，公司并没有按照之前的惯例设酒宴招待，而是以茶代酒，在清真餐厅设宴，并按照王经理的民族信仰带大家去西安的回民街体验当地名小吃。在考察过程中，由于公司产品过硬，招待工作得体，深深打动了王经理及考察团，最终产品成功通过合作伙伴进入了内蒙古市场。

启示：这个案例告诉我们，大量的信息资料存在于公开的资料之中，了解和掌握信息并不像我们想象得那么困难。只要我们有心，平时多加留意，关注信息可能出现的地方，认真分析，从很多公开的相关资料中就能很轻易地得到我们想要的信息，从而为我们的商务谈判打下牢固的信息基础。

【学习目标】

要求学生应领会信息准备的意义及其在商务谈判中的重要性，学习并掌握信息收集整理的原则、内容、方法，进而提高商务谈判信息准备的能力；理解并掌握谈判方案的含义、内容，谈判方案制订的相关知识，并能够撰写谈判方案；掌握谈判班子的构成、设计，谈判人员的素质要求；掌握模拟谈判的作用、关键问题和方式，提升其商务谈判的角色扮演能力。

第一节 信息准备

一、商务谈判信息准备的意义

商务谈判的信息准备包括信息的收集、整理、分析等工作，它是商务谈判的重要环节和基础工作，对商务谈判的战略选择与决策具有重要的作用。首先，谈判信息是制订谈判方案的依据，没有全面可靠的信息，谈判方案就成了无源之水、无本之木，谈判也不会取得良好的结果。其次，谈判信息是控制谈判过程的秘密武器，要想做到对谈判过程有效控制，必须详尽、准确地掌握谈判信息，同时利用手中拥有的各种权力和对谈判时间的有效控制影响谈判的发展方向和进程。再次，谈判信息是促进谈判成功的基础，掌握大量、准确的谈判信息，就能够从扑朔迷离的谈判中发现机会，捕捉到达成协议的共振点，使谈判活动从无序到有序，进而促成谈判双方达成最终的协议。

二、信息准备的原则

在进行信息准备工作时，应遵循以下原则：

（一）真实性原则

真实是信息的生命。收集的信息要力求真实可靠，包括：首先信息来源渠道要可靠，是有据可查的，不能是道听途说的小道消息；其次要多渠道收集信息，相互印证，研判信息的真伪。

（二）全面性原则

根据谈判内容全方位收集信息资料，力求资料全面系统，防止重要信息资料的遗漏，所收集的信息要能从整体上反映出此次谈判的本来面目。

（三）科学性原则

对资料分析要科学、客观，不能凭空臆测得出结论，比如：进行市场调查时，调查表的设计要科学；在进行现场考察时应全面、客观；在信息处理加工时，要采用科学的方法，把可信度低、模糊程度高、不明确的信息暂时搁置起来；在甄别信息的真伪时，可以采用对比的方法。

（四）针对性原则

在进行信息的收集和整理时，要把重点放在与谈判联系最密切的信息资料收集上，要将最急需了解的问题作为优先调查的内容。

（五）及时性原则

信息有很强的时效性，谈判对方的情况是不断变化的，只有适时的信息才有可能变成财富。这就要求在进行信息的收集和整理时，要时刻关注发展变化着的相关情况，快速地进行信息资料的整理、分析和传递。

三、信息准备的内容

（一）对方信息

“知己知彼，百战不殆。”对谈判对手信息的收集和分析研究是信息准备工作中最为关键的一环。谈判对手的信息资料也是谈判信息中最有价值和最难收集的信息。谈判对手的信息是复杂多样的，在信息准备过程中，应侧重收集谈判对手的下列信息：

1．对方的基本情况

对方的基本情况信息主要包括企业的主体资格、法定地址、成立时间、性质、注册资金、主营业务范围、控股股东等。掌握这些信息的目的在于摸清对方“底细”，对于对方提供的证明文件还要通过一定的手段和途径进行验证，避免上当受骗。对没有确切的办公场所，没有营业场所或自己产业的“皮包”公司，一定要查清楚其真实情况，谨防上当受骗。另外，还要确定对方企业法人的国籍，即其应受哪一国家法律管辖。对对方合法资格的审查还应包括对谈判人代表资格或签约资格进行审查。在对方存在保证人时，还应对保证人进行调查，了解其是否具有担保资格和能力。在对方委托第三者谈判或签约时，应对代理人的情况加以了解，了解其是否有足够权力和资格代表委托人参加谈判。

2．对方的营运状况

尽可能掌握对方企业的营运状况。生产经营状况不好的公司，往往会负债累累，履约能力很差，会带来较大的违约风险。因此，一定要查清对方的营运状况。绝不可被对方虚假的招牌、优惠的条件所迷惑。

3．对方的信誉

合作重在诚信，签约重在履行。对方诚信与否直接决定己方目标能否实现，甚至决定己方利益是否受损。因此，应该对对方资信情况、商业信誉及履约能力进行审查。主要调查该公司的经营历史、经营作风、产品的市场声誉、财务状况，以及在以往的商务活动中是否存在不良的商业信誉。

4. 对方的核心需求

了解对方的谈判目标是什么，所追求的核心利益是什么，他们的附属利益是哪些，这些信息是己方制定报价策略和讨价还价策略的重要依据。

5. 对方人员权限

谈判的一个重要法则是不与没有决策权的人谈判。对方参加谈判人员的规格越高或者与企业核心领导人的关系越密切，权限也就越大。对方参加谈判的人员规格较低，己方就应该弄清楚对方参加谈判的人员是否得到授权。

6. 对方谈判最后期限

最后期限的压力常常迫使人们不得不立即做出决定。如果掌握了对方的最后期限，就可根据情况设计策略、把握进度，不致使己方处于被动地位。

7. 对方的谈判班子组成、谈判风格、个人情况

了解对手的谈判风格及谈判人员的性格等特点，可以有针对性地采取对策，有效迎合对方喜好或弱点，尽力促成谈判的成功。比如：主谈人背景；谈判班子内部人员的相互关系；谈判班子内每个成员的资历、能力、信念、性格、心理类型、个人作风、爱好与禁忌等。

（二）己方信息

“知人者智，自知者明。”在谈判前的信息准备工作中，不仅要调查分析谈判对手的情况，还应该正确了解和评估谈判者自身的状况。没有对自身的客观评估，没有自知之明，就很难做到对双方实力的准确判断，并做出正确的决策。自我评估首先要看到自身所具备的实力和优势，同时要客观地分析自己的不足。商务谈判多为互利合作型谈判，满足自身的需要是参加谈判的目的，同时还应考虑如何满足他人的需要。谈判者应该分析自己的实力，认清自己到底能满足对方哪些需要。例如：己方的生产经营状况；己方的财务状况和支付能力；己方能够提供的商品数量、商品品质、商品的技术指标；己方商务谈判与沟通的售后服务能力与水平；己方与铁路等运输部门的关系等。如果己方具有其他企业所没有的满足对方需要的能力，或是己方能够比其他企业更好地满足对方的某种需要，那么己方就拥有了更多的与对方讨价还价的优势。

（三）市场信息

在目标市场基本确定的情况下，对目标市场的相关资料进行收集和整理也是信息准备的重要环节。市场方面的信息资料十分丰富，市场信息的准备主要是调查目标市场的需求情况、销售情况和竞争情况。

1. 需求情况

需求情况是指该产品的市场需求总量、需求结构、需求的满足程度、潜在需求量等方面的情况。通过这方面资料的收集与整理，摸清目标市场上消费者的消费需求和消费心理，掌握消费者对该产品的消费意向，客观估计该产品的竞争力，以利于和谈判对手讨价还价，取得更好的谈判效益。

2. 销售情况

销售情况主要是指掌握该类产品在近年来的销量、销售价格及变动趋势，以及替代产品

情况等信息。通过对销售情况的掌握，可以使谈判者了解该类产品的市场容量，从而确定科学、合理的谈判目标。

3. 竞争情况

竞争情况包括竞争对手的数量及其基本情况（生产规模、产品性能、价格水平等），竞争对手所使用的销售渠道、销售组织形式、优惠措施、售后服务、竞争产品的市场占有率等。评估己方产品的竞争能力，在谈判中灵活掌握谈判条件。

（四）宏观环境信息

谈判是在一定的法律制度和特定的政治、经济、文化背景下进行的，他们会直接或间接地对谈判产生影响，特别是涉外商务谈判，其相关环境因素甚至会对谈判产生决定性的影响。因此，在谈判准备阶段也应认真收集整理这方面的信息资料。宏观环境信息主要包括谈判对手所在国家或地区的经济运行机制和宏观经济政策、政局稳定性、贸易倾向、宗教信仰、法律制度、商业习惯、社会文化、基础设施等。

（五）交易品信息

交易品信息主要包括：

（1）交易品的关税。

（2）交易品品质的表示方法、衡量交易品品质的指标，世界各地对交易品品质的最新规定和要求。

（3）交易品与其他品牌同类产品在品质、性能、用途上表现出来的差异。

（4）交易品数量的表示方法、计量单位。

（5）谈判对象所在国家或地区对交易品包装的相关规定。

（6）谈判对象所在国家或地区对交易品保险方面的特殊规定、对保险用语的法定解释。国际上同类商品在保险的险别、投保方式、保险金额等方面的通常做法。

（7）谈判对象所在国家或地区对交易品检验方面的特殊规定。比如，在检验内容、检验标准、检验方法、检验时间、检验地点等方面的要求和规定等。

（8）谈判对象所在国家或地区在支付货币、支付方式方面的习惯做法。

四、信息的收集和整理

商务谈判调查应该不间断、持续、动态地从多种信息渠道和调查方法搜集整理各种信息，使调查的结果全面、真实、准确地反映现实情况，为制定战略目标提供可靠依据。当然，全面性不代表没有针对性，针对某一具体谈判，要有重点、有选择地进行调查。

（一）信息渠道

1. 媒体信息

媒体信息包括平面媒体和广播电视等。谈判者可以通过报纸、杂志、内部刊物和专业书籍登载的消息、图表、数字、照片来获取信息。这个渠道比较详细、丰富、准确，综合性地反映了各种环境信息、竞争对手信息和市场行情信息。广播电视播报的有关新闻资料，也是获取相关信息的重要途径。

2. 互联网

信息化时代，在互联网上可以方便快捷地查阅公司信息、产品信息、市场信息以及其他多种信息。

3. 统计资料

统计资料是指各级各类政府的统计年鉴，行业协会或社会中介调研机构、咨询机构发布的统计信息，各大企业的统计数据和各类报表等，这类资料的特点是材料详尽，可提供大量原始数据。

4. 各类会议

谈判者可以通过参加各种商品交易会、展览会、订货会、企业界联谊会、各种经济组织专题研讨会来获取资料。这种信息渠道的特点是信息非常新鲜，但谈判者要善于从中捕捉有价值的东西。

5. 知情人士和专门机构

在生活中，有很多“知情人”和“专门机构”，要善于从知情人和专门机构处获得信息。

【案例赏析】

打电话给阿尼

夏派罗受顾客委托，卖出其三年前花 100 万美元买下的位于巴尔的摩和华盛顿之间的地产。顾客定价 310 万美元，底线是 160 万美元。夏派罗开始了解情况：地皮周边类似地产的价格，附近地区地价涨落的趋势等。买家是 A 建筑材料公司，是一家上市公司。夏派罗立即找到它的相关信息——季报、半年报、年报、利润表、营业范围、新闻报道、相关文章。得知他们刚刚上市几个月，手中有大量的通过出售股票募集的现金，其业务已扩展到全国，还要继续扩展到中部大西洋地区。这对夏派罗来说是个好消息，因为顾客的地产正位于这一带的中部。渐渐地，夏派罗获得的信息越来越多，就在这时，他想到了朋友阿尼，阿尼在那个地方经营一家电视台。夏派罗估计作为电视台老板的阿尼应该认识当地不少人，于是他打电话给阿尼，问他是否了解 A 建筑材料公司。阿尼说，在一次商会的招待会上，A 建筑材料公司的副总经理对他说：“你是巴尔的摩人，能不能给我介绍几个当地的房地产经纪人？”夏派罗由此推断 A 建筑材料公司要在巴尔的摩建立分公司，他们对房地产有迫切的需求。

谈判开始对方反复说夏派罗定价 310 万美元离谱，说他们公司可能会集中精力扩展南部业务。而关注这个地区只是他们的谈判策略。这种说法显然不太诚实。他们说的与夏派罗了解的情况不一致。最后，夏派罗说尊重他们的意见，还说：“我们还有其他的选择需要考虑，比如说把这块地分割开出售（事实上也确实如此）。万一以后你们决定在我们这个地区开展业务而我们还没有把这块地卖出去，请再和我们联系。”等到第十天，A 建筑材料公司打来电话，说想再谈谈，不同意最初的 310 万美元的价格，经过讨价还价，最终以 170 万美元成交。

（资料来源：http://www.doc88.com/p-943526431040.html）

分析：谈判的时候有时就应该冒险，准备得越充分，冒险的成分就越小。在这次谈判中，夏派罗知道对方需要向北扩展，向中部大西洋地区扩展，而且知道对方正在这一带找人给他们公司买房子。夏派罗沉得住气的原因是因为调研工作做得好，其实就是多打了一个电话。事实上，每个人都有一个“阿尼”，就看你会不会用。

（二）调查方法

背景信息的调查方法主要包括访谈法、问卷法、文献法、电子媒体收集法、观察法、实验法等。

1．访谈法

访谈法是指调查者直接面对访问对象进行问答，包括个别对象采访，也包括召集多人举行座谈。在访谈之前，应准备好一份调查提纲，有针对性地设计一些问题。访谈对象回答问题时可录音或记录，以便事后整理分析。这种方法的特点是可以有针对性地抽样选择访谈对象，直接感受到对方的态度、心情和表述。

2．问卷法

问卷法是指调查者事先印刷好问卷，发放给相关人士，填写好以后收集上来进行分析。问卷的设计要讲究科学性和针对性，既有封闭式问题又要有开放式问题。这种方法的特点是可以广泛收集相关信息，利于实现调查者的主导意向，易于整理分析。这种方法的难点在于如何调动被调查者填写问卷的积极性以及保证填写内容的真实性。

3．文献法

文献法是用于收集第二手资料的方法。可以从公开出版的报纸、杂志、书籍中收集，也可以从未公开的各种资料、文件、报告中收集信息。文献法的特点是可以收集到比较权威、准确的信息，但是要注意信息是否陈旧、过时。

4．电子媒体收集法

电子媒体指电话、计算机、电视、广播等媒体设备。电子媒体收集信息的作用在当今社会越来越重要。通过电子媒体收集信息有许多优点，如：传播速度快，可以及时获取最新信息；传播范围广，可以毫不费力地收集到各个国家的重要信息；表现力生动，计算机、电视可以提供声音、图像、文件，提供真实的现场情景，尤其是计算机，储存的信息相当丰富。

5．观察法

观察法就是指调查者亲临调查现场收集事物情景动态信息。这种方法可以补充以上几种方法的不足，通过亲自观察得到最为真实可靠的信息。但是这种方法也有局限性，例如：受交通条件限制，有些现场不能亲自去观察；受调查者自身条件限制，观察难免不全面，也难免受主观意识的影响而带有偏见。

6. 实验法

实验法即对调研内容进行现场实验的方法。例如，以商务活动的方式运转，商品试销、试购，谈判模拟等方法来收集动态信息。这种方法比观察法又进一步，可以发现一些在静态时不易发觉的新信息。

（三）调查的原则

1. 可靠性

收集的信息要力求真实可靠，要选用经过验证的结论、经过审核的数据和经过确认的事实。不要满足于一种方法收集信息，可以同时采用几种方法，从不同角度来反映客观事实，不要凭主观判断片面做出结论。如果收集的信息不可靠甚至是错误的，就会给谈判工作埋下隐患，造成不可估量的损失。

2. 全面性

调查的资料力求全面、系统，应该从整体上反映事物的本质，不能仅仅靠支离破碎的信息来评估某些事物。尤其对一些重要信息，如经济环境、市场状况、商品销售情况、谈判对手的实力和商誉情况，在时间上和空间上都会存在差异，只有将调查工作做得更全面一些，才能保证所获得信息的完整准确。

3. 可比性

调查资料要具备可比性。可比性包括两个方面：一方面可以横向比较，针对同一问题收集多种资料，就可以在比较中得出正确的结论；另一方面可以纵向比较，如市场行情、产品销售状况、企业商誉情况等，有了不同时期的资料，就可以通过事物的过去分析其现在和未来的发展趋势，找出事物发展的规律性。

4. 针对性

调查不可能面面俱到，要有针对性，要将与谈判有最密切联系的资料作为重点调查内容，要将最急需了解的问题作为优先调查的内容，效率第一，争取时间，占据主动。

5. 长期性

企业应当将背景调查作为一项长期性和常规性工作，建立完善的信息收集网络，动态管理，不失时机地提供各种决策依据。

（四）信息的加工整理

收集到的信息，必须要经过甄别、去伪存真、归类、分析，才能作为商谈的信息使用。首先，要对信息进行甄别筛选，剔除虚假信息、证明力不强的信息和主观臆断的信息等，保留客观可靠的信息。其次，要对信息归纳和分类。例如，将信息按整体性和具体性问题分为两大类，再按照时间顺序、事件类别进行归纳，最后按重要程度进行排序。这样既便于全面、整体地反映问题，又能准确地反映细节。再就是对信息进行研究分析，提出建设性意见和建议。好的信息分析员能够通过信息探求其内在本质和深层次问题，做出对问题的正确判断和结论，并对问题的解决提出具有指导意义的建议，供企业领导和谈判者参考。

【实训练习】

谈判信息准备

实训目的： 增强学生对谈判信息的作用、范围、搜集与整理、传递与保密的认知，培养学生用严谨的谈判态度和敏锐的信息洞察力，搜集整理和运用信息促进谈判成功的能力。

实训方法： 模拟演练法，小组讨论法。

实训内容： 将学生分成若干小组，根据教师准备的资料制订谈判信息准备方案，然后进行小组内部讨论，并总结提升小组的认识和感受，最后进行小组间交流，教师对各组表现进行点评。

实训步骤： 教师说明规则，学生分组，学生演练。

实训考核标准：

（1）谈判信息准备方案应全面。

（2）谈判信息准备方案具有一定的可行性。

第二节　谈判方案的制订

在充分调查了解谈判对方情况和市场信息的基础上，要有效制订商务谈判方案。谈判方案的内容主要包括：谈判主体目标、原则、具体要求和规定。谈判方案的可行、正确与否直接关系到谈判的成败，是谈判前期准备的关键所在。

一、制订谈判方案的原则

（一）客观性原则

谈判方案的制订要用调查信息作为重要参考，切忌不切实际的凭空臆造，同时要用科学的方法进行方案的制订和优化。具体应做到：进行谈判方案的可行性分析；充分考虑影响谈判方案制订的各种因素；必须进行谈判方案反馈工作，及时进行谈判方案的优化调整。

（二）择优原则

要充分论证所制定的谈判目标的合理性，充分探讨谈判策略的可实施性和有效性，从所有的可行性方案中选择最优方案。考量指标主要有：操作性、效率、可行性等。

（三）系统性原则

系统性原则包括合理性、先进性、合法性等方面。合理性要求谈判方案要适应谈判的内容，适应双方在技术、商业习惯、财务等方面的通用惯例。先进性要求谈判目标是需要经过努力才能达到的在现实基础之上的高目标。合法性要求谈判方案必须符合相关的法律规定，不能与谈判当事方所在国家或地区的现行法律法规、相关国际法和国际惯例相抵触。

（四）创新原则

创新原则要求决策者在谈判方案制订时要有创新、开拓精神，敢于探索新的谈判模式，提出崭新的谈判思路和方法，从而做出高质量的谈判方案。

知识链接

在制订谈判方案时应重点考虑的问题

（1）有关谈判当事方的经济贸易法规、政策和规定。

（2）本次交易的重要性。对于交易额巨大或关系到本企业长远利益的谈判，在谈判目标、谈判策略和谈判措施上都要慎重决策。战术技巧上要做到稳扎稳打，谈判目标和让步策略要具有一定的灵活性。

（3）是否同对方保持长久的贸易往来。如果打算与对方保持长期贸易往来，就必须与对方建立起良好的关系，谈判人员之间也应有密切的私人交往。尽量避免采用对抗性较强的谈判策略。

（4）谈判时间的限制。通常，谈判时间长，谈判目标的弹性就较大，谈判策略也更加灵活。较短时间的谈判，谈判目标的弹性则较小。如果无较苛刻的时间限制的情况，可确定较高的谈判目标和采取较强硬的谈判策略。

（5）双方在谈判中的实力和谈判能力。己方居于优势地位，可确定较高的谈判目标和采取较强硬的谈判策略。反之，则要确定弹性较大的谈判目标和灵活多变的策略，以给己方留下回旋的余地。

二、谈判方案的内容

（一）确定谈判目标

谈判目标是谈判应达到的具体要求。商务谈判的目标主要以交易条件的形式反映出来，比如，交易标的的数量、价格、质量、交货与支付等。

1. 认定自我需要与优势评估

满足自身的需要是参加谈判的目的。满足他人需要的能力是谈判者参与谈判与对方合作的资本。确定谈判目标，必须弄清本方的需要。自我需要主要包括如下方面：①希望借助谈判满足己方哪些需要。②各种需要的满足程度。要搞清楚哪些需要必须得到全部满足，哪些需要可以降低要求。这样才能抓住谈判中的主要矛盾，保护己方的核心利益。③需要满足的可替代性。在谈判中需要满足的可替代性大的一方，回旋余地就大。如果需要满足的可替代性小，那么谈判中讨价还价的余地也就小。需要满足的可替代性包含两个方面：一是谈判对手的可选择性有多大。有些谈判者对谈判对手的依赖性很强，这样就会容易陷入被动局面，常常被迫屈从于对方的条件。二是谈判内容可替代性的大小。比如，如果价格需要不能得到满足，可不可以用供货方式的满足来替代。这种替代的可能性大小，要通过认真分析评价来确定。④满足对方需要的能力。自己向对方提供的需要具有哪些优势，比如，出售商品的数量、质量、期限、技术服务等，占据什么样的竞争地位等。如果己方具有其他企业所没有满足对方需要的能力，或是谈判者能够比其他企业更好地满足对方的某种需要，那么谈判者就拥有更多的与对方讨价还价的优势。

2．谈判目标的分类

谈判目标的确定是谈判方案制订中的一个关键环节。不能盲目乐观争取最高目标，否则会造成束手无策的被动局面。一般来讲，谈判目标要有一定的弹性，定出上、下限。根据谈判实际情况进行适当调整。

在多条件谈判中要将各个目标进行排队，抓住最重要的目标努力实现。同时，要对己方最低限度目标严格保密，这是商业机密，绝对不可透露给谈判对手。否则，就会使己方陷于被动。谈判目标根据实现的可能性可分为三个层次：

（1）最低限度目标。最低限度目标是在谈判中己方必须达到的目标。对己方而言，宁可谈判破裂，也不愿接受比最低限度目标更低的条件。商务谈判一般坚持不亏损原则，若当谈判是以开拓市场为目的时，就另当别论了。

（2）实际需求目标。实际需求目标是谈判人员经过对主、客观因素及对手的全面评估，科学论证后所确定的努力争取实现的谈判目标。谈判中的讨价还价往往是围绕这一目标展开的。

（3）最高期望目标。最高期望目标是对谈判者最有利的一种理想目标，同时也是谈判对方最不愿接受的条件，因此很难得到实现。但是确立最高期望目标是很有必要的，它可以激励谈判人员尽最大努力去实现谈判利益的最大化，同时也有利于在讨价还价中使己方处于主动地位。

（二）明确谈判的策略

1．谈判策略的含义

在商务谈判过程中为实现特定的谈判目标而采取的各种方法、措施、技巧及其组合称为商务谈判的策略。商务谈判是“合作的利己主义”的过程。在这个过程中，参与谈判的双方都要为自己获得尽可能多的利益而绞尽脑汁。作为一种复杂的智力竞争活动，谈判高手无不借助谈判策略的运用来显示其才华。因此，谈判策略选用是否得当，能否成功，是衡量谈判者能力高低、经验丰富与否的主要标志。谈判策略形形色色、多种多样，即策略无常性。

2．影响商务谈判策略选择的基本因素

一般来说，商务谈判策略的选择和运用主要取决于以下基本因素：

（1）谈判对象的情况。商务谈判对象的情况主要包括：①谈判对方的实力，这是选择商务谈判策略的主要依据。如果谈判对方实力雄厚，处于谈判的有利地位，则己方可选择的策略就受到很大的限制，在谈判中就不易采用强硬型策略；如果对方主谈人是职位较高的企业核心领导，有较大的行政权力，那么在选择商务谈判策略时也会受到较大的限制。②谈判对方的风格和经验。如果对方是一位谈判经验丰富的谈判高手，那么一般的谈判策略对其不会产生太大的作用。这时选用的商务谈判策略要多变，节奏也应稍快一些。③谈判对方的动机和态度。对方态度良好，渴望成功，追求合作的谈判者，所选用的商务谈判策略应柔和一些，尽量避免强烈的对抗。④谈判对方的性格和气质。对急躁直率的谈判者和温和婉转的谈判者，谈判策略应有所不同。对前者，多采用诱惑报价、求疵还价、象征性让步等诱其上钩；对后者，则应采用坦诚相待、利益协调、压力缓解等策略。

（2）谈判因素的多寡。在单因素谈判中，由于利益点过于集中，使谈判变得非常艰难，冲突、僵局随时都会发生，这时最好把单因素谈判转化为多因素谈判，即采用把蛋糕做大策略。在多因素谈判中，由于利益点分散，便于此消彼长的，应全面分析各个因素，找出其共同利益点，促成交易。

（3）商务谈判所处的阶段。商务谈判所处的阶段不同，对商务谈判策略的运用也有所不同。比如：在开局阶段为建立友好的谈判气氛，则不易采用对抗性策略；在讨价还价阶段，由于直接关系到利益分配的多寡，双方会互不相让，则谈判的对抗性会很强。

（4）商务谈判的组织方式。组织方式是指进入谈判的形式、规模和范围。比如，谈判对象是一方还是多方，是联合谈判还是分别进行，是紧密型谈判，还是松散型谈判等，这对商务谈判策略的选用都是有影响的。

3．商务谈判策略的特征

（1）针对性。谈判策略必须在有效预计和实际运行过程中针对谈判的标的、目标、手段、对方的谈判风格以及对方可能采取的策略等来制定己方的策略、对症下药，有的放矢。

（2）预测性。凡事预则立，不预则废。必须根据对方情况和市场情况对谈判进行全方位的商讨、筹划和预谋，要做到考虑缜密，计划详细。在商务谈判中，如果没有事先筹划的应对策略，一定会被动挨打，只有招架之功，没有还手之力。

（3）动态性。商务谈判策略的产生与应用是一个动态变化，不断修正、调整、完善的过程。不能刻板固守事先定的各种计划和策略，不变通。

（4）保密性。商务谈判策略一般只被己方知晓，要尽可能做好保密工作。

（5）艺术性。艺术性是科学性、技巧性、突然性的总体反映。商务谈判策略的运用，应尽量追求具有艺术性。为了使签订的协议能保证履行，还必须保持良好的人际关系。艺术性的策略往往更加技巧性、人性化，有助于目标的实现。

（三）确定谈判时间

谈判时间要素有三个基本参数：开始时间、谈判过程中的时间控制和结束时间。

1．谈判开始时间

选择什么时间启动谈判，得当与否，有时会对谈判结果产生很大影响。一般来说，在选择开始时间时，要考虑以下几个方面：

（1）准备的充分程度。不打无准备之仗。在安排谈判开始时间时要注意给谈判人员留有充分的休息时间，以免疲劳、仓促上阵。

（2）谈判人员的身心状况。谈判是一项精神高度集中，体力和脑力消耗都比较大的工作，要尽量避免在身体不适、情绪不佳时投入谈判。一般也不要在饱餐后投入谈判，因饱餐后人的思维能力也会明显下降。当然，可选择在对方精力不足、反应迟钝、时间压力极大的情况下，以迫使对方让步。

（3）双方对谈判的紧迫程度。尽量避免在己方急于买进或卖出某种商品时才进行谈判。如避免不了，应采取适当的方法隐藏这种紧迫性。当然，如果是在对方紧迫时，我们必须抓住并用好这个机会，可以利用对方最后期限临界点时开始关键问题的谈判。

需要强调的是，利用对方人员状况不佳或对谈判的紧迫性等不利条件时会招致对方的反对，引起对方的反感。所以做这些工作应安排得天衣无缝，要有艺术性。

2. 谈判过程中的时间控制

对于谈判过程中的时间控制，不是单纯地促进和加快谈判进程，同时也是一种为己方争取时间、挫败对方锐气（一鼓作气，再而衰，三而竭）、摆脱不利局面或争取更大的主动性的技巧。例如：在需要时间去构思一些关键问题时；在需要时间去核实一些需要弄清楚的问题时；在需要时间去调整谈判策略时；为了回避对方提出的己方暂不知如何回答的问题时。均可以采取暂停的方式，影响谈判的发展方向和进程。常用的暂停借口有“资料忘记带了”“去趟洗手间”“身体不适”等。

另外，大多数商务谈判都要经历多轮磋商才能达成一致。这样，在两次磋商之间就形成了一个谈判的时间间隔。在谈判实战中应充分利用这一时间间隔，舒缓紧张的谈判气氛，调整各自的谈判目标和谈判策略。例如，在谈判双方出现了互不相让，紧张对峙的时候，双方宣布暂停谈判两天，由东道主安排一些旅游等轻松的活动，在友好、轻松的气氛中双方的态度、主张有可能会有所改变，在接下来的重新谈判中，就更容易达成一致。

3. 谈判结束时间

谈判的结束时间是确定谈判策略的重要因素之一。谈判时间的长短，往往直接决定着谈判者是选择轻松舒缓的谈判策略还是速决速胜的谈判策略。这一时间还对谈判中处于劣势的一方构成很大的压力。一般说来，大多数的谈判者总是想达成协议，为此，弱势一方只能做出让步。因此，在谈判中应始终保守住“己方谈判的最后期限”这个秘密。

（四）确定谈判地点及场所布置

商务谈判地点的选择和场所的布置得当对商务谈判也会产生积极的影响。因此，选择一个合适的谈判地点，布置一个优美的谈判场所对商务谈判来讲是十分重要的细节问题。

1. 不同谈判地点的利与弊

商务谈判地点的选择通常有主场、客场、中立三种情况。不同地点均有其利与弊，要尽可能选择对己方有利的谈判地点。多轮谈判可以采用在双方所在地轮流交叉谈判的办法。这样的好处是对双方都是公平的，各自都担当东道主和客人的角色，对增进双方相互了解，融洽感情是有益的。

（1）主场谈判的利与弊。

1）主场谈判的有利因素：

① 心理上有一种安全感和优越感，谈判人员心理压力相对比较小。

② 免去车马劳顿，以逸待劳，不需要耗费精力去适应新环境，从而把精力更集中地用于谈判。

③ 通过对场外活动的安排，调控谈判的气氛和进程，从心理上对对方施加影响。

④ 沟通联系方便，谈判队伍可以非常便捷地随时与高层领导联络，获取所需资料和指示。

⑤ 节省去外地谈判的差旅费用和旅途时间，提高经济效益。

2）主场谈判的不利因素：

① 由于离高层领导近，联系方便，会产生依赖心理。一些问题不能自主决断而频繁地请示领导，也会造成失误和被动。

② 己方作为东道主要负责安排谈判会场以及谈判中的各种事宜。要负责客方人员的接待工作，安排宴请，游览活动等，负担比较重。

（2）客场谈判的利与弊。

1）客场谈判的有利因素：

① 单纯的全新环境，可以全身心投入谈判，避免来自单位和家庭事务等方面的干扰。

② 将在外，更有利于发挥谈判人员的主观能动性，减少谈判人员的依赖性。

③ 可以实地考察对方公司情况，获取更直观的信息资料。

④ 免去了烦琐的招待等事务。

2）客场谈判的不利因素：

① 与公司本部相距较远，某些信息的传递、资料的获取比较困难。某些重要问题不易及时与高层面对面磋商。

② 对新环境不适应，旅途劳累、时差等因素，会使谈判人员身体状况受到不利影响。

③ 在谈判场所的安排，谈判议程的安排等方面处于被动地位。

（3）中立地谈判的利与弊。

中立地谈判最大的好处就在于不存在偏向，双方均无主场、客场优势，也均无主场、客场劣势。但中立地谈判也存弊端，比如，对中立地的选择。要确定一个使双方都满意的谈判地点要花费不少时间和精力。

2. 谈判现场的布置与安排

适宜的谈判场所，对谈判效果有着直接的影响作用。谈判现场的环境布置与座次安排，都应体现礼仪的规范和对客人的尊重。座次安排更是敏感问题，应小心谨慎处理。

（1）谈判场所的布置。

较为正规的谈判场所可以有三类房间：一是主谈判室；二是密谈室；三是休息室。

1）主谈判室的布置。为了使谈判双方能心情愉快、精神饱满地参加谈判，主谈判室应当宽大舒适，光线充足，色调柔和，空气流通，温度适宜。谈判桌应居于房间中央，主谈判室一般不宜装设电话，以免干扰谈判进程，泄露有关秘密。主谈判室也不宜安装录音设备，录音设备对谈判双方都会产生心理压力，难以畅所欲言，影响谈判的正常进行。

2）密谈室的布置。密谈室是供谈判双方内部协调机密问题单独使用的房间，它最好靠近主谈判室，有较好的隔音性能，室内配备黑板、桌子、笔记本等物品，窗户上要有窗帘，光线不宜太亮。作为东道主，决不允许在密谈室安装微型录音设施偷录对方密谈信息。作为客方在外地对方场所谈判时，使用密谈室一定要提高警惕。

3）休息室的布置。休息室是供谈判双方在紧张的谈判间隙休息用的，休息室应该布置得轻松、舒适，以便能使双方放松一下紧张的神经。室内最好布置一些鲜花，放一些轻柔的音乐，准备一些茶点，以便于调节心情，舒缓气氛。

【案例赏析】

让环境说话

英国前首相罗伯特·安东尼·艾登在其《回忆录》中对其20世纪30年代访问苏联商讨有关纳粹德国与欧洲局势以及两国友好合作问题进行了这样的记述：由于在此之前英国和其他国家对苏联的仇视和封锁，双方存在不少分歧，为此苏联外长李维诺夫邀请艾登共进午餐。"我们在令人心旷神怡的原野之中的平坦道路上行驶了约20英里[㊀]，到了林中别墅，内有一座花园，甚至还有几只鸭子，这座乡间别墅设备简单，但很风雅，而且这次午餐，即使按照我们好客的主人们的标准几乎也是一次宴会。在正餐前先上的菜照例是鱼子酱和烤小猪。正餐后还有干果布丁，餐桌的中心（从实际位置和政治意义来说都是中心）是装饰着玫瑰花的奶油，上面还有"和平是不可分割的"字样。我对这种情感是赞成的，但即使我不赞成，在受到那样的欢迎之后，我也难以提出反对意见。谈话的题目仍然同正式会谈时一样，但是气氛更加轻松了。"

（资料来源：http://www.tup.tsinghua.edu.cn/Resource/tsyz/042569-01.txt）

分析：商务谈判地点的选择和场所的布置得当对商务谈判也会产生积极的影响。本案例中，英苏有交恶的背景，在有关纳粹德国与欧洲局势问题上存在根本上的分歧，结果由于很好地选择了谈判地点、场所布置得当、氛围营造恰当，致使对方难以提出反对意见，促进谈判大获成功。

（2）座次安排。

适当的座次安排能够充分发挥谈判人员最佳的沟通功能，使双方的言语交往与非语言沟通收到最佳的效果。

1）长方形或椭圆形的谈判桌。双边谈判一般采用长方形或椭圆形谈判桌，这样显得比较正规。通常主客各坐一边，若谈判桌横放（如图2-1所示），则正面对门为上座，应属于客方；背面对门为下座，属于主方。

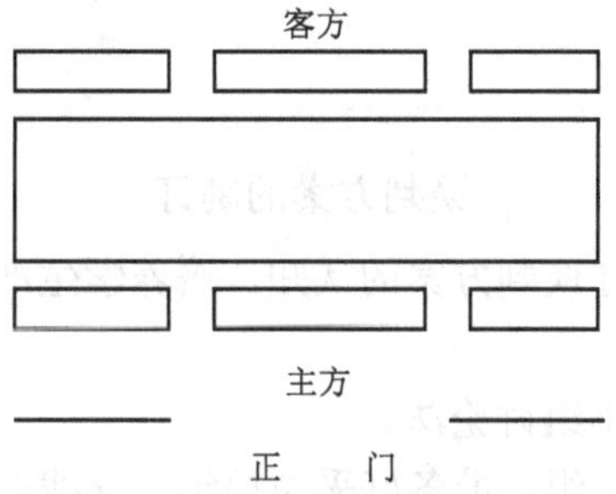

图2-1　谈判桌横放

㊀ 1英里=1 609.344米。

若谈判桌竖放（如图 2-2 所示），则应以进门方向为准，右侧为上，属客方；左侧为下，属于主方。双方主谈人（首席代表）各在己方一边的中间就座，翻译安排在主谈人右侧，其余人员则遵循右高左低的原则，依照职位高低自近而远地分别在主谈人两侧就座。具体操作时，可摆放写有人名的牌子以表明座位，会更加简明方便。

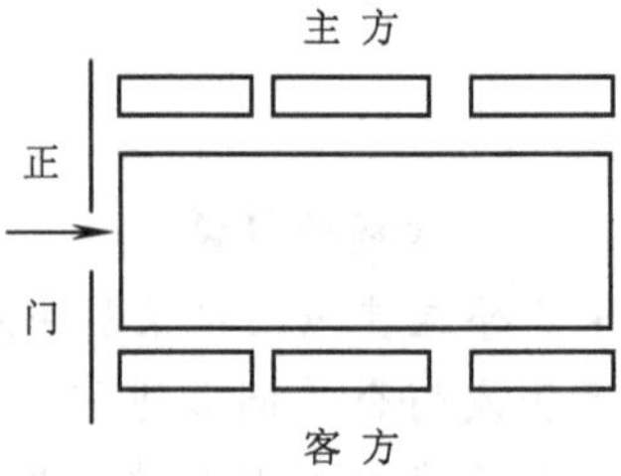

图 2-2　谈判桌竖放

2）圆形谈判桌。多边谈判一般采用圆形谈判桌（如图 2-3 所示），国际惯例上称为“圆桌会议”。采用圆桌谈判时，谈判各方围桌交叉而坐，尊卑界限被淡化了，彼此之间气氛较为和谐、融洽，容易达成共识。

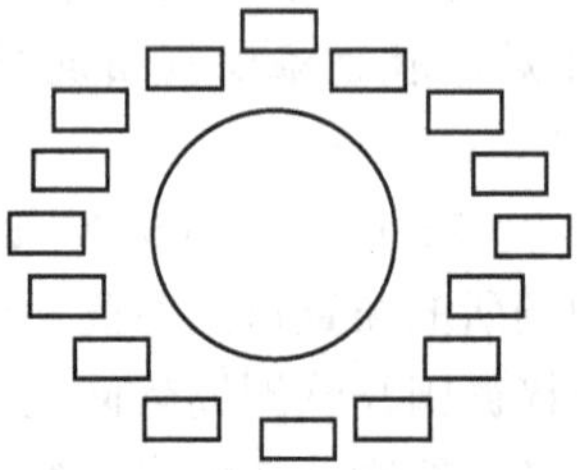

图 2-3　圆形谈判桌

（五）预计可能会发生的问题

在制订谈判方案时，应把困难估计得充分一些，把谈判中可能会出现的问题设想得全面一些，并预先做好多套应对方案。当谈判中出现异常情况时，能及时启动备用方案，以免手忙脚乱，丧失谈判的主动权。

【实训练习】

谈判方案的制订

实训目的：增强学生对制订谈判方案的认知，培养学生严谨的谈判态度和规范、科学缜密的方案制订能力。

实训方法：模拟演练法，小组讨论法。

实训内容：学生分成若干小组，准备好采访提纲，寻找一位有商务谈判经验的现职营销人员并与其沟通，问询：谈判方案制订的程序步骤，主要板块与内容，有哪些注意事项，相关的经历和感受等，然后进行小组内部讨论，并总结提升小组的认识和感受，最后每小组根据所选项目模拟制订谈判方案，教师对各组表现进行点评。

实训步骤：教师说明规则，学生分组，学生演练。

实训考核标准：

（1）模拟制订的谈判方案必须有具体步骤。

（2）谈判方案内容必须全面。

（3）谈判方案具有一定可行性。

第三节　谈判人员的选择与管理

一、谈判班子的构成

组建一支高效、精干、能打硬仗的谈判班子是谈判成功的根本保证。做好谈判班子的组建工作，首先要解决好两个基本问题：

（一）确定谈判班子的规模

合理的谈判班子规模不是绝对的，必须根据具体情况来确定，既可以是一个人，也可以是多人。总体来讲，谈判班子的规模要遵循精干、实用、高效的原则。人员过多过少都不利于工作的开展。过多，意见难以统一、增大内耗；过少，工作过于劳累，影响工作效率与质量。

对于小型商务谈判，多数情况下只由一人全权负责。这种小型的商务谈判对人的综合素质及临场经验要求较高。

对于中型商务谈判，由于交易金额较大，需要协商的内容较多，工作量也较大，为了减少失误，谈判班子多由3～4人组成。

对于大型商务谈判，由于涉及的内容广泛、专业性强、资料繁多、工作量大，所以配备的谈判人员要更多一些，一般为5～8人，有时多达十几人，构成一个谈判代表团。代表团内根据实际工作需要，划分成若干个谈判小组，如商务小组、技术小组、法律小组等，每个小组负责不同方面的谈判。也可以组成台前和幕后两套班子，“台前班子”主要负责正面谈判，“幕后班子”负责收集、整理相关资料，为台前班子提供技术服务。

（二）设计谈判班子的结构

一个好的谈判班子应具有一个合理的结构，在较为正规复杂的中、大型商务谈判中，应尽量配齐各方面的人才，组成一个结构合理、长短互补的谈判班子。

1．知识结构

商务谈判中所涉及的知识面很广，应根据谈判的需要，科学配置不同方面的专家。比如，商务专家、技术专家、法律专家、金融专家等，对外谈判还应有翻译人员。各类人员不仅应精通本专业的知识，而且要对其他方面的知识也有所了解。对于规模小、影响不大的谈判，参加谈判的专业人员可以身兼数职。

【案例赏析】

知识就是力量

四川农学院留学生李华博士将中国的葡萄酒奇迹般地打入了法国市场。葡萄酒在香港转口时却遭到了麻烦。港方说，按照土酒征80%关税、洋酒征300%关税的规定，内地的葡萄酒要按300%征税。面对这一问题，李华在与港方的谈判中吟出了一句唐诗："葡萄美酒夜光杯，欲饮琵琶马上催。"并解释说，这说明中国唐朝就能生产葡萄酒了，唐朝距今已有1 300多年，怎么能说中国葡萄酒是洋酒呢？一席话驳得港方有关人员哑口无言，只好将中国葡萄酒按土酒征税。

（资料来源：http://wenku.baidu.com/view/a48bfd6ab84ae45c3b358ca4.html）

分析：商务谈判，不仅是技术、信息方面的较量，更多时候，知识积累与恰当运用也是谈判中的重要手段。本案例中，李华恰当引用诗词，引发港方共鸣与归属感，面对源远流长的中华文化，提高了双方的认同度，使谈判大获成功。

2. 性格结构

组建谈判班子时，还应考虑合理的性格结构。通过性格的互补作用，达到优化谈判班子的目的。分配任务时，也应考虑性格因素。比如：对具有内向型性格的人，宜安排内务工作，如资料、信息的整理等；对具有外向型性格的人，宜安排了解情况、收集信息、对外的沟通协调等交际性工作；对性格沉稳、思维缜密、组织能力强且富有进取心的人，宜作为主谈人。切忌把那些具有典型性格特征的人安排到与本人性格相悖的工作中去。

3. 年龄结构

组建谈判班子时，还应考虑谈判人员的年龄结构。不同年龄段的人群由于阅历的不同，其知识的宽度、深度、时代感、经验的多寡、处事的方法、体力和精力都相差很大。比如：老年人阅历深、经验丰富、人际关系广，但体力、精力较差，知识老化，进取心往往也不强；中年人经多年的工作磨炼，经验丰富，体力、精力较充沛，知识面广，工作责任心强，富有进取心；青年人的经验不足，考虑、处理问题欠周全，但体力、精力充沛，知识的时代感强，工作的冲劲足，富有进取心。总体来讲，谈判班子应以中年人为主，辅以青年人和老年人。

此外，班子内成员间必须关系融洽，能求同存异。

二、谈判人员应具备的素质

谈判人员必须具备与之相适应的知识和能力。为了满足谈判工作的要求，谈判人员应具有良好的道德素养、广博的知识素养、较强的业务能力和良好的性格气质。

（一）道德素养

谈判人员的道德素养主要包括：①遵纪守法，爱党爱国。②具有强烈的事业心和正确的职业动机。有强烈事业心的谈判人员，胜不骄、败不馁。在谈判中即使面临重重困难，也不会轻易放弃自己的立场，充分发挥自己的智慧和能力，去克服一切困难。当谈判取得一定成果时，也不会居功自傲，而是朝着更高的目标努力攀登。具有正确职业动机的谈判人员，往往会有强烈的职业自豪感，能够正确理解商务谈判的意义，自觉抑制个人行为，严格服从谈判纪律。③具有团结协作精神。谈判工作必须由各方面协同完成。一个优秀的谈判人员，必须懂得尊重他人，把自己融入集体之中，能虚心听取各方面的建议和意见。

（二）知识素养

商务谈判涉及的知识极为宽泛，一般的商务谈判要涉及商务、技术、金融、法律、社会文化、宗教等多方面的知识。某些特殊的商务谈判还会涉及一些尖端科学，如生物工程、微电子、系统集成、纳米技术等方面的知识。这就要求谈判人员要有宽阔的知识面，掌握与商务谈判有关的各学科的相关知识。尤其是对与本企业所生产经营产品有关的技术、市场、产业政策等方面的知识要有深入的了解。一般来讲，商务谈判人员需要具备以下各方面的知识：

（1）熟悉我国经济贸易方面的方针、政策，了解国家关于对外经济贸易方面的政策、措施。

（2）熟悉我国颁布的相关经济法律、法规，了解有关国际贸易、国际技术转让和国际货物运输等方面的法规和惯例；了解谈判对象所在国家或地区的相关贸易政策、法律、法规、措施和管理制度等方面的知识。

（3）掌握交易标的的相关知识，如商品的原料、生产工艺、质量标准、检验、包装、运输等方面的知识。

（4）掌握与交易有关的商务、金融方面的知识，如商品成本核算及定价、价格条件、货物保险、汇率、支付币种的选择、支付方式等。

（5）掌握谈判对象所在国家或地区的社会文化、民俗、宗教等方面的知识。

（三）业务能力

业务能力即谈判者驾驭谈判的能力，主要包括观察能力、语言表达能力、应变能力、自控能力、判断能力、控制能力等。对谈判者能力的具体要求，因谈判人员的地位、作用和职责的不同而不同。

1．观察能力

谈判人员要有鹰眼一样敏锐的观察力，善于发现和抓住对方典型特征，准确判断出对方的真实谈判意图，勾画出对方的谈判轮廓。

2．语言表达能力

语言表达能力即谈判人员运用语言和行为传递有关信息的能力，主要体现在语言的表现力、吸引力、感染力和说服力上。此外，语言表达还要准确、适度，防止说理无据、强词夺理、任意发挥和不计后果。因此，谈判人员应具有高超的语言表达能力，不要轻易向对方说“不”，也不要轻易说“是”。

3．应变能力

商务谈判总是处在不断变化之中，所以就要求谈判者具有快速的反应能力。对突发情况，能做出快速、准确的反应，及时调整谈判的策略和方法。

4．自控能力

谈判人员在环境发生激烈变化时，必须有效克服自身心理障碍，态度要温雅，切忌喜怒形于色。谈判是相当严肃认真的活动，有时甚至是紧张激烈的。谈判者要善于在激烈对抗的形势中控制住自己的情绪和行为，以平和的态度和恰当的举止来说服和影响对方。

5．判断能力

谈判的过程也是一个判断推理的过程。在谈判过程中，谈判各方对己方的核心信息都会守口如瓶。谈判人员往往要通过已掌握的信息推测对手的其他信息，为谈判的决策和控制服务。如果在判断推理上能胜对手一筹，就能更加有效地控制谈判。

6．控制能力

谈判人员应当具有坚持立场、明确目标，运用各种谈判策略和技巧，使谈判的发展变化保持在既定的轨道之内的能力。谈判的发展趋势变幻莫测，前景难于预测，稍有不慎就可能坠入迷雾之中，这就要求谈判人员能运用各种手段和方法把握住谈判的发展方向，善于捕捉转瞬即逝的机会，使谈判按预定的轨道向前发展。

（四）性格气质

谈判人员的理想性格气质是：性格开朗，举止风度优雅，谈吐幽默风趣，思维敏捷，能够克制自己，具有团队精神，善于听取他人的意见，具有百折不挠的进取心。

谈判主要是在双方主谈人间进行，因此，主谈人水平的高低，直接关系到谈判的成败。作为谈判班子的领导人，除了应具备普通谈判人员应具备的条件之外，还应具备优秀的组织协调能力、对外沟通能力和决策能力。

三、对谈判人员的管理

（一）分工与协作

谈判小组成员在谈判过程中，既要根据谈判内容和各人专长进行适当的分工，又要在主谈人的指挥下，按照既定的方案伺机而动，互相密切配合、彼此呼应，形成目标一致的谈判统一体。一项较复杂的谈判，不可能由一种专业人才来完成，必须由多种人才的高度紧密的合作来完成。一般来讲，谈判人员主要包括技术人员、商务人员、法律人员、金融人员、翻译人员等。谈判人员的职责分工是：

（1）谈判领导人负责谈判的领导、组织、决策、协调工作，把握谈判的全局。

（2）技术人员要对有关商品的技术性能、质量指标、商品的原料与生产工艺、商品包装、货物的验收等条款的完整性和准确性负责，配合商务人员对谈判标的的价格进行分析。

（3）商务人员负责交易价格、运输、保险、交货、支付等条件的谈判，配合法律人员拟订或审查合同文本，配合谈判领导人做好对外联络工作。

（4）法律人员要对合同条款的合法性、完整性、公正性负责。法律人员应依照要求，负责合同条文的谈判，合同文稿的草拟和审查。

（5）金融人员要对谈判中的支付、结算等条款负责。在支付方式、结算货币的选择方面向商务人员提供建议。

（6）翻译人员负责语言的翻译工作，并有义务提醒己方谈判人员不妥的谈话内容，但不能向外商表达个人意见。此外，还应做好双方的沟通交流工作。在谈判中，翻译人员应积极主动、遵纪守法，切不可任意发挥、歪曲本意。

谈判中绝不能“各人自扫门前雪”，而应该服从主谈人的指挥，相互配合、彼此呼应，发挥整体作战的功能。要做好谈判组成员之间的相互配合，关键是要注意处理好主谈人和辅谈人之间的关系。当主谈人进行发言时，辅谈人员一为“参谋”，即根据自己掌握的材料和经验，提出参考意见；二为“卫士”，即在对方刁难主谈人时，借机从不同的角度支持主谈人，反击对方的无理要求。例如，当己方商务人员发觉刚才的发言不妥时，可说：“××翻译员，我刚才所说的原意是……，不知您是否翻译准确。”在这种场合，翻译员应该立即意识到这是己方所采取的补救措施，主动承担责任。

（二）严格谈判纪律

谈判人员必须严格遵守谈判纪律。谈判纪律主要有：

（1）严格遵守保密制度。不得泄露有关谈判的一切信息，没有统一安排不得私自与对方工作人员通信和约会。

（2）必须绝对服从领导的工作安排，不得闹情绪，要顾全大局。

（3）班子集体决定的事情，必须严格执行，个人的不同意见只能保留。

（4）严格执行请示报告制度，如实反映谈判情况。

（5）在谈判中各成员间必须相互支持，不得相互拆台或制造事端。

（6）讲究礼仪，谈吐文明，举止大方，行为规范。

（7）严禁酗酒。

（三）激励与约束

对参与谈判的人员，均应有激励与约束措施。激励与约束在一定的条件下均可达到鼓励谈判人员积极向上，争取谈判最佳效果的目的。

1．正向激励

正向激励是指针对谈判人员表现出的杰出的谈判才能、顽强的工作精神、一丝不苟的谈判态度及显著的谈判效果予以奖励，以表示肯定和赞扬。正向激励的方法主要有三种：晋升职位、提高奖金、安排休假。

2．约束惩罚

约束惩罚是指对谈判人员表现出的工作疏忽、失误、不负责任的行为，以及对谈判造成的不良影响等情况进行批评或制裁。约束惩罚的方法主要有三种：批评、撤换、降职降薪。从而达到惩罚当事人，及警戒其他谈判人员的目的。

【实训练习】

谈判人员的选择与管理

实训目的：增强学生对谈判班子结构组成、人员素质、选择与管理的认知，培养学生严谨的谈判态度和科学组建谈判班子、管理（接受管理）谈判人员的意识和能力。

实训方法：模拟演练法，小组讨论法。

实训内容：学生分成若干小组，准备好采访提纲，寻找一位有商务谈判经验的现职营销人员并与其沟通，问询：谈判班子的组成，人员素质的要求，如何进行谈判人员的选择，谈判人员相关的经历和感受等，然后进行小组内部讨论，并总结小组的认识和感受，最后小组间交流并用 PPT 汇报感受，教师对各组表现进行点评。

实训步骤：教师说明规则，学生分组，学生演练。

实训考核标准：

（1）访谈对象必须是真实的，有访谈记录。

（2）PPT 总结应全面，有思想观点，有感悟。

第四节 模 拟 谈 判

一、模拟谈判的含义

模拟谈判是在谈判之前，根据前期资料和各种假设进行模拟演练。这样做对一些重要的、难度较大的谈判，可以最大限度地保证谈判的成功。采取模拟谈判的方法来进一步完善谈判的准备工作是十分必要。

【案例赏析】

“扮演角色”模拟

美国著名律师劳埃德·保罗·斯特莱克在他的《辩护的艺术》一书中谈到“扮演角色”的好处。他常常扮作证人，让助手对其反复盘问，尽可能驳倒他。通过这种排练，斯特莱克常常会发现前期的准备工作还不够理想，于是他就来研讨出现的失误及其原因。然后，他再与助手互换角色。循环往复，就这样，完善的方案逐渐形成。

（资料来源：http://blog.sina.com.cn/s/blog_46fc30040100007a.html）

分析：模拟谈判的重要性在于谈判者预先进行“扮演角色”模拟，不是一两次，而是多次。利用不同的人扮演对手，提出各种他所能想象得出的问题，让这些问题来为难自己，迫使谈判者在为难之中做好一切准备工作。

二、模拟谈判的作用

模拟谈判对促进谈判的成功具有重要的作用，包括：①模拟谈判过程中能暴露出被忽视的问题和己方的弱点，找出可能出现失误的方面，使谈判准备更有针对性；②对拟定的谈判策略、措施进行检验，并在此基础上进行修正和完善，使计划更具有实用性和有效性；③使谈判者获得一次临场锻炼的机会，充分体验角色扮演和相互之间的配合，找到自己所充当角色的比较真实的感觉，提高谈判人员的应变能力，以减少失误。

三、模拟谈判的关键工作

模拟谈判的效果如何，直接关系到谈判准备工作的好坏，要想使模拟谈判真正发挥作用，关键是做好下列两方面的工作。

（一）科学地做出假设

假设是模拟谈判的前提，也是模拟谈判的基础。根据所掌握的信息资料，对谈判对象进行全面、正确的假设是模拟谈判成功的关键。假设主要包括以下几个方面：对方的谈判风格和能力、对方的谈判目标和条件、对方可能采取的策略和技巧、对方对己方策略的反应和对策等。进行正确的假设，关键在于提高假设的精确度，使之尽可能接近事实，为此必须注意以下几个方面：

（1）准确、全面、及时的信息资料是正确假设推理的基础，要做好前期信息的收集与研判。

（2）实战经验是准确提出假设的重要条件，凭空猜测提出来的假设和设想是经不起实践检验的。必须由具有丰富商务谈判经验的人提出假设。

（3）分清事实与假设。事实部分不容假想和主观臆测。

（4）科学的逻辑思维推理是模拟商务谈判准确性的重要保障。不能违背思维的一般规律。

（5）参加模拟谈判的人员应有较强的角色扮演能力。一方面在安排模拟谈判角色时，要根据人员的性格特征有针对性地让其扮演相关人员；另一方面，要求模拟谈判人员能克服自己的思维定式和心理障碍，尽量从对方的角度考虑问题。

（二）进行正确的想象练习

模拟谈判中的想象练习，首先要从谈判全过程的想象入手，并注重细节的想象，从谈判的开始到结束，按照谈判进程的顺序想象各阶段、各情形，比如谈判的气氛、谈判的难点和焦点、可能发生的特殊情况等。

四、模拟谈判的形式

模拟谈判主要有两种形式，一种是小品式，另一种是沙龙式。

（一）小品式

小品式也称全景模拟法，是指通过现场模拟谈判场景使己方在谈判策略设计方面更加具有灵活性和针对性。小品式模拟谈判操作上有两种途径：一种是谈判小组成员一分为二，一部分人扮演谈判对手，以对手的立场、观点和风格与另一部分扮演己方者交锋，预演谈判的过程；二是另外组成一套班子，全景模拟对方与己方谈判班子对抗。

小品式模拟谈判的最大的优点是能直观地站在对方角度进行思考，这样可以使己方在谈判策略设计方面更加具有灵活性和针对性，丰富我方在消除双方分歧方面的建设性思路，明确己方可接受的解决问题的方案和双方的妥协方案。在采用这种方式进行模拟谈判时，要注意以下两点：一是要基于已掌握的信息，科学、合理地想象谈判过程以及谈判中可能发生的一切情形。比如，谈判气氛、对方可能提出的问题、我方的答复等，而不是只想象事情发生的结果。二是要尽可能地了解清楚所扮演人员的情况，抛弃自己的思想，做到“我就是他”，全身心投入扮演谈判中所有会出现的人物。这种对人物行为、决策、思考方法的模拟，能使己方对谈判中可能会遇到的问题有所预见。小品式模拟谈判的仿真程度越高，对谈判计划做出的修正才更可信和更具有价值。

（二）沙龙式

沙龙式又称头脑风暴法，即由组织谈判人员和相关方面的专家聚集在一起充分讨论，根据自己的经验，对本次谈判中己方的利益，对方的目标，对方可能采取的策略，我方的对策等问题畅所欲言，自由发表意见，共同想象谈判的全过程。

沙龙式模拟谈判的优点是谈判人员充分发表意见，相互启发，使想象更准确。要组织好沙龙式模拟谈判，必须注意三点：①要有一个富有谈判经验的组织者。②参加者不要只限于谈判人员，还要请有关专家及富有商务谈判经验的人参加，使想象更准确。③切忌“一言堂”，要特别欢迎反对意见。反对意见有助于己方谈判方案的完善，从多角度评价方案的科学性和可行性，提高谈判成功的概率。

知识链接

谈判实力的判断

谈判双方的实力可以从以下几个方面进行判断：

（1）市场状况，包括：市场地位、供求关系、竞争状况等。

（2）经济实力，包括：经营规模、资金状况、企业形象等。

（3）谈判人员的素质，包括：谈判经验、谈判的操作能力、谈判人员的职业道德等。

【实训练习】

模拟谈判

实训目的：增强学生对商务谈判全流程的认知，培养学生严谨的谈判态度和对商务谈判各项工作、整个流程及谈判各阶段的识别和把控能力。

实训方法：模拟演练法，小组讨论法。

实训内容：教师给定案例，学生分成若干小组分别扮演谈判双方，从谈判准备到正式磋商、成交、签订合同等，进行完整商务谈判的模拟。然后进行小组内部讨论，总结提升小组成员的认识和感受，并进行交流。最后，教师对各组表现进行点评。

实训步骤：教师说明规则，学生分组，学生演练。

实训考核标准：

（1）谈判双方能站在各自角度进行模拟谈判。

（2）模拟谈判要求双方必须从着装和环境布置达到规范要求。

（3）模拟谈判完成后能总结感受。

复习思考题

1．学校准备和一公司就购买 600 台计算机的事宜进行谈判，假如让你负责这项工作，你将做好哪些准备工作？

2．为保证谈判的成功，需要收集哪些方面的信息资料？

3．你知道信息收集整理的方法有哪些吗？

4．如何构思一个详细而切实可行的商务谈判方案？

5．请你谈谈如何才能制定出切实可行的谈判目标。

6．请你谈谈在制定谈判策略时应考虑哪些因素。

7．你知道如何组建最佳结构的谈判班子吗？

8．你是一位合格的谈判人员吗？

9．优秀的谈判班子领导人，应具备哪些素质？

10．主场谈判与客场谈判的利与弊是什么？

11．你能布置一个令谈判各方都称心如意的谈判场所吗？

案例分析

2014 年 4 月，某省某市运管处消息，目前该市出租车万人拥有量仅为 13.19 辆，低于全省 16.1 辆的平均指标。许多市民反映，现有出租车主要集中在主城区的中心区经营，但是中心区在上下班高峰、节假日、恶劣天气时仍然打的难，中心区边缘的居住小区打的更是难上加难。而出租车数量少，覆盖面小，也成为“黑车”、摩托车载客猖獗的重要因素之一。在这种情况下，该市运管处明确了计划扩容 300 辆出租车的指标，这个消息对该市汽车经销商而言无疑是一种商机，上海大众、一汽大众、红旗、雪铁龙等原有出租车强势品牌更是希望在这次扩容中抢得先机，扩大自身品牌的市场份额。

问题：

（1）假如您是上海大众特约经销商，您事前需要掌握哪些信息，以便在这次出租车扩容计划中扩大上海大众汽车的销量？

（2）为了获得这些信息，您准备采取哪些方法？

第三章 商务谈判过程及其策略

谈判双方在进行了各种准备工作以后，就要面对面地进行实质性的谈判工作。一个完整的商务谈判过程，包括谈判开局阶段、报价阶段、磋商阶段、成交阶段等。对于大型的谈判活动，可能要经过多轮的磋商洽谈，谈判过程也要重复多次才能达成一致。但是不管怎么说，谈判双方都要提出自己的交易条件和表明自己的意愿，然后对相互之间的分歧进行磋商，最后消除分歧达成一致。

【案例导入】

巧妙营造谈判氛围

1994 年，美国全年贸易逆差居高不下。其中，对日本的逆差居首位，达 660 亿美元，而这中间的 60%的逆差生成于进口的日本汽车中。于是就有了 1995 年美日汽车贸易谈判。美方认为，日本汽车市场不开放，而日方却认为本国政府未采取任何限制措施。为了使谈判顺利进行，日本在谈判正式开始前就致力于改善谈判气氛。出钱在华尔街报纸做广告，广告标题是："我们能多么开放呢？"接着文字说明："请看以下事实：①对进口汽车、零件无关税；②对美国汽车实行简便的进口手续；③美国汽车免费上展台；④销售商根据市场需求决定卖什么车。"之后，又总结出美国车在日本销售不好的原因为日本汽油昂贵，所以日本人只能买省油的小汽车，而美国出口的是大型车。广告最后得出结论："自由贸易才是成功之路。"日本汽车制造业协会做过市场调查，看过报纸的人都认为日本讲得有道理，形成了谈判的良好氛围。

（资料来源：http://zhidao.baidu.com/question/28602209.html）

启示：良好的谈判氛围对谈判的顺利进行而言，类似于植物的健康成长需要适宜的气候一样。所以好的谈判氛围的营造特别重要。美国对日本的贸易逆差成为美日谈判极为不利的背景因素。日方巧妙地通过在华尔街报纸做广告的方式，"澄清"事实，讲明道理，为谈判营造了良好的舆论氛围。

【学习目标】

要求学生能认识商务谈判的基本程序，理解并掌握各阶段谈判工作的基本内容和相应的策略。

第一节　开局阶段及策略

一、商务谈判开局

好的开端是成功的一半，谈判开局顺利与否会影响整个谈判的基调和走势，甚至对交易的成败都有重要的影响。开局阶段主要包括：互相介绍、开场陈述和提出倡议等内容。

（一）互相介绍

互相介绍是指通过简短的介绍，互相熟悉，互相叙旧，为下一步的谈判打下基础。在介绍时，除了要遵循一定的商务礼仪要求以外，关键在于充分利用这个环节和契机，塑造有利于谈判目标实现的形象。例如，通过介绍突出本方实力，表明本方诚意，或是给对方造成一定的心理压力。

（二）开场陈述

开场陈述即谈判的导入语，主要是向对方表明本方意图，或在针对对方表明的意图做出相应的反应等。陈述是很正式的，商业味十足，所以要以真挚而轻松的方式表达出来。开场陈述的结束语需特别斟酌，切记以柔为上。开场陈述，应简明扼要，避免言多必失的情况出现。陈述内容包括：表明本方意图，即希望解决的问题和希望得到的利益以及对本方是至关重要的条款，如质量、价格、付款条件、运输方式等。

（三）提出倡议

开场陈述之后，可提出倡议。倡议的事项主要包括：先讨论什么问题，哪种方案等。在提出倡议时要注意讲话的用词和语气，以协商式为好，使谈判一开始就在友好的气氛中进行。一个谈判高手，如果认为自己的方案优于对方，会努力抓住这个机会，极力说服对方以达到自己的目的。例如，“我们先确定会谈的议程，行吗？”这句话如果换成“我们先确定会谈的议程，您觉得合适吗？”意思虽然一样，但后一句更客气一些。这些用词，能影响对方对本方主谈人或陈述人的感觉，进而影响谈判双方的关系。

知识链接

商务谈判开场白

谈判开场阶段在谈判里被称为“破冰期”，互不相识的人坐在一起，很容易出现停顿和冷场，切记不要一接触就进入正题，开始可谈一些非业务性的、轻松的话题。这些表面上和谈判毫不相干的话题，可以缓和尴尬的气氛，选择中性话题最为合适。中性话题轻松而具有非业务性，容易引起双方共鸣，有利于创造和谐气氛。中性话题的内容通常有四种：一是各自的旅途经历，如游览活动、旅游胜地等；二是流行事物，如电影、球赛、明星等；三是彼此的业余爱好；四是谈谈彼此有过交往的老客户。注意选题要新颖、巧妙，不落俗套。

二、开局氛围的营造

在商务谈判中，几乎所有的谈判人员都喜欢在积极、和谐的谈判氛围中进行谈判，但因为每一次谈判的目标不同、谈判的对手不同，谈判的氛围也有较大的差异。事实上，对于谈判氛围的选择并不是一味地追求亲切、和谐。谈判氛围的选择要有利于谈判目标的实现，所以谈判氛围选择的总原则是创造适宜的谈判氛围。创造适宜的谈判氛围的方法很多，这里简要介绍情感法、幽默法、赞美法、问题法、无关话题法、环境感染法六种常见方法。

（一）情感法

情感法是指在谈判中，谈判人员有意识地利用某一特殊事件来引发人们心中的情感，并使这种感情迸发出来，从而达到营造谈判氛围的目的。例如，“不知大家最近有没有关注马航事件的最新进展，听说黑匣子找到了。”在众多国际企业竞争性谈判中，通常通过这一类话题激发情感，来拉近彼此关系。

（二）幽默法

恩格斯说，幽默是智慧、教养和道德上具有优越感的表现。商务谈判中适当的幽默可以让谈判氛围更加诙谐、活泼、轻松，容易消除对方的戒备心理，引起对方的好感和共鸣，提高谈判人员对谈判的兴趣。幽默包含多种类型：谑称的幽默、反语的幽默、灰色的幽默等。在谈判桌上应避免幽而不默，运用这一方法时，应注意两个问题：

（1）幽默虽是一门精湛的语言艺术，但也必须要有丰富的文学积淀，才能旁征博引，驾轻就熟，恰如其分。所以幽默是一种文化、一种修养、一种气质，需要认真修炼。

（2）幽默是个人素质修养的重要体现。幽默不是低俗，是善意的不是尖刻的，是好玩不是风凉，或尖锐但不刻薄。幽默应当结合语气、气质、气场进行，万不可东施效颦或是冷幽默。幽默不是人人都驾驭得了的。

（三）赞美法

没有人不喜欢被恰如其分地赞美。商务谈判中，赞美也是常用的营造良好氛围的方法。赞美就像是挠痒痒，搔到对方的痒点很重要。这就要求谈判人员要事先做好功课，充分了解对方谈判人员的个人情况、企业情况、地方文化等，从而让赞美变得言副其实、言之有物、言之有理，这样对方才会欣然接受，从而营造出和谐、美好的谈判氛围。同时，要能留意观察，随时发现对方优点，不失时机地当场赞美。赞美对方的话题通常有：

（1）赞美对方个人：业绩、特长、家庭成员、能力、仪态等。

（2）赞美对方企业：业界排名、品牌口碑、经营业绩、先进理念、最新科技、新产品、新突破等。

（3）赞美对方国家和城市：名胜古迹、人文环境、社会风貌、历史名人、自然环境等。

【案例赏析】

赞扬赢得利益

东南亚某华人企业与日本著名电子公司商谈代理事宜，多次磋商未果。在最后一次谈判中，华人企业的谈判代表发现日方代表喝茶及取放茶杯的姿势十分特别，不失时机地说：“从××君喝茶的姿势来看，您十分精通茶道，能否为我们介绍一下？”这句话正好点中了日方代表的兴趣所在，于是他滔滔不绝地讲述起来。结果，后面的谈判进行得异常顺利，那个华人企业终于拿到了它所希望的地区代理权。

（资料来源：http://www.doc88.com/p-485336449283.html）

分析：恰当的赞美是商务谈判的润滑剂。当彼此的心走近了，成功还有多远呢？本案例中，华人企业谈判代表，有心的留意，诚恳朴实的赞扬，引起了日方兴趣，让谈判在愉快的氛围中进行，取得谈判的成功。

（四）问题法

问题法是指谈判一方提出问题以引导对方与之争论，通过争论使对方逐渐进入谈判角色的营造氛围的方法。这种方法通常是在对方故意表现冷漠、不热情时采用，有些类似于“激将法”。但是，这种方法很难把握好火候，在使用时应慎重一些，避免激怒对方。

（五）无关话题法

对于初次会面的谈判者，双方都有非常强的戒备心理，最好花点时间酝酿一下感情。此时，最好先谈点与本次谈判无关的话题。谈判人员可使用的无关话题很多。比如，当前社会人们普遍关心的热点新闻、热门话题、名人逸事、体育新闻、文娱消息，个人的爱好和兴趣，气候、季节，当地的风俗、风景名胜，女性谈判者之间还可以谈谈自己的孩子、着装等。互述无关话题的时间不可太长，应适可而止。

【案例赏析】

先谈点别的

前英国外交大臣艾登在其《回忆录》中谈到1954年日内瓦会议期间，“我邀请周恩来和他的同事一起共进晚餐。我不打算在席间谈论会议当前的事态，只想随便谈一些往事。因为这样做往往可以找到一些事情或机会，促成双方之间相互了解。我尽量避免讨论会议的工作，周恩来也这样。我们谈到我们的经验以及导致第二次世界大战远东和欧洲的事态发展。他告诉我中国人民曾经忍受的苦难。他回忆起 1934 年的长征历程。当时中国红军在亚洲最险阻的一些土地上迈开双腿，步行 6 000 英里。他的同事也都参加了这次谈话，大家谈得很愉快。也确实是令人感到轻松和必要的一次聚会。”后来证明，周恩来与艾登的这次聚会，对促进两国的正常交往确实起到了积极的作用。

（资料来源：http://news.qq.com/a/20090806/002408_3.htm）

分析：谈判双方都有非常强的戒备心理，最好花点时间酝酿一下感情。此时，最好先谈点与本次谈判无关的话题。本案例中，艾登和周恩来都选择了这种方法，在谈论无关话题时，令人感到谈得很愉快，很轻松，成为后续谈判的重要铺陈。谈判人员可使用的无关话题很多，不妨在合适时用一下。

（六）环境感染法

用环境来塑造一种良好的谈判氛围，在商务谈判中是行之有效的，且比较容易实施。美国前总统杰弗逊曾经针对谈判环境说过这样一句话：“在不舒适的环境下，人们可能会违背本意，言不由衷。”英国政界领袖欧内斯特·贝文也曾说过，根据他平生参加的各种会谈的经验，他发现，在舒适明朗、色彩悦目的房间内举行的会谈，成功的机会比较大。在商务谈判中只要能激发起对方的兴趣，无论何地都可作为谈判的场所。当然，在选择谈判场所时还应考虑谈判的成本。

知识链接

谈判氛围的类型

谈判氛围主要有四种类型：

（1）对立型，谈判双方彼此互相敌视，气氛紧张，似乎只有打倒对方才算胜利，洽谈氛围通常冷淡、对立、紧张。

（2）松散型，洽谈缺乏节奏，拖沓而低效，并且谈判人员在谈判中表现出漫不经心、东张西望、私下交谈、打瞌睡、吃东西等松散现象。

（3）和谐型，谈判双方能够发现共同的利益，彼此心情愉快，气氛融洽，相互支持，洽谈也富有效率和节奏。

（4）慎重型，谈判双方都认真对待，一丝不苟，洽谈气氛平静、严肃、谨慎、认真，常见于意义重大、内容重要的谈判，双方态度都极其认真、严肃，有时甚至拘谨。在谈判过程中，每一方的讲话、表态都要思考再三，决不盲从，会谈也应富有秩序和效率。如果谈判双方都有合作的诚意，就应该努力使谈判节奏化、高效率。

三、商务谈判开局的策略

谈判开局策略的使用要注意条件，避免南辕北辙。常见的谈判开局策略有一致式开局策略、保留式开局策略、坦诚式开局策略、进攻式开局策略和挑剔式开局策略。

（一）一致式开局策略

现代心理学研究表明，人们通常会对那些与其想法一致的人产生好感。一致式开局策略就是要营造双方意见"一致"的感觉，以使彼此之间产生好感，从而使谈判双方在愉快友好的气氛中不断将谈判引向深入的一种开局策略。

运用一致式开局策略的方式主要有：征求意见和补充对方意见。征求意见就是在谈判开始时以问询方式或者补充方式诱使对手走入你的安排，从而使双方达成一种一致和共识。比如，在谈判开始时，以一种协商的口吻来征求谈判对手的意见，然后对其意见表示赞同和认可，并按照其意见开展工作。例如，"你看我们把价格和付款方式问题放到后面讨论怎么样？"运用这种方式应该注意两个要点：一是拿来征求对手意见的问题应该是无关紧要的问题，对手对该问题的意见不会影响我方的利益；二是态度诚恳不献媚，在赞成对方意见时，要让对方感觉到自己是出于尊重，而不是奉承。所谓补充对方意见是指借以对对方意见的补充，使自己的意见变成对方的意见。

一致式开局策略适合在气氛比较和谐，或彼此尚没有成见的自然气氛中运用，不要在冷漠的气氛中使用。因为在冷漠气氛中，对方的回答可能与你的预想答案是背道而驰的，容易使本方陷入被动。

（二）保留式开局策略

保留式开局策略适合在己方处于优势地位时，同时对方合作态度积极的情况下审势布阵。即对谈判对手提出的关键性问题，巧妙、有所保留的作答，激发对手的合作愿望，吸引对手步入谈判。在采取保留式开局策略时要坚持诚信为本，答案是巧妙的模糊信息，绝不是虚假信息，是有所保留，不是高傲无礼。否则，会给对方以无诚意或不受尊重之感，不利于谈判的进行。

【案例赏析】

保留式开局策略的巧妙运用

某工艺雕刻厂产值200多万元，战胜了同类竞争者，产品打入日本市场，被誉为"天下第一雕刻"。有一年，日本三家株式会社的老板同一天接踵而至，到该厂订货。其中一家资本雄厚的大商社，要求原价包销该厂的佛坛产品，这应该说是好消息。但该厂想到，这几家原来都是经销韩国、中国台湾地区产品的商社，为什么争先恐后、不约而同到本厂来订货？他们查阅了日本市场的资料，得出的结论是本厂的木材质量上乘，技艺高超是吸引外商订货的主要原因。于是该厂采用了"待价而沽""欲擒故纵"的谈判策略。先不理那家大商社，而是积极抓住两家小商社求货心切的心理，把佛坛的梁、榴、柱，分别与其他国家的产品做比较。在此基础上，该厂将产品当金条一样争价钱、论成色，使其价格达到理想的高度。首先与小商社拍板成交，造成那家大商社产生危机感。那家大商社不但更急于订货，而且想垄断货源，于是大批订货，以致订货数量超过该厂现有生产能力的好几倍。

（资料来源：http://blog.sina.com.cn/s/blog_644b2c580100n6wo.html）

分析：保留式开局策略是指在谈判开始时，对谈判对手提出的关键性问题不做彻底的、确切的回答，而是有所保留，从而给对手造成神秘感，以吸引对手步入谈判。本案例中该厂谋略成功的关键在于其策略不是盲目的、消极的。首先，该厂产品确实好，而几家商社求货心切，在货比货后让商社折服。其次，是巧于审势布阵。先与小商社谈，并非疏远大商社，而是牵制大商社，促其产生失去货源的危机感，这样订货数量和价格才会大幅增加。

（三）坦诚式开局策略

坦诚式开局策略即以开诚布公的方式向谈判对手陈述自己的观点或想法，从而为谈判打开局面。坦诚式开局策略比较适于有长期合作关系的双方使用；也适于谈判劣势的一方使用，坦率地表明己方的弱点，让对方加以考虑，更表明己方对谈判的真诚、信心和能力。

【案例赏析】

坦诚相见的“土”朋友

某区党委书记在同外商谈判时，发现对方对自己的身份持有强烈的戒备心理。这种状态妨碍了谈判的进行。于是，这位党委书记当机立断，站起来对对方说道：“我是党委书记，但也懂经济、搞经济，并且拥有决策权。我们摊子小，并且实力不大，但人实在，愿意真诚与贵方合作。咱们谈得成也好，谈不成也好，至少你这个外来的‘洋’先生可以交一个我这样的‘土’朋友。”寥寥几句肺腑之言，一下子就打消了对方的疑惑，使谈判顺利地向纵深发展。

（资料来源：http://www.docin.com/p-683232830.html）

分析：劣势谈判伪装强大，往往是越描越黑，坦诚相见，既能表明诚意，同时也显示出自信和能力，往往能让对方另眼相看，扭转不利形势，杀出一条有力的谈判之路。党委书记给人的概念就是一个务虚的职位。本案例中，党委书记不被对方重视，处于谈判被动地位的他，索性坦诚地表明自己的职务，以“我们摊子小，并且实力不大，但人实在，愿意真诚与贵方合作。咱们谈得成也好，谈不成也好，至少你这个外来的‘洋’先生可以交一个我这样的‘土’朋友”表明己方很清楚自己的实力弱，但有自信和诚意，同时讲明自己“懂经济、搞经济，并且拥有决策权”的能力和权力，从而打消了对方的疑惑与偏见。

（四）进攻式开局策略

“人若犯我，我必犯人。”进攻式开局策略是针对对手采用挑剔式策略情况下使用的策略，即在对手刻意制造对本方十分不利的低调气氛，如果不加以扭转，将损害本方利益时使用。乙方谈判人员通过语言或行为来表达己方的优势和强硬的姿态，借以制造心理优势，获得谈判对手必要的尊重，使谈判顺利地进行下去。

进攻式开局策略一定要慎用，因为在谈判开局阶段就设法显示自己的实力，可能会使谈判开局就处于剑拔弩张的气氛，使谈判一开始就陷入僵局。

【案例赏析】

进攻式开局策略的使用

日本汽车公司在美国刚刚“登陆”时，与美国的一家公司就代理问题进行谈判，日本公司的谈判代表因塞车迟到，美方代表抓住这件事不放，想要以此为手段获取更多的优惠条件。日本公司的代表发现无路可退，于是站起来说：“我们十分抱歉耽误了你的时间，但是这绝非我们的本意，由于我们对美国的交通状况了解不足，导致了这个不愉快的结果，我希望我们不要再为这个无所谓的问题耽误宝贵的时间了，如果因为这件事怀疑到我们合作的诚意，那么，我们只好结束这次谈判。我认为，我们所提出的优惠代理条件是不会在美国找不到合作伙伴的。”日本代表的一席话说得美国代理商哑口无言，美方不想错失赚钱机会，于是谈判顺利地进行下去。

（资料来源：http://www.butterfly163.51.com/）

分析：“人若犯我，我必犯人。”进攻式开局策略，在对方无理打压己方，企图损害己方利益，不得已而扭转不利局面时使用。本案例中，日本谈判代表采取进攻式的开局策略，阻止了美方谋求营造低调气氛的企图。

（五）挑剔式开局策略

挑剔式开局策略是指开局时，对对手的某项错误或礼仪失误严加指责，使其感到内疚，从而达到营造低调气氛，迫使对手让步的目的。

【案例赏析】

挑剔式开局策略的妙用

巴西一家公司到美国去采购成套设备。巴西谈判小组成员因为上街购物耽误了时间。当他们到达谈判地点时，比预定时间晚了45分钟。美方代表对此极为不满，花了很长时间来指责巴西代表不遵守时间，没有信用，如果老这样下去的话，以后很多工作很难合作，浪费时间就是浪费资源、浪费金钱。对此，巴西代表感到理亏，只好不停地向美方代表道歉，说话处处被动。无心与美方代表讨价还价，对美方提出的许多要求也没有静下心来认真考虑，匆匆忙忙就签订了合同。等到合同签订以后，巴西代表平静下来，头脑不再发热时才发现自己吃了大亏，上了美方的当，但已经晚了。

（资料来源：http://blog.sina.com.cn/s/blog_62f232c30100jagd.html）

分析：挑剔式开局策略，就是抓住对方把柄并将其无限扩大化，打压对方，给对方造成心理压力，制造低调气氛，让对方受此心理影响，从而做出对己方不利的决定。本案例中，美国谈判代表成功地使用挑剔式开局策略，迫使巴西谈判代表自觉理亏在来不及认真思考的情况下而匆忙签下对美方有利的合同。

【实训练习】

开局氛围营造技巧

实训目的：增强学生对营造谈判开局氛围的认知，培养学生严谨的谈判态度和恰当营造开局氛围的能力，成功开局。

实训方法：模拟演练法，小组讨论法。

实训内容：将学生分成若干个小组，教师设计案例，学生模拟案例里的谈判情景，要求根据具体情况，尝试运用营造开局氛围的各种技巧，先进行组内模拟和论证，再进行小组间模拟和交流，由教师对各组表现进行点评。

实训步骤：教师说明规则，学生分组，学生演练。

实训考核标准：

（1）确定开局氛围营造的方法，必须要有论证。

（2）组内研讨时间达到 15 分钟以上。

第二节　报价阶段及策略

商务谈判的双方成功进入谈判以后，接着就要对实质性的问题进行磋商了。在商务谈判中，价格问题往往是焦点，是协议达成的关键。因此，谈判的实质问题就是价格问题，它体现了双方真正的利益冲突。

一、确定开盘价的影响因素

开盘价是指谈判双方根据本方既定目标和谈判策略，立足产品和市场的实际，提出的最初报价，往往是买方给出的最低价，或者卖方开出的最高价。开盘价不能随心所欲地报出，它要依据一定的因素形成，既要合情合理，又要留有余地，因此，开盘报价应当充分考虑以下因素：

（一）产品成本

产品成本是构成价格的最重要因素，无论是买方还是卖方的开盘价，都必须考虑产品的成本费用情况，那种脱离成本的报价是不现实的，对谈判双方都是不负责任的。

（二）市场行情

开盘价必须考虑同类产品的供求状况、价格走势等因素。虽然在商务谈判中，卖方出高价，买方出低价是人之常情。但价格水平的高低不能过分背离市场实际，否则会让对方产生不好的心理，要么认为你谈判诚意不足，要么认为有欺诈嫌疑。结合市场行情的报价，既有说服力，又显诚意，同时也可以节省谈判时间。

（三）谈判对方的价格心理

如果说成本价和市场价是客观价格标准，那么，谈判人员的心理价位就是主观的价格标准。能否成交，在很大程度上取决于心理价位的契合度。在制定开盘价时必须要考虑谈判对方的价格心理。一般来讲，谈判者的价格心理有三种：

（1）对产品迫切需求时的价格心理，表现为：关心成交数量、品质和交货期。此时，开盘价可制定得稍高一些。

（2）对价格走势判断看涨或看落。中国人习惯于“买涨不买落”。若谈判者对未来一定时期价格走势的判断走低，那么不适用报高价，可随行就市报价；若谈判者认为未来一定时期价格看涨，那么可以将开盘价制定得稍高一些。

（3）“好货不便宜，便宜没好货。”针对对方高质高价的心理，可将价格定的高一些，以迎合对方心理。

（四）企业的知名度和产品的声望

企业和产品的知名度具有很强的竞争能力，名企名品将其开盘价定得高一些，可以被大家普遍认可和接受。名企名品可利用声望制定高价策略。

此外，与价格相关的支付方式也会影响买卖双方的开盘价。

二、报价原则

开盘报价必须要对对方产生一定的影响。为此，谈判人员在报价时必须要遵循以下原则：

1．卖方报价要高，买方开价要低

在报价时，对卖方来说，开盘价必须是“最高的”；对买方来说，开盘价必须是“最低的”，这是报价的首要原则。但是这里的“最高”和“最低”都不是信口开河，而是要经过仔细分析、精心思考之后才报出的。如果漫天要价或漫天杀价，会影响谈判的诚意。

2．报价要坚定、明确

无论报价是采用口头报价还是书面报价，表达都必须十分肯定，给对方一个没有任何商量余地的感觉，尤其不能使用“大概”“大约”等含糊其辞的话，这样会让对方感到报价不实。报价是商务谈判的重要环节，会直接影响谈判的结果，影响谈判双方利益的分配，正因为如此，谈判报价策略的选择就显得尤为重要。

三、报价顺序

1．主动报价

主动报价也称先报价。谈判专家普遍认为，先报价比后报价更有影响力。因为先报价能争取主动权，通过先行报价，直接设定价格的上下限，并据此影响谈判对方的期望水平。同时，先报价也有不利之处：先报价等于先向对方亮出了自己的“底牌”，对方可能会据此寻找谈判的突破口；或是调整自己的报价，以获得额外利益。

2. 被动报价

被动报价也称后报价，它的利弊正好和先报价相反。其优势在于先行了解了对方的情况，同时又没有暴露自己的信息，这样自己就可以集中力量寻找对方漏洞，以便拿出有利的证据作为要求对方改变报价的依据。后报价还可以在对方报价以后，修改我方不利的报价方案，以获得更多的利益。后报价的不利之处在于：谈判经验不足的情况下，有可能被对方气势所震慑，造成心理压力。若双方报价相差太大，容易乱了己方阵脚。

两种报价各有利弊，选择时，可以考虑以下因素：

（1）是否为谈判的发起者。谈判发起者应先报价，否则应后报价。

（2）是否实力悬殊。在谈判中，如果双方实力相差悬殊，则实力强的一方应先报价，否则应后报价较好。

（3）谈判氛围。在预测到谈判可能会存在激烈竞争时，应先报价，以求“先下手为强”；在预测到谈判气氛友好时，一般双方不太关注报价先后的问题。

知识链接

欧美式报价方式和日本式报价方式

（1）欧美式报价。欧美式报价是指事先报出一个有较大回旋余地的价格，然后再根据谈判双方实力对比情况与该笔交易的国际市场竞争等因素，通过不同程度的价格优惠，如价格折扣、数量折扣、交易条款上的优惠等，慢慢软化谈判对手的立场和条件，最终达到成交的目的。

（2）日本式报价。日本式报价是指报价时先报出最低价格，以吸引买主的谈判兴趣。但是这种最低价格是以对卖方最有利的结算条件为前提的，而且这种最低报价相应的交易条件很难全部满足买方的需要。例如，当卖方报出一套技术设备的最低价格时，其附带条件可能有不派技术人员指导、缩短免费维修期限、由卖方选择计价货币、运输方式等。若买方要求变动有关交易条件，卖方就会趁机提高价格。因此，其成交价格往往高于初始报价。

四、讨价还价策略

“一口价”在谈判桌上是不存在的。一方报价以后，另一方不会无条件地接受对方的报价，总会针对报价做出相应的反应。经过多次的价格解释，适当的妥协和让步，才能最终达成一个双方都接受的价格。这个过程就是谈判双方的讨价还价过程。讨价还价由两个环节构成：一是讨价，二是还价。

（一）讨价

谈判中的一方报价之后，另一方认为离自己的目标太远，而要求报价方调整报价的行为，即为讨价。讨价分为两个阶段：

（1）由于谈判刚开始，对产品价格的具体构成情况不太了解，讨价没有针对性，因而只能要求对方从总体上调整报价。

（2）随着谈判的深入，对价格的具体情况已比较了解，这时可找出对方报价中明显的不合理成分，要求对方挤出水分重新报价。

（二）还价

为了使谈判进行下去，卖方在做了数次调价以后，往往会要求买方还价，买方报出自己目标价格的行为就叫还价。还价分为总体还价和目标分解还价两种。

（1）总体还价。总体还价又叫一揽子还价，即不分报价中各部分所含水分的差异，均按同一个百分比还价。例如，"这批沙发和床，总体优惠10%，如何？"

（2）目标分解还价。在谈判过程中，双方如果机械地把还价盯在一个大目标上，很可能对目标的实现没有任何帮助。一个总价格是由许多项目构成的，如果价格水分大小不均，还价时不做分解，只笼统要求对方做让步，就显得比较盲目，效果也不会很理想。所以应当分解开来，根据水分大小，有针对性的还价。这样，还价要求就会比较有说服力。比如，针对床的报价水分高的情况可以这样还价："这批沙发价格优惠 1%，床至少应当优惠 6%，如何？"

（三）讨价还价的策略

1．投石问路策略

知己知彼，百战不殆。要想在谈判中掌握主动权，就要尽可能地了解对方情况，较准确地预测对方对我方策略的可能反应或打算。投石问路就是了解对方情况的一种战略战术，经常使用到"如果……，那么……，怎么样？"的假设句型。例如，"如果我们和你签订了为期一年的合同，你方的价格优惠是多少？""如果我方购买你们其他系列的产品，能否在价格上再优惠些呢？"如果要想试探对方在价格上有无回旋的余地，可提出"如果我方增加购买数量，你们可否考虑优惠一下价格呢？"或者再具体一些："购买数量为2 000件时，单价是15元；如果购买数量为4 000件、5 000件或10 000件，单价又是多少呢？"这种试探，对方一般不好拒绝回答。

反过来，对方如果使用投石问路策略，我方应采取以下几点措施：

（1）回敬对方一个"石头"。如果对方探询数量与价格之间的优惠比例，我方可立刻要求对方订货。比如，"如果我方购买你们其他系列的产品，能否在价格上再优惠些呢？"我方可反问"贵方的意思是要哪些系列产品呢？根据你们的需求情况我们再谈具体价格。"

（2）让对方"石头"为己方探路。例如，对方询问订货数额为2 000件、5 000件、10 000件时的优惠价格，本方可以反问："你希望优惠多少？"或"你是根据什么算出的优惠比例呢？"

当然，在使用上述技巧时，还是要找出买方购买的真正意图，根据对方情况估计其购买规模，那才是正道。

2．最后通牒策略

最后通牒是向对方施加强大压力的手段。可理解为，一方给对方最后的期限，对方如不接受该价格，己方就毅然退出谈判。最后通牒在多数情况下是一个非常有效的策略。在谈判中，人们对时间是非常敏感的，特别是在谈判的最后关头，双方已经过长时间紧张激烈的讨价还价，在许多内容上已经达成一致或接近一致的意见，只是在最后的某一两个问题上相持不下。如果这时一方给谈判规定了最后期限，另一方就必须考虑自己是否准备放弃这次交易。前面已经投入了巨大的谈判成本，这时放弃往往很不值得，尤其是当对手缺乏足够的谈判勇气和谈判经验的情况下，往往会选择让步，那么己方方的目标也就实现了。成功运用最后通牒策略应具备以下条件：

（1）己方的谈判实力应该强于对方，特别是该笔交易的重要性上对方比己方更为重要，更为迫切，这是运用这一策略的基础和必备条件。

（2）最后通牒只能在谈判的最后阶段或最后关头使用，此时对方已在谈判中投入了大量的人力、物力、财力和时间，花费了很多成本，一旦谈判真正破裂，已付出的这些成本也将付之东流，这样可以促使对方珍惜已花费的劳动，使之欲罢不能。

3. 最大预算策略

在商务谈判过程中，还价的一方明确表示，对对方的商品及报价有兴趣，另一方面又以自己的预算有限，有心成交却无力支付货款为由，以迫使对方最后让步，或接受自己的出价。例如，经过还价，卖方已经将报价由 20 万元降到 17 万元。这时，买方却说："这批货我们很想购买，但是我们目前只有 16.5 万元的货款，如果能按这个价格成交，我们愿意与贵方保持长期的合作关系。"采用最大预算策略时要注意以下几点：

（1）掌握还价时机。只有买卖双方经过多次交锋，价格中的水分已所剩无几，这时才用"最大预算"来还价，最后一次追使卖方做出让步。

（2）通过谈判己方已探知对方成交心切，此时采用该策略方能奏效。

【实训练习】

谈判定价及策略

实训目的：增强学生对价格谈判技巧的认知，培养学生严谨的谈判态度和恰当运用价格策略的能力。

实训方法：模拟演练法，小组讨论法。

实训内容：将学生分成若干个小组，教师给定案例，学生模拟案例里的谈判情景，要求根据具体情况，尝试价格谈判技巧，并对所采取的定价技巧进行组内论证，再进行小组间的模拟和交流，由教师对各组表现进行点评。

实训步骤：教师说明规则，学生分组，学生演练。

实训考核标准：

（1）价格策略的选用，要有论证。

（2）组内研讨时间达到 15 分钟以上。

第三节　磋商阶段及策略

可以说没有交锋，就没有真正意义上的谈判。磋商就是商务谈判双方的交锋阶段。磋商阶段，谈判双方为了实现各自的目的，必然要就双方提出的条件进行博弈。它是面对面地说理、讨论和论战的过程，目的是为了使双方的立场趋于一致，为最后的成功签约打下基础。

【案例赏析】

价格磋商是谈判的需要

一对夫妻在报纸图片上看中了一老式座钟。研究之后，商定出 400 元以内的价钱购买。经过三个月的搜寻后，终于在一家古董店的橱窗里看到那座钟，妻子兴奋地叫了起来："就是这座钟！没错，就是这座钟！"丈夫说："记住，我们绝对不能超出400元的预算。"他们走近那座钟。"哦喔！"妻子说道："时钟上的标价是740元，我们还是回家算了，我们说过不能超过 400 元的预算，记得吗？""我记得。"丈夫说："不过还是试一试吧，我们已经找了那么久，不差这一会儿。"

夫妻私下商量，由丈夫作为谈判者，争取以 400 元买下。随后，丈夫鼓起勇气，对售货员说："我注意到你们有座钟要卖，定价就贴在座钟上，而且蒙了不少灰，显得有些旧了。"之后，又说："告诉你我的打算吧，我给你出个价，只出一次价，就这么说定。想你可能会吓一跳，你准备好了吗？"他停了一下以增加效果。"你听着—— 240 元。"那座钟的售货员连眼也不眨一下，说道："卖了，那座钟是你的了。"

那个丈夫的第一个反应是什么呢？得意扬扬？"我真的很棒！不但得到了优惠，还得到了我想要的东西。"不！绝不！他的最初反应必然是："我真蠢！我该对那个家伙出价 140 元才对！"你也知道他的第二反应："这座钟怎么这么便宜？一定是有什么问题！"为什么会这样？就因为那个售货员不经过价格磋商就以 240 元把钟卖给了他们。

（资料来源：http://www.docin.com/p-528963398.html）

分析：商务谈判中价格磋商非常重要，是谈判中不可缺少的部分。假设那个售货员懂得基本的价格磋商，第一次还价至 600 元，那个丈夫认为没有达到他可以接受的 400 元底线，仍坚持 240 元，售货员再降价至 400 元。这时可能的情况是那个丈夫看到已经达到自己的预期，可能就同意成交了。即使那个丈夫非常具有谈判能力，发现对方仍然有降价空间，一直坚持 240 元，最后也以 240 元成交，那对夫妻也会很高兴，不至于出现后面的事情。

一、谈判中分歧的类型

谈判双方，就像拔河比赛一样，都想通过谈判为己方争取更多的利益，当双方互不相让时，就变成了谈判中的分歧。这种分歧是维护本方利益的本能行为，这样一来谈判就变成了一种意志力的较量。磋商的目的就是要解决这些分歧和对立。从大的方面来讲，谈判中的分歧有真正的分歧与人为的分歧之分。

（一）真正的分歧

真正的分歧是指谈判双方就某一关键的核心问题有理有据地提出各不相同的意见和看法，均有说服对方的证据，也都有驳斥对方的理由。例如：付款方式，一方主张一次性付款，一方主张分期付款；买方有证据认为价格上存在较大水分，要求调整价格，而卖方认为自己高品应当高价等。对这真正的分歧，需要双方认真对待，相互妥协。

（二）人为的分歧

人为的分歧是一方有意吹毛求疵、无中生有地设置关卡而产生的。其目的是打压对方，营造高压低调氛围，打乱对方阵角，分散注意力，使对方疲于应付，陷入情绪的低谷等，借机实现己方目的。这是一种带有高度冒险性和危险性的谈判战略。一旦被对方识破，就毫无意思。针对人为的分歧，可以从三方面解决：一是要委婉点破；二是以硬碰硬，指出对方这样做无益于谈判；三是多留一点时间用于磋商，使谈判在不陷入僵局的前提下，尽可能地使用说服的技巧，使对方逐渐降低要求。

二、解决分歧的谈判策略

谈判的目的是解决分歧，达成一致。因此，谈判人员应积极主动地运用各种策略，以求谈判分歧的顺利解决。

（一）双赢策略

成功的谈判是双赢的谈判。没人愿意和自私自利、为我独尊的企业建立长期合作关系。解决谈判分歧必须树立为双方利益考虑的观念，应尽可能寻找双方的共同利益，提出双方满意的解决方案。

【案例赏析】

不考虑对方利益的代价

美国纽约印刷工会的领导人伯特伦·波厄斯以“经济谈判毫不让步”而闻名。一次，他在与报社业主的谈判中，不顾客观情况，采取强硬立场，以号召工人罢工为手段，迫使报社业主满足了他的全部要求，即给印刷工人大幅度增加工资，以防止工人失业。谈判大获全胜。这次谈判的结果使报社业主陷入了困境，先是三家大报社被迫合并，接着就是倒闭。报业的萧条导致了数千名报业工人失业。

（资料来源：http://www.docin.com/p-428015335.html）

分析：双赢是商务合作的正道。能量是守恒的，谈判一方若只顾自己，不考虑对方利益，使双方利益不公平，那么合作之路必然中断。另外，获利是一个体系，需要各方配合，如果挥刀斩断其中的一个环节，只能是自绝后路。本案例中，看似伯特伦·波厄斯谈判成功，但他的成功是建立在报社业主无法承受的代价之上的，无异于“杀鸡取卵”。若伯特伦·波厄斯能充分考虑到报社业主的实际困难，采取双赢的做法，那么三家大报社被迫合并、倒闭和数千名报业工人失业的情况也许就不会发生了。

（二）以退为进策略

收回拳头，是为了打出去更有力。以退为进策略从表面上看是退让、妥协，实则是为了更强有力的进攻，实现更大的目标。例如，在买卖双方的谈判中，买方要求卖方给予更大优惠的价格，卖方可说："优惠可以，但享受我方的优惠是有条件的，即一次购买 1 000 件以上，并且要预付货款的 40%，货款为两次付清。"在一般情况下，对方会在两者之间选择一种。这种策略如果运用得当，效果十分理想。

（三）转移议题策略

谈判双方为了维护本方利益，互不相让，僵持不下是经常出现的情况。为了防止僵局的出现，不妨暂时把该议题放在一边，以协商的方式提出转换议题。例如，"你看这个问题真是很费心呀，我建议先把它放到一边谈论其他的问题，你的意见如何？"要注意的是所转换的议题，一定要选择双方容易解决的问题，由于双方比较容易达成一致，这时谈判气氛也逐渐缓和。在这种情形下，双方思路开阔，反应快捷，前面解决不了的分歧在缓和的气氛下，也许就会峰回路转，出现新的转机。

三、让步策略

谈判是一个理智的取舍过程，让步是必然的。若双方始终坚持自己的初始立场，利益的分配也就无从谈起。有得有失，才可能使谈判达成协议。

（一）让步的基本原则

让步的目的就是要赢得谈判的成功。让步的基本原则为：不做无谓的牺牲，不到万不得已，决不轻易让步；以小换大，即让步或牺牲眼前利益换取长远更大的利益；让步要让到点上，要让得恰到好处，才能使己方以较小的让步获得对方较大的满意。所以，在谈判前要尽可能掌握对方的心理期望幅度、让步的项目等。

（二）让步策略

1. 互惠让步策略

互惠让步，即以本方的让步换取对方在某一问题上的让步。能否争取到互惠让步与商务谈判议题采取的方式有关。商务谈判议题方式有两种：一是横向式谈判，即横向铺开的方法，以分组的方式，同时讨论和推进所有议题；二是纵向式谈判，即逐一讨论每一个议题，直到谈判结束。纵向式谈判，谈判议题互不交叉，不同的议题分开进行讨论，这样往往会出现单方让步的局面。

在谈判中，价格通常是双方利益分割的焦点，但除价格外，还有许多同样涉及利益的交易条款，如付款方式、付款期限、交货期限、交货方式、风险保证等，这些议题也和利益息息相关，所以在谈判时要做到诸多议题并重，互为交换条件。如果在价格问题上双方相持不下，可以考虑在价格问题上让步的同时，尽量争取从其他条款上与对方交换，争取互惠互利。

2. 丝毫无损的让步策略

高明的谈判者能够在不损害己方利益的情况下，让双方都满意，做到"丝毫无损的让步"。丝毫无损的让步是指在商务谈判过程中，当谈判对方确实有理由就某一个交易条件要求己方做出让步，而己方又不愿意在这个问题上做出实质性的让步时所采用的一种处理办法。具体的做法是：认真倾听对方的陈述，对对方的立场、观点表示理解，承认对方的要求有一定的合理性。然后很遗憾地告诉对方，就我方目前的条件，很难满足他们的要求，并保证在这个问题上己方给予其他顾客的条件是同等的，同时要用真诚的态度求得对方的谅解。很多人心理上都存在着横向比较的习惯，或相互攀比的心理，做出这样的保证，满足了对方的这种心理；以己方目前条件不具备为由婉言拒绝对方的要求，实际上采取的是一种低姿态或弱者的形象，以此来博取对方的宽容和怜悯，这本身也是一种谈判战术。

【实训练习】

磋商阶段及策略

实训目的：增强学生对磋商阶段策略的认知，培养学生严谨的谈判态度和恰当运用磋商策略的能力。

实训方法：模拟演练法，小组讨论法。

实训内容：将学生分成若干个小组，教师给定案例，学生模拟案例里的谈判情景，要求根据具体情况，选用磋商策略，并对所采取的策略进行组内论证，再进行小组间模拟和交流，由教师对各组表现进行点评。

实训步骤：教师说明规则，学生分组，学生演练。

实训考核标准：

（1）策略选用要有论证。

（2）组内研讨时间达到 15 分钟以上。

第四节　成交阶段及策略

商务谈判经过激烈的唇枪舌剑之后转入到最后阶段，即拍板成交阶段，这是谈判最关键的阶段。谈判人员要善于判断对方发出的成交信号，及时提出成交建议，以巩固前期的谈判成果，节省谈判时间，提高谈判效率。

一、判断对方的成交迹象

成交迹象是暗示谈判终结，缔结协议的行为和提示。在商务谈判过程中，如果对手对谈判标的感兴趣，会在语言、表情或行为上流露出成交信号。谈判对手的成交迹象通常表现为：

（一）谈判对手从对一般问题的关注转到了对细节问题的讨论上

如果对方对产品本身的问题已不再讨论，而将重点转移到成交以后的问题上，诸如产品的保养、维修等售后问题和交货期、付款方式等具体问题，这说明对方已经有了明确的合作意向。当你解答了对方的上述问题以后，就可以明确提出成交建议。

（二）谈判者提出自己的最后要求或发出最后通牒

如果谈判一方提出最后的要求，如："如果贵公司承担运费的 50%，我们就成交。"或发出最后通牒："如果贵方再不做决定的话，我们只好另找合作对象了。"当对方采用这种做法时，正说明了他们希望快速成交的愿望。

（三）谈判对方成员的情绪由紧张转为松弛

如果谈判对方成员之间用眼睛相互示意，传递同意的表情，这说明对方成员对交易基本赞同，这时可将话题方向引向对对方的成交提示，这样可能会加速成交的进程。

选择恰当的时机结束谈判，对于谈判的成功有着重要的意义。谈判者对谈判目标不应贪得无厌，应该明确快达到临界点时，立刻停止谈判，倘若不能适时停止，那么任何谈判技巧都没有帮助。

二、推动成交的最后让步

通过一系列谈判，交易内容和条件已大致确定，到了签订协议的紧要关头。这时，精明的谈判人员往往会再给对方做一些小的让步，用这最后的让步使得对方更加满足，从而使签约、履约更加顺利。在做最后的让步时要注意以下三点：

（一）把握让步的时间

谈判者最后让步的时间过早过晚都不合适。如果让步过早，对方会认为这是前期讨价还价的结果，而不认为这是你做的最后让步，这样对方往往会得寸进尺；如果让步过晚，对方已准备签约或正在签约，对方会对你的让步行为感到很不理解。最后的让步时机应该是对手通过讨价还价，需求已经在一定程度上得到了满足，已有意结束谈判缔结协议，这时再做出最后的让步以推动对方尽早签约。所以，谈判人员一定要把握好最后让步的时机。

（二）把握好让步幅度

谈判者在做出最后让步的决定以后，接下来要考虑的就是让步的幅度问题。最后让步的幅度不宜过大，否则对方会理所当然地认为，你在此次谈判中获利过多，谈判结果不公平，因而会节外生枝，造成不必要的麻烦；如果让步幅度过小，对方会认为微不足道，难以满足其要求。因此，让步幅度的大小，谈判者要考虑和前期所做的让步相协调，同时要考虑对方谈判人员的身份、地位等因素，让接受者有一种尊严感、成就感。

（三）不做无条件的最后让步

无条件让步是谈判的大忌。谈判者在做最后让步的同时，要提出己方的最后要求，这样可以让对方感觉到己方做出这一最后让步的不易，打消对方得陇望蜀，提出进一步要求的念想。

三、促成成交的策略

谈判者在做出最后让步以后，还应根据情况，向对方施展一些促成成交的策略。

（一）最后期限策略

大多数人在最后期限来临时，都有一种心理压力，基于这种心理状况，很多人都会选择赞同对方的意向，以求问题尽早解决。最后期限策略正是基于这一心理学原理，谈判一方提出达成协议的最后期限，超过这一期限，提出者将退出谈判，以此给对方施加压力，使其做出决策促成成交。在商务谈判中，买方和卖方都可以采用这一策略。使用该策略应注意三点：一是最后期限是可信的，不是虚张声势；二是最后期限的理由强硬没有余地；三是最后期限的内容要有弹性，给对方留有余地，使对方有路可走。

1．买方常用的最后期限话术

（1）资金问题。例如，“由于资金问题，我方 9 月 30 日以后就无力购买了。”

（2）企业规定。例如，“公司规定，我方要在 2 月 25 日之前完成全部订货，如果你不同意，我们只好下星期一找别的卖主商谈了。”“这是公司的营销计划书，假如你们不能如期完成，我们只好另找其他的供应商了。”

2．卖方常用的最后期限话术

（1）饥饿销售。例如，“我们的存货不多，希望贵方能尽早做出决策。”

（2）不尽早下单不能按时交货。例如，“如果你方不能在 6 月 4 日以前给我们订单，我们将无法在 9 月 7 日前交货。”

（3）不付款不保留货源。例如，“如果我方这星期收不到货款，这批货物就无法为你方保留了。”

（4）即将涨价。例如，“从 2 月 6 日起，价格就要上涨了。”

（5）优惠即将结束。例如，“优惠价格将于 8 月 15 日截止。”

（二）优惠吸引策略

优惠吸引策略是指向对方提供某种优惠条件，以吸引对方尽快签订合同。这种优惠，通常是除价格外的其他优惠条件。优秀的谈判人员都知道在谈判过程中留有余地，保留手中部分的优惠条件，以便在最后关头用作敦促对方尽快成交的砝码。

四、缔结谈判协议

为了巩固谈判成果，谈判结束，双方应尽快签订经济合同。经济合同一经双方谈判代表签字，就具有法律效力。《合同法》第12 条规定：“合同的内容由当事人约定，一般包括以下条款：当事人的名称或者姓名和住所；标的；数量；质量；价款或者报酬；履行期限、地点和方式；违约责任；解决争议的方法。当事人可以参照各类合同的示范文本订立合同。”以下就商务合同的主要条款进行介绍。

（一）标的条款

经济合同中，所涉及的标的名称要准确、规范。若有国家统一名称的要使用统一名称，没有国家统一名称的，谈判双方应该统一名称，必要时要留存样品，这样可避免不必要的纠纷和损失。

（二）质量条款

在经济合同中应当明确约定标的的质量，一般可以用规格、等级、品牌或商标等特征来表示商品的品质。没有约定或约定不明参照《合同法》第 61 条、第 62 条的规定来确定。《合同法》第 61 条："合同生效后，当事人就质量、价款或者报酬、履行地点等内容没有约定或者约定不明确的，可以协议补充；不能达成补充协议的，按照合同有关条款或者交易习惯确定。"第 62 条："当事人就有关合同内容约定不明确，依照本法第 61 条的规定仍不能确定的，适用下列规定：①质量要求不明确的，按照国家标准、行业标准履行；没有国家标准、行业标准的，按照通常标准或者符合合同目的的特定标准履行。②价款或者报酬不明确的，按照订立合同时履行地的市场价格履行；依法应当执行政府定价或者政府指导价的，按照规定履行。③履行地点不明确，给付货币的，在接受货币一方所在地履行；交付不动产的，在不动产所在地履行；其他标的，在履行义务一方所在地履行。④履行期限不明确的，债务人可以随时履行，债权人也可以随时要求履行，但应当给对方必要的准备时间。⑤履行方式不明确的，按照有利于实现合同目的的方式履行。⑥履行费用的负担不明确的，由履行义务一方负担。"标的质量的表示方法有：

（1）用规格来表示。这是一种很具体的品质表示方法，在签订经济合同时，使用得较多。比如，成分、含量、大小、长短、粗细等。

（2）用等级来表示。在经济合同中，谈判双方经常用特级、一级、二级、三级，或用甲级、乙级、丙级等来表示商品的质量。

（3）用品牌或商标来表示。

（三）数量条款

经济合同中涉及的数量必须准确、具体，避免使用"大约""左右"之类的笼统文字。

（四）价款/报酬和支付方式

必须明确约定价款/报酬与支付方式，没有约定或约定不明参照《合同法》第 61 条、第 62 条、第 63 条的规定来确定。《合同法》第 63 条："执行政府定价或者政府指导价的，在合同约定的交付期限内政府价格调整时，按照交付时的价格计价。逾期交付标的物的，遇价格上涨时，按照原价格执行；价格下降时，按照新价格执行。逾期提取标的物或者逾期付款的，遇价格上涨时，按照新价格执行；价格下降时，按照原价格执行。"

（五）履行期限和地点条款

履约期限和地点是经济合同中要体现的一个重要内容，必须约定清楚。没有约定或约定不明参照《合同法》第 61 条、第 62 条的规定来确定。

（六）违约责任条款

违约责任条款是约束合同双方诚实信用履约的保证条款，必须约定明确。一旦出现违约，守约方可据此主张权利，追究对方违约责任。

合同拟订好以后，应和谈判备忘录加以对照，以免遗漏某些条款，然后由双方法人代表或合法代理人签字，并加盖公章，这样合同才具有法律效力，至此谈判双方经过长时间努力而达成的共识才有了法律保障。

五、善后工作

参加商务谈判的双方，通过自己的努力最终达成了协议，但这并不意味着谈判的彻底完结，谈判者还有许多具体的事情要做。

（一）适时分手

签约后，应首先向对方表示感谢；其次，赞扬对方的决策有眼光，做成了一笔好生意；再就是后续注意事项。例如，告诉对方怎样操作和保养产品。最后，要重复交易条件的细节和其他一些注意事项，这样做可以防止订货后感到后悔。做完这一切以后，就友好地与对方分手。

（二）执行合同

合同生效后，双方应按照合同规定，本着诚实信用、相互配合的原则履行合同。例如，卖方应着手执行谈判合同，认真检验商品，安排运输，以确保合同的绝对执行和商品的安全送达。买方要积极筹集货款，以便按期支付，同时要做好验货、接货的准备等。另外双方一定要注意履行好通知、协助、保守商业秘密等法定义务。

【实训练习】

成交阶段及策略

实训目的： 增强学生对成交阶段及其策略的认知，培养学生严谨的谈判态度和恰当运用策略成交的能力。

实训方法： 模拟演练法，小组讨论法。

实训内容： 将学生分成若干个小组，教师给定案例，学生模拟案例里的谈判情景，要求根据具体情况，选用策略成交，并对所采取的策略进行组内论证，再进行小组间模拟和交流，由教师对各组表现进行点评。

实训步骤： 教师说明规则，学生分组，学生演练。

实训考核标准：

（1）策略选用要有论证。

（2）组内研讨时间达到 15 分钟以上。

复习思考题

1．开盘价是如何确定的？

2．如何营造适宜的谈判氛围？

3．你认为应如何解决谈判中的分歧？

4．报价的原则有哪些？

5．如何判断成交迹象？

6．讨价还价的策略有哪些？

案例分析

案例一：

A 旅游公司将于 2 个月后在某市召开年度同乐会。目的是鼓舞员工士气，会议开得好坏将直接影响公司的发展大计。好几家擅长组织此类会议的公司竞相投标。B 策划公司也是投标者之一。B 策划公司在组织此类会议上的成绩有口皆碑，但索价之高也是人所共知。这次 B 策划公司报价 25 万元，同时希望借此机会把业务扩展到旅游业。B 策划公司在报价方面历来只报总价，这次报价也照例没分细目。音响设备、舞台灯光、员工食宿、来回旅费、演员演出费等一切费用全计其中。A 旅游公司有意与之合作，但希望出价 20 万元。双方近期将要开始谈判。

问题：

（1）B 策划公司应提出何种方案，以保证对方在接受你报价的同时，也能有所收益？

（2）你认为在还价之初，A 旅游公司会向对方提什么要求？

（3）你认为 A 旅游公司会采取何种讨价还价策略？

案例二：

一位女士在一个服装柜台前驻足，对穿在模特身上的一件连衣裙多看了几眼，早已将这一切看在眼里的售货员主动说：“你的身材这么好，穿这件裙子一定非常漂亮。”察觉到顾客无任何反对意见时，他又继续说：“这衣服标价 650 元，看你是真心喜欢，就对你优惠点，580 元，怎么样？”女顾客没有表态，售货员接着说：“如果你带的钱不够的话，我也想开个张，就按本钱卖给你，450 元，怎么样？”女顾客此时还有些犹豫，售货员接着说：“这条裙子真的很配你的身材和气质，就像是为你定做的一样。算了，你不要对别人说，我就以 460 元卖给你。”早已动心的女顾客马上接过话说：“你刚才不是说卖 450 元吗？怎么又涨了？”售货员面带懊悔的表情说：“是吗？我刚才说了这个价吗？啊，这个价我可没什么赚啦。”稍做停顿，又说，“好吧，就算是我错了，那我也讲个信用，除了你以外，不会再有这个价了，你也不要告诉别人，450 元，你拿去好了!”话说到此，那位女顾客也爽快地掏出钱来，这笔生意就这么成交了。

问题：

（1）在这次谈判中，售货员是如何开局的？

（2）售货员运用了何种方法来探测并验证顾客的购买需求？

（3）假如你是这位售货员，除了使用上述方法外，还能不能用其他的方法对顾客进行探测呢？

第四章　商务谈判技巧

商务谈判是一种复杂的智力角逐，其目标的实现不是机械、刻板的过程，而是一种艺术化的博弈。谈判技巧选用得当与否，直接影响着谈判目标的实现。

【案例导入】

嫩姜也“辣”

杰克一行同日商洽谈靛蓝粉销售协议。年轻的杰克是一个谈判老手，针对日商各种说服，他见招拆招，换提法，换角度，死守每吨12 000美元的报价。归期快到了，若谈判无果，杰克不好交差。日商企图采用拖延战术逼杰克。杰克深知靛蓝粉是日商急需的原料，他心中着急，表面却若无其事。最后的谈判中，日商坚持不让步，杰克说：“在日本的生意不做了，明天我们去香港，那里靛蓝粉很抢手。先生们，明天机场见！”说完就离开了谈判现场。晚饭后，日商终于沉不住气了，要求再谈一次。杰克这时才亮出底牌：“我们公司愿意与贵公司合作。这样吧，每吨10 800美元！”日商无话可说，当即签订了近十万美元的订货合同。

（资料来源：http: //www.docin.com/p-635441504.html）

启示：谈判是技术与艺术、实力与智慧的较量，关键是要洞悉对方的意图，摸清对方的实情。年轻的杰克抓住对方需要靛蓝粉的实情，任凭对方如何花样百出，固守交易条件，最终取得谈判的成功。

【学习目标】

要求学生要理解并掌握商务谈判技巧，理解并掌握语言艺术在谈判中的作用，能够在优势、劣势、均势下灵活运用相应的技巧，突破谈判僵局，促成交易的达成。

第一节　不同形势下的商务谈判技巧

一、优势地位谈判技巧

优势地位也称主动地位。经济实力较强、需求程度较弱的一方往往处于商务谈判的优势地位。其谈判的核心是利益需求最大化。优势地位谈判技巧包括：

（一）先严苛后让步

先严苛后让步，通俗讲就是先唱“黑脸”后唱“红脸”，以达到谈判目标。“先严苛”即在谈判前一阶段，提出全面苛刻的条件，并且坚持不做任何让步，造成一种艰苦的局面，使对方产生疑虑、压抑、无望等心态，使其处于一种很难接受又怕谈判破裂的矛盾紧张状态，从而大幅度降低其期望值。“后让步”是在“先严苛”条件下再做出逐步优惠或让步，使对方在紧张后感到轻松、欣慰和满足，从而达成有利于满足己方需要的协议。

“先严苛后让步”技巧的使用重点在于角色分工。要选择恰当的谈判人员分别扮演“黑脸”和“红脸”。“黑脸”角色，先声夺人：他刻板、坚决、毫不妥协，给人以严苛、权威的形象。“黑脸”出场就提出较为苛刻的要求和条件，形成高压的“严苛”氛围。随着谈判深入推进，当争执不下、气氛紧张之时，谈判组的“红脸”顺势登场：他和颜悦色，举止谦恭，给人一个和事佬的形象。“红脸”显得通情达理，体谅对方的难处，经过思前想后，面有难色，但仍表示愿意做通“黑脸”的工作，从而在立场上一步一步地后退。即使后退，仍能达到预期的目标。

值得注意的是，使用这一技巧时，“严苛”要有分寸，不能与通常的惯例和做法相去甚远，否则“过犹不及”，对方会认为优势一方缺乏诚意，从而导致谈判破裂。

（二）不破先例

所谓“不破先例”，即谈判中处于优势地位的一方，以从未以“这样交易的条件”成交为由，强调不愿开此先例，从而不予让步的一种强硬的谈判技巧。通常的表达方式为：“如果同意贵方提出的价格条件，就等于开了一个交易先例，将会迫使我方今后在遇到类似的交易行为时，至少必须提供同样的优惠，而这是我方无法承担的。”当谈判中出现以下情况时，处于优势地位的一方可以选择运用“不破先例”的谈判技巧：

（1）对方急于达成交易时。

（2）对方主动提出的交易条件难以接受时。

（3）交易商品属于垄断经营时。

“不破先例”的核心在于利用先例来约束对方，所以对“先例”的说明必须诚恳可信，让对方感到自己提出的条件确实勉为其难。由于信息不对称，一时难于对“先例”的事实和理由进行查实，所以此时的“诚恳”很重要，一定要让对方感觉可信。

（三）“画圈”限制

所谓“画圈”限制，即限定谈判条件，并要求对方严格遵守，不能跳出“圈”。限制可以是多方面的，如限定谈判范围或谈判时限。限定谈判范围时，应采取征询式的态度，语态委婉、真诚，比如：“王总您看，时间有些紧张，这轮谈判我方建议是否对成交价格进行磋商，如果能达成，我们的磋商就成功了 80%。您不会不同意吧？”这样在对方心理上，能产生一定压力，可避免对方采用拖延或迂回战术，从而造成一种对己方有利的谈判环境。限定时限的谈判技巧是指谈判一方向对方提出的达成协议的时间限期，超过这一限期，提出者将退出谈判，以此给对方施加压力，使其尽快做出决断。事实上，许多商务谈判，特别是那种双方争执不下的谈判基本上都是到了谈判的最后期限或者临近这个期限才出现突破并最终达成协议的。时间限制带来的无形压力往往会使对方在不知不觉的情况下接受谈判条件。

选择运用“画圈”限制谈判技巧的时机：

（1）对方急于求成时，如急需采购生产用的原辅料“等米下锅”时。

（2）对方存在众多竞争者，且竞争达到一定激烈程度时。

（3）己方存在众多竞争者，但竞争不激烈时。

（4）己方最能满足对方某一特别重要的交易条件时。

（5）对方谈判小组成员意见存在分歧时。

（6）发现与对方因交易条件分歧悬殊，达成协议的可能性不大时。

（四）先声夺人

在谈判开局阶段，借助己方优势，在心理上抢占优势，掌握主动权。运用这种谈判技巧的核心在于打好心理战，要敢于争锋。这种技巧运用不当会给人以“以权压人”“自大炫耀”“轻视对方”的感觉，从而招至对方的反感和抵制心理。因此，采用先声夺人的“夺”应巧妙、得体。

破解先声夺人的对策：

（1）“看你表演”，不争一招一式的高低。

（2）在关键性的问题上应含笑争理，次要性问题可充耳不闻。从而在心理上占据宽容海量的高位。

二、劣势地位谈判技巧

谈判中处于劣势地位，势必受制于人，如何变被动为主动，或是尽可能地增加砝码减少损失是商务谈判中必须要掌握的技巧。以下是常用的劣势谈判技巧：

（一）“我的权力有限”

“我的权力有限”这种技巧意在申明自己没有权力做出让步，需要请示上级和有权者，以避免正面或立即回答对方的问题。利用“上级”的力量守住己方阵地，避免做出己方难以接受的让步，同时留住手中的权力，为后续让步留有余地。例如：“关于××问题，我无权做主，公司没有赋予我此项权力，我已经在我的权限内做出了最大让步。我本人的谈判任务到此结束了，贵方从现在起提出的所有建议，我都乐于忠实地转达，若嫌麻烦，贵方也可直接找有关领导。”“我的权力有限”作为一种谈判技巧，不完全是事实，而只是一种对抗对手的盾牌。“上级”或“有权者”，可是虚拟的。

在一般情况下，这一“盾牌”难以辨别真伪，对手只好凭自己一方的“底牌”来决定是否改变要求、做出让步。而运用这一谈判技巧的一方，即使要撤销盾牌也并不困难——说已请示领导同意便行了。所以，受了限制的权力，反而成为了力量源泉。

破解“我的权力有限”的技巧：

（1）如果对方称要等待上司批准，应将计就计，限定时日，同时表明“在等待期间我方会再寻找更好的顾客或商谈伙伴”等。促使对方加快其上司审批的时间，以及使对方不敢轻易以上司不同意为借口而中止谈判。

（2）若对方诡称上司要求降低条件方能签约时，首先应据理力争，如果无效，随时准备退出商谈，以此试探，绝不争一时之气而轻易接受对方的条件和要求。

（3）识破诡计，委婉揭露，从双方利益原则上说服对方。

（二）吹毛求疵

吹毛求疵技巧就是谈判中处于劣势的一方，在优势一方谈及自己的实力或优势时采取回避态度，而专门寻找对方弱点，伺机打击对方，使对方泄气。有理有据地提出挑剔性问题，是运用吹毛求疵技巧的关键所在。例如，如果要找对方商品的问题，就要在商品质量、性能等使用价值和成本价格、运输等方面寻找“疵点”。因此，劣势一方必须掌握商品的有关技术知识，才能将毛病挑到点子上。不能眉毛胡子一把抓，必须抓重点，击中要害，否则对方会以为你在故意刁难，谈判就很难进行下去了。吹毛求疵的方式常常采用对比法，即将商品与其他商品、交易条件与其他交易条件相比较，使卖方不得不承认自己的弱点和不足，实现自己的谈判意图。在使用这一方法时，必须把握分寸，避免激怒对方。破解吹毛求疵的技巧：

（1）静观其变。那些虚张声势的问题及要求，自然会渐渐地露出马脚来，并且失去影响力。

（2）视而不见。对于某些问题和要求，要能避重就轻或视若无睹地一笔带过。

（3）提出抗议。看准对方在浪费时间、节外生枝，或做无谓的挑剔或无理的要求时，必须及时提出抗议。

（4）提出建议。提出一个具体且彻底的解决方法，而不去讨论那些没有关联的问题。

（三）以柔克刚

在商务谈判中，若占优势地位的一方锋芒毕露、强势逼人，劣势一方不宜以硬碰硬，应避其锋芒，宽容谦逊，对方得到默认和满足之后，反而可能通情达理，公平合理地与你谈判。以忍耐宽容磨去对方棱角，将百炼刚，化为绕指柔。使用“以柔克刚”的谈判技巧，需要注意如下两点：

（1）耐心迂回。要有持久作战的精神准备，采用迂回战术，通过若干回合的拉锯，按己方事先筹划好的步骤把谈判对手一步一步地拖下去。

（2）宽容有理。言谈举止文明礼貌，使对手心急而无处发，恼怒而无处泄。

（四）“交由其他人谈”

谈判中遇到一时难以应对的问题时，可借口自己不能决定等，转由他人继续谈判，将问题推来推去，不予正面确认，使对方在无奈之下做出让步。这实质上是一种以守为攻的谈判技巧。

破解“交由其他人谈”的技巧：

（1）对等原则。若对方安排无权签字者出面谈，己方派同样的人应付，迫使对方主帅出马。

（2）以拒绝、取消谈判相威胁，迫使对方以诚相待，正面回应。

（五）挫其锐气

通过车轮战、时间战，消磨对方的精力，瓦解其意志，待其筋疲力尽之后，伺机反守为攻，夺取谈判的最后胜利。

知识链接

疲劳容易被打动

研究显示，被剥夺睡眠、食物或饮水的人的行动和思维能力十分薄弱，疲倦的人都比较容易被打动，犯下许多愚笨的错误。这就是为什么许多谈判者喜欢向对手发动疲劳攻势的原因。他们为了达到良好的谈判效果，千方百计地消耗对方精力，使之在谈判中失利。

反击对方疲劳攻势的策略：

（1）当你远道而来，对方进行热情的款待之后，你应做充分的休息，最好第二天下午再开始谈判，使自己从疲劳中恢复过来。

（2）倾听是保持精力的好办法，又利于获得信息，多听少说比喋喋不休更管用，也更有利于保持良好的精力。

（3）休会。在谈判过程中，当你感到精疲力竭时，可提出暂时休息的建议。在休息时，理清思路，归纳一下刚才讨论的问题，检查一下己方的谈判情况和成效，以及谈判对方的情况，对下一步谈判提出新的设想。要充分利用休息时间，带着考虑好的问题，胸有成竹、精神饱满地回到谈判桌旁。

（4）对付车轮战术，可以提出异议，暂停谈判，也可以借对方换人，己方也换人；或者可以给新一轮的谈判对手出难题，迫使其自动退出谈判。如果对手一口否认过去的协定，你也可以借此理由否认你所许过的诺言。

（六）假装糊涂

假装糊涂是劣势条件下的防御性谈判技巧。在出现对己方不利的局面时，假装糊涂不应招，绕过对己方不利的条款，把谈判话题引到有利于己方的交易条件上，以化解对方步步紧逼的情况。当对方发现你误解了他的意思时，往往会赶紧向你解释，在不知不觉中受到你的话语影响，在潜移默化中接受了你的要求。所以，谈判老手们在必要时总会“糊涂”一把。

【案例赏析】

“巧”糊涂

H技术建设公司参加德国F工厂设备签约招标工程。谈判中德方主谈人就价格问题提出：“对金额部分我要说点看法，就是贵公司再减2.5%的金额。我们曾把这一想法告诉了其他公司，正等他们答复。选哪个公司，对我们来说都一样，不过我还是希望我们能同贵公司合作。”

德方言词有礼，却颇为犀利。H技术建设公司表示，必须商量一下。一个半小时以后，H公司故意误解对方的意思，回答说“我们已经将规格明细表按照德方所要求的价格编制。”接着又一一列出可以删除的项目。德方一看情形不对，马上说明：“不对，你们搞错了。本公司的意思是希望你们仍将规格明细表保持原状。”接下来的讨论，便围绕着规格明细表打转，根本未提到降价的问题。又过了一小时，H技术建设公司准备结束会谈。于是就向德方提出：“你们希望减价多少？”德方回答说：“如果我们要求贵公司削减成本，但规格明细表不做改动，我们的交易还能成功吗？”这一回答其实已经表明对方同意了H技术建设公司的意见。交易谈成了，德方得到了所希望得到的利益，H技术建设公司也几乎未做出什么让步。

（资料来源：http: //www.yuncheng.com/read/book/30185/6673922/1）

分析：假装糊涂贵在一个“巧”字。假装糊涂是劣势条件下的防御性谈判技巧，运用得当，将转换形势，让己方不利转为有利，陷对方于被动。

（七）多听多问少说

劣势谈判者，尽可能地多听多问少说。多听，让对方多说，既可大大减少对方的反抗和戒备心理，同时，也会避免因暴露过多而回旋余地较小，并给己方观察洞悉对方的漏洞和弱点制造机会。多问，促使对方暴露其真实的动机和最低的谈判目标，然后根据对方的动机和目标并结合己方的意图采取有针对性的回答，这样才有可能增强己方意见的影响力和说服力。少说，表现在注意言语上的谨慎，防止将己方的底牌泄露出来，特别要防止在酒宴、交际、闲谈等一些轻松愉快的环境中泄露秘密。

【案例赏析】

“泄露”机密的代价

H厨房用具生产厂家与F大百货商场，达成了一百多万元的订货意向，第二天签订合同。当天晚上，F方致电H厂家代表，说他们老板改变了主意，要从另一家工厂订货。接着又说，如果贵方能够降价8%，还有商谈的余地。H厂家已经长期开工不足，现已濒临破产，若失去了这批订货，后果不堪设想，H厂家代表不得不降价签约。后来，H厂家在调查事件突然变化的原因时，发现原来是本厂的一位谈判代表，酒后吐真言，将工厂的处境和底细全部告诉了百货商场的代表，酿成大错。

（资料来源：http: //www.chinabuy.org/read.asp？id=39741）

分析：商务谈判没有签约之前，双方都还处在较量之中，谈判桌上和谈判桌外都是较量场。所以，签约之前务必严防以待，即使在私下的茶会、酒会等场合，与对方接触谈话也一定要保持高度警惕，防止泄露对己方不利的信息，导致己方在谈判中失利。

三、均势地位谈判技巧

均势谈判的基本原则是平等坦诚，互利共赢。因此，在这种情况下，应以谋求合作和追求互利为前提。常用的技巧如下：

（一）坦诚相见，留有余地

在谈判中尽量开诚布公，减少矛盾，回避冲突，制造信任友好的氛围，促使对方通力合作。但商务谈判中的坦诚要注意以下三点：

（1）坦诚不是和盘托出，应当有所保留。一般来说，能谈上十分之七八就够开诚布公了。

（2）坦诚应当是对等的。你对谈判对手的意图风格和态度已有一定的了解，估计对方不是闪烁其词或老奸巨猾之辈，对之应坦诚相见。

（3）警惕对方的欺骗行为，及时识破对方的假装“坦诚”。

（二）平等互利，合作双赢

成功的谈判是利益的协调和共赢。在许多情况下，双方的利益不一定是对等的，如果能顾全局，将谈判焦点由“各方都要击败对方”转向“双方共赢”，使得双方均获胜，皆大欢喜。这一谈判技巧主要把握三个要点：

（1）树立共赢意识，求同存异，牟求利益一致。

（2）对事不对人，重点放在利益上而非立场上。

（3）坚持客观标准，构思双方满意的方案。

（三）折中调和

折中调和的谈判技巧也称“双方互相让步”的谈判技巧，双方在势均力敌的情况下，经过双方调和折中后达成协议。这也是商务谈判中经常采用的在谈判者向对方做出让步承诺的同时，他应该力争使对方在另一个问题上也向自己做出让步。这样，谈判者就把双方可能相互做出让步的两个问题联系在一起，并且建议说，这里可能有做点交易的余地。当然，这种折中让步的示意方式显得直来直去，比较生硬，有经验的谈判者往往能找到更好的示意方式。

在谈判中，不能抱有“退一小步，进一大步”的心态，谈话要保持轻松和有伸缩性，否则，对方会发觉自己吃亏了，从而更加坚持自己的要求。使用该技巧时，必须注意几个问题：

（1）把握折中时机，即何时折。“折中”是结束的信号，所以提出折中方案的时候，应在洽谈的尾声，而不是在中间阶段，更不是在开始阶段。

（2）把握折中幅度，即折多少。当自己认为折中调和的结果是在自己的预算之内时，可接受。这样做的好处，一是表示自己宽容大度，二是可以促成谈判。

（3）从心理学的角度分析，谁先提出折中就对谁不利。

（四）满足需求

谈判中要注意发现并满足对方的需要，让对方满意，减少防备和敌意，在此基础上，力求通过一系列的会谈、让步，使双方的需要目标能够协调和吻合，实现谈判目标。

需要的满足是一种系统的整体行为。任何一个层次的需要，哪怕是很不起眼的，都可能导致谈判的失败。谈判中需要满足的系统性、整体性不仅包括对各个层次需要的满足，还包括对不同主体需要的满足，不仅要满足谈判双方的需要，还要满足谈判者个人的需要。否则，谈判有可能半途而废。

（五）迂回绕道

《孙子兵法》中有以迂为直的谋略。迂回绕道技巧，就是通过其他途径接近对方，建立了感情后再进行谈判。这种方法往往奏效，因为任何人的生活总是丰富多彩的，除了工作还会有许多业余活动，而这些业余活动往往是他最感兴趣的事情，如果在这方面你能成为他的伙伴或支持者，感情就很容易沟通，从而很容易换来经济上的合作。

【实训练习】

优势、劣势、均势不同地位下的商务谈判技巧

实训目的：增强学生对不同地位下商务谈判技巧的认知，培养学生严谨的谈判态度和针对不同地方恰当选择和运用谈判技巧的能力。

实训方法：模拟演练法，小组讨论法。

实训内容：将学生分成若干个小组，教师给定案例，设计优势、劣势、均势等不同地位，要求学生模拟案例里的谈判情景，根据所处不同地位选择和运用谈判技巧，先进行组内模拟和论证，再进行小组间模拟和交流，由教师对各组表现进行点评。

实训步骤：教师说明规则，学生分组，学生演练。

实训考核标准：

（1）谈判技巧的运用必须要有论证。

（2）组内研讨时间达到 15 分钟以上。

第二节　商务谈判僵局的处理

商务谈判双方立场不同，利益此消彼长，看不见的刀光剑影，持续交锋不断，使僵局随时可能出现。僵局的出现势必会严重影响谈判的进程，甚至导致谈判破裂。所以，迅速有效地处理僵局对于促成谈判至关重要。

一、僵局的成因

要破解僵局，首先要对形成僵局的原因进行分析，才能对症下药。僵局的成因主要有五个方面：

（一）利益冲突

商务谈判活动，就是双方利益的博弈。如果双方期望收益差距过大，难以调和时，僵局便会产生。

（二）观点分歧

如果谈判双方不能本着对利不对人，而是对人不对利的态度，就某一问题坚持己见，互不相让，连自己的根本利益都忘记了，那么谈判就变成了一种意志力的较量，从而陷入无谓的僵局中。

（三）信息沟通障碍

信息沟通障碍往往是由于曲解意思、用语不当、一言堂、主观上不愿意接受对方意见而拒绝沟通等原因造成僵局。

（四）谈判人员缺陷

由于谈判人员失误、有意无意的强迫手段、业务知识或谈判知识欠缺、偏见或成见等原因造成僵局。

【案例赏析】

带你看看，破除偏见

我国曾获得一笔世界银行某国际金融组织贷款，用以建筑一条二级公路。负责这个项目的某国际金融组织官员，坚持要求我方聘请外国专家参与管理，这就意味着我方要大大增加在这个项目上的开支，于是我方表示不能同意。我方在谈判中向该官员详细介绍了我们的筑路水平，并提供了有关资料，由于以往缺乏对中国的了解，或是受偏见支配，他不愿放弃原来的要求，这时谈判似乎已经陷入了僵局。为此，我方就特地请他去看了我国自行设计建造的几条高水准公路，并由有关专家做了详细的说明和介绍。百闻不如一见，国际金融组织官员这才彻底信服了。

（资料来源：http: //www.docin.com/p-538348050.html）

分析：僵局的形成有多种原因。针对偏见形成的僵局，破解的最好方法就是还原事情真相，消除偏见。本案例通过让对方看工程案例，用事实说话，让对方信服，从而破解僵局，实现了己方的谈判目的。

（五）技术性僵局

技术性僵局即故意制造僵局。其出发点有二：其一，处于劣势地位时，为改变双方地位态势，弱势的希望运用僵局达到提高自身地位的目的；其二，均势谈判中，为争取有利的谈判条件，利用僵局向对方施压，降低对方期望值，再利用折中方法达成协议。

制造僵局能够达到改变谈判处境的效果，运用得当会获得意外的成功，稍有不当适得其反，后果不堪设想。

二、打破商务谈判僵局的策略

面对已经出现的僵局，谈判者既要沉着冷静、坦然面对，又要审时度势，积极寻找破解的方法。打破僵局是谈判的科学性与艺术性结合的产物。在分析、研究及策略的制定方面，科学成分大一些；而在具体运用上，艺术成分大一些。实践中常见的打破谈判僵局的策略有：

（一）求同存异，回顾旧情

1．求同存异

涉及多项议题的谈判，常会用求同存异这种技巧打破僵局。此类技巧的话术大意是：彼此目标一致，进行了友好的谈判，取得了实质性成果，大部分交易条件方面的问题都顺利解决了，相信这点分歧肯定是可以很好解决的，如果因此放弃谈判或致使谈判失败，对双方来讲太遗憾了。例如，“我们在很多方面取得了一致，只有这一点问题了，要是不能一并解决，止步于这个问题上的话，那就太可惜了！”语言平实，却能悄无声息地打动对方内心，发挥巨大的作用。

2．回顾旧情

以双方的合作历史为切入点，强调和突出共同点和合作成果，通过叙述旧情，削弱彼此的对立情绪。同时，努力寻求双方的共同利益，以达到打破僵局的目的。

（二）回避分歧，转移议题

谈判双方就某一具体议题陷入僵局时，不要一条道跑到黑，应当及时更换新的议题，将僵持不下的议题暂时搁置。等待议题的关联性，当其他议题经过谈判达成一致之后，情绪高潮到来时，会对有分歧的问题产生正面影响，再回过头来谈陷入僵局的议题时，气氛会有所好转，思路会变得开阔，易于实现谈判目标。

（三）多种方案，选择替代

“条条大路通罗马”，在商务谈判上也是如此。提出多种选择方案，是使陷入僵局的谈判起死回生的重要途径。即使方案不被对方所接受，也会使行将破裂的谈判气氛缓和下来。

商务谈判不可能总是一帆风顺的，一旦一种方案遇到障碍，要及时提供其他的备用方案供对方选择。替代方案一定既要能有效地维护自身的利益，又要能兼顾对方的利益要求。

（四）撤换谈判人员，握手言和

更换谈判人员动机有二：一是不得已，只能换人。当一方谈判人员自身措辞不当或失误等原因伤及对方自尊，或是沟通不畅致使双方成见很深，使谈判偏离到双方个人间的矛盾，无法继续进行谈判时，应及时更换谈判人员，消除不和谐因素，缓和气氛。二是技术性换人。这是一种自我否定策略，以否定人的方式，进而否定前期提出的交易条件。例如：“张经理的主张不成熟，我们表示歉意，他所提出的价格条款不能作数。关于价格问题由王经理继续与贵方谈。”

临阵换将，这种策略含有准备与对手握手言和的暗示，成为调整、改变谈判条件的一种标志，同时这也向对方发出新的邀请信号：我方已做好了妥协、退让的准备，对方是否也应有所表示。

（五）尊重对方，有效退让

“退一步海阔天空”。谈判人员应该明白，促使合作成功所带来的利益要大于固守己方立场导致谈判破裂的收获。当谈判双方各持己见互不相让而陷入僵局时，双方应该重新审视各自利益需求，寻求共赢，做出智慧的退让。这里所说的退让，不是无谓的退让，要让得“其所”，让得有价值和有意义。第一，让一小步，是为了进一大步。牺牲眼前、局部利益来换取长远、整体利益。第二，已做“伏笔”，是计划之中的让步。己方事先故意提出一些要求过高的条件，为让步做好了“伏笔”，此时，做出一些让步，是计划之中的。第三，以己方让步，换取对方让步。主动退让传达合作诚意和对对方的尊重，以换取对方同样的友好和在其他方面的让步。

（六）场外沟通，消除隔阂

经验表明，谈判对手之间在场外推心置腹的诚恳交谈对缓和僵局十分有效。谈判会场之外，双方由工作状态转为生活状态，进行较为轻松的沟通，警惕性低，立场性不强，可以自然地交换意见，消除障碍，容易把话“讲开”，解开“矛盾”。私下交谈，可以强调双方成功合作的重要性。对于正式谈判出现的僵局，可以采用场外沟通直接进行解释，消除隔阂。同时，借助社交场合，主动和非谈判代表的有关人员交谈，也是搜集对方情报、摸清对方实情的重要途径。

（七）坚持原则，以硬碰硬

如果发现谈判对手故意发难、施压，人为制造僵局；或是有意在某些问题上表现得蛮横无理，企图试探和踩己方底线的情况下，必须坚持原则，强硬相对。一味退让只会损害己方利益和尊严，助长对方的气焰。此时应当正面回应，点破对方意图，劝说其收敛，回归平等互利和坦诚相见的状态。

【案例赏析】

以硬碰硬，打破僵局

K公司与G公司在北京进行谈判，经过技术交流后，K方专家的赞许态度使G方感到极为自信、自得。当进入商务条件谈判时，G公司主谈杜诺先生变得非常强硬：就这条件，同意，就签合同；不同意，就散伙。而且不大尊重K公司主谈邢先生，对邢先生的说理和友善的态度全然不当回事。对此合同，K公司不能同意，更不能说散伙。邢先生设计了一个方案：让助手继续与杜诺先生谈判，人员减少一半，原则是能往前谈就往前谈，谈不拢也陪着杜诺先生谈。一天过去了，杜诺先生没见到邢先生，问其助手：“邢先生去哪儿了？”助手答：“无可奉告。”第二天上午谈判仍无大的进展。杜诺先生要求见邢先生，助手答应下午安排。下午邢先生见了杜诺先生问：“谈判进展如何？”杜诺说：“不大。”并问邢先生：“为什么不参加谈判？”邢先生一笑说：“我有我的事。”杜诺一笑，说：“我希望您能参加我们的谈判。”邢先生说：“我也乐意，等我安排好时间再说。”并说：“我还有事，希望您与我的助手合作愉快！”随即告辞。随后的谈判，K方再调整谈判时间，一天改为半天，半天时间还安排得靠后。这样断断续续又过了两天，杜诺先生要求与邢先生面谈。

邢先生与杜诺先生见面了。杜诺先生抱怨：“K公司不重视与G公司的谈判。我希望邢先生给我讲实话，是不是贵公司正在与别人谈。”邢先生乐了，说：“您的消息真灵通。”杜诺先生马上严肃起来，庄重地说：“邢先生，不管事态是否如此，我公司强烈要求给我们机会，我本人也希望与您本人直接谈判。”邢先生收住笑容，也认真地回答：“我理解贵方的立场，我将向上级汇报，调整我的工作，争取能与您配合谈判该项目。”双方恢复了谈判，一改过去的僵持，很通情达理地进行了相互妥协，最后达成了协议。

（资料来源：http: //www.docin.com/p-674568731.html）

分析：谈判应该在平等、尊重、真诚的基础上进行。针对对方人格侵犯或无理的挑剔性谈判，以硬碰硬往往是打压对方嚣张气焰、扭转不利局势的有效方法。本案例中针对杜诺先生的不尊重，邢先生采取以硬碰硬的谈判技巧，大杀对方锐气，转不利为有利。

（八）避其锋芒，暂时休会

休会策略是谈判人员调节谈判进程、回避对方锋芒、打破谈判僵局而经常采用的一种基本策略。借暂时休会，双方能冷静、自省，检讨自己的行为举止，客观分析谈判成功的重要性，以免在续会后重蹈覆辙。同时，休会也有利于双方身心放松，缓解紧张、沉闷气氛，有助于谈判人员恢复体力、精力。

知识链接

休会期间双方应集中考虑的问题

（1）谈判的议题取得了哪些进展？
（2）还有哪些方面有待深谈？
（3）双方态度有何变化？
（4）己方是否需调整一下策略？
（5）下一步谈些什么？
（6）己方有什么新建议？

（九）退无可退，背水一战

当谈判陷入僵局，己方已退无可退时，可以选择背水一战。将己方条件摆在谈判桌上，明确表示自己已无退路，希望对方能做出让步，否则情愿接受谈判破裂的结局。己方条件的合理性是这种策略使用的基础，同时做好谈判破裂的准备。如果对方珍惜本次谈判和合作的机会，在己方做出最后摊牌之后，应该选择做出退让，打破僵局。

知识链接

处理僵局的一般思路

（1）搞清分歧的所在环节及具体内容。
（2）想方设法找出制造僵局的关键问题和关键人物。
（3）积极诚恳地做好相关方面的疏通工作，寻求理解、帮助和支持，做出己方大致的选择，以求利润最大化。
（4）认真研究突破僵局的具体策略和技巧，确定整体的行动方案。

三、僵局的利用和制造

制造僵局的目的是向对方施加压力，为后续谈判成功，制造先紧后松的“伏笔”。当一方估计在后面的谈判中会遇到困难时，就有必要设计技巧性的磋商障碍，使己方对这种障碍的妥协成为打破预期可能发生僵局的筹码和手段。成熟的谈判者，应当学会运用僵局。僵局是一柄双刃剑，用得好，就会是向对方施加压力，争取有利的交易条件，促成交易的杀手锏。制造僵局的一般方法是向对方提出较高的要求，要对方全面接受自己的条件。当然，对方不会甘心屈从，谈判便陷入僵局。制造僵局的前提有二：一是准确选择“刁难点”。例如，对方已经在该事情上花费了大量的时间与精力，不会轻易让步，或者是对方被截止时间限制，一定要在之前做出行动的事项。二是所设僵局要具有合理性。要求不能高不可攀，过高，有可能让对方觉得毫无诚意而退出谈判。因此，目标的高度应以略高于对方所能接受的最不利的条件为宜，以便最终通过自己的让步，仍能以较高的目标取得谈判成功。

从根本上来讲，商务谈判僵局处理得成功与否，取决于谈判人员的经验、直觉、应变能力等综合素质。如何应对、破解、制造僵局是谈判人员的必修课。

【实训练习】

谈判僵局的制造与破解技巧

实训目的：增强学生对谈判僵局及僵局的制造与破解技巧的认知，培养学生严谨的谈判态度和适时运用僵局与有效破解僵局促成谈判的能力。

实训方法：模拟演练法，小组讨论法。

实训内容：将学生分成若干个小组，教师给定案例，学生模拟案例里的谈判情景，要求根据具体情况，有针对性地应对僵局、破解僵局、制造僵局促成谈判，先进行组内模拟和论证，再进行小组间的模拟和交流，由教师对各组表现进行点评。

实训步骤：教师说明规则，学生分组，学生演练。

实训考核标准：

（1）制造僵局和破解僵局的技巧必须要有论证。

（2）组内研讨时间达到 15 分钟以上。

第三节　谈判中语言表达技巧

一、语言技巧在商务谈判中的地位和作用

管理学家哈里·西蒙认为，成功人士都是出色的语言表达者。成功的商务谈判都是谈判双方出色运用语言艺术的结果。谈判者的语言驾驭能力和语言艺术素养是商务谈判准确无误地陈述谈判者的意图、说服对方的基础，是能否成功的关键因素，是处理谈判双方人际关系的关键。超群的语言及艺术处理能力，准确无误地表达己方意图，又易于让对方听起来便于接受，可以使双方交流舒畅、饶有兴趣、产生好感；可以建立、调整、改善、巩固和发展双方良好的人际关系；可以有效地说明对方而不至于招来对方的反感和敌对；能够缓解紧张气氛，使冷漠的或不合作的强硬对手转变态度，扭转局势，正所谓好言能化冰。反之，对方会

觉得或是陈词滥调，或是听着不舒服，潜意识里会产生反感情绪，严重的会导致谈判破裂。因此，成功的商务谈判有赖于成功的语言技巧。

【案例赏析】

农夫巧言卖玉米

一个农夫在集市上卖玉米。玉米棒特别大，吸引了一大堆买主。其中一个买主故意大惊小怪地说：“伙计，你的玉米棒子倒是不小，只是虫子太多了，你想卖玉米虫呀？我们到别的地方去买好了。”一边说，还一边做着夸张而滑稽的动作，把众人都逗乐了。农夫一把从他手中夺过玉米，面带微笑却严肃地说：“朋友，你是从来没有吃过玉米吧？连玉米质量的好坏都分不清，玉米上有虫，这说明，没有施用农药，是绿色食品，你太不识货呀！”接着，他又转过脸对其他的人说：“各位都是有见识的人，你们评评理，连虫子都不愿吃的玉米棒就好吗？比这小的棒子就好吗？价钱比这高的玉米棒子就好吗？你们再仔细瞧瞧，我这些虫子都很懂道理，只是在棒子上打了一个洞而已，棒子可还是好棒子呀！”他说完了这一番话语，又把嘴凑在那位故意刁难的买主耳边，故作神秘状，说道：“这么大，这么好吃的棒子，我还真舍不得这么便宜地就卖了呢！”农夫的一席话，把他的玉米棒子个大，好吃，虽然有虫但是无农药、售价低这些特点表达了出来，众人被他的话语说得心服口服，纷纷掏出钱来，不一会儿工夫，农夫的玉米销售一空。

（资料来源：http: //www.docin.com/p-98943622.html）

分析：在本案例中，农夫就充分运用了语言的艺术，利用不同的表述方式，反映了问题的不同方面，从而使问题由不利转向有利。

二、正确运用谈判语言技巧的原则

（一）客观性原则

在商务谈判过程中，运用语言技巧表达思想、传递信息时，必须以客观事实为依据，并且运用恰当的语言，向对方提供令人信服的依据。这是一条最基本的原则，离开了客观性原则，无论一个有多高水平的语言艺术家，他所讲的只能是谎言，商务谈判也就失去了存在和进行的意义。

（二）针对性原则

谈判语言的针对性是指语言运用要有的放矢、对症下药。应当针对不同的谈判对象、不同的谈判议题、不同的谈判场合、不同的谈判阶段、不同的谈判地位及不同的谈判目的，使用不同的谈判语言。模糊、啰唆的语言会使对方疑惑、反感，降低己方威信，成为谈判的障碍。

（三）逻辑性原则

在商务谈判中，运用语言艺术要概念明确、层次清晰、表达恰当、证据确凿。推理符合逻辑性，说服有理有据。在商务谈判中，逻辑性原则体现在谈判全过程，要注意术语概念的统一性，问题或事件及其前因后果的衔接性、全面性、本质性和具体性。提问时要注意察言观色，有的放矢，要注意和谈判议题紧密结合在一起。回答时要切题，一般不要答非所问。此外，还要善于利用谈判对手在语言逻辑上的混乱和漏洞，及时驳倒对手。

（四）规范性原则

谈判过程中的语言表述要准确、规范，使用行业术语和交易术语。

“一言可以兴邦，一言亦可误国。”商务谈判中必须遵守语言原则，提高语言技巧的说服力和诱惑力。通过语言的纽带联系到谈判双方，达成交易。

三、谈判中提问的技巧

培根说过，谨慎的提问等于获得了一半的智慧。商务谈判中，必然有问有答，巧妙的提问有时能够达到长篇大论的陈述所达不到的效果。商务谈判提问必须要明确问什么、何时问、如何问，要把握好提问的时机、注意提问的态度和方式。

（一）问题的选择

提问前应摸清对方的真实需要，掌握对方的心理状态，弄清对方的状况后再有的放矢地抓住关键问题进行提问。所提问题应有针对性，一般包括：在辩论前的几轮谈判中，记录归纳的分歧和预先准备好的问题。预先准备的问题最好是对方不能及时确切给出适当答案的问题，以期收到意想不到的结果。此外，为了验证对方的诚实程度和其处理事物的态度时，可将一个已经发生并且知道答案的问题提出来，目的是给对方一个暗示：我们对整个交易的行情是了解的，有关对方的信息我们也是充分掌握的。一定要避免提出那些可能会阻碍对方让步的问题，这些问题会明显影响谈判效果。

（二）时机的选择

我们经常讲的要踩准点，发问一定要选择好时机，才能达到预期的效果。发问时机的选择包括以下几种时刻：

1. 在对方发言完毕之后提问

在倾听对方发言时，切记不可急于提出自己的看法，这样会招致对方反感，暴露己方的意图，也会言多有失，显得轻浮，没有素养，不够宽容。而且由于打断对方，会提醒对方调整其后边对策，从而可能漏掉本应获取的信息。恰当的方法是先把问题记录下来，认真聆听并思考，等待对方讲完后，找合适时机再提问。

2. 在对方发言停顿、间歇时提问

如果谈判中因对方发言冗长、不得要领、纠缠细节或离题太远而影响谈判进程时，那么你可以在对方发言停顿、间歇的时候提问，这是掌握谈判进程、争取主动的必然要求。

3. 在自己发言前后提问

在自己发言前后提问，即己方自问自答。待己方发言时，可在谈及观点之前向对方的发言进行提问。不必要求对方回答，而是自问自答，以争取主动权，防止对方接过话茬，重新

提问而影响到己方发言。在充分表达了己方的观点之后，为了使谈判沿着己方的思路发展，牵着对方的鼻子走，通常要进一步提出要求，让对方回答。

4. 在议程规定的辩论时间提问

大型商务议程中一般都设定辩论时间。在辩论阶段，双方可以自由提问、辩论。

（三）态度技巧

商务谈判提问要注意态度，不要以法官的态度来质问对方，要以诚恳的态度来提出问题，有利于谈判者彼此在感情上沟通，有利于后续谈判的顺利进行；不要咄咄逼人、连续发问，否则会导致对方厌倦、不满而不愿回答，有时即使回答，也是马马虎虎，答非所问。

此外，要学会倾听对方的回答，表现出专心、耐心、赞许等。当我们提出问题后，应保持沉默、闭口不言、专心致志地等待对方做出回答。即使对方给出的答案不尽合理和完备，或是答非所问，也不要马上指责和追问。应把没有得到解决的问题先记录下来，耐心等待有利时机，再次发问。这样做，既体现了对对方的尊重，更显示出你的修养和宽容。因为继续回答没有回答完备的问题是对方的义务和责任，因此，时机成熟时，对方会正面回答的。

知识链接

提出什么样的问题最有效？

（1）能够引起对方注意的问题。

（2）能够向对方表明你的感受的问题。

（3）能够引起对方做出结论的问题。

（4）能够使对方流露真实意图的问题。

（四）方式技巧

1. 封闭式发问

封闭式发问的目的是获得确定的单向答案，回答者不需要太多的思索即能给予答复。例如：“您是否认为我们的服务质量没有改进的可能？”“原定的计划，你们是本周实施，还是下周，请给我们一个明确的答复。”这种发问方式的缺点在于：有时会有相当程度的强迫性和威胁感，让人感觉不舒服。这种发问方式一般应在己方掌握充分的主动权的情况下使用，否则很容易使谈判出现僵局，甚至破裂。

2. 澄清式发问

澄清式发问是针对对方的答复重新措辞发问，以使对方进一步澄清或补充其原先答复的一种问句。其作用在于：它可以确保谈判各方能在叙述“同一语言”的基础上进行沟通，而且还是针对对方的话语进行信息反馈的有效方法，是双方密切配合的理想方式。

3. 强调式发问

强调式发问就是我们通常所说的设问，答案就在问题中，旨在强调观点和立场，并得到对方的认同。例如：“这个协议不是要经过公证之后才生效吗？”“我们怎能忘记双方多年的合作友谊呢？”

4. 探索式发问

探索式发问即针对对方回答，进行深入跟进的提问，如请对方引申或举例说明等，以便探索新问题，获取新信息的一种发问方式。这种问法不但可以进一步发掘较为充分的信息，而且还可以显示发问者对对方回答的重视。例如：“就您刚才所讲的情势变更条款，我方想知道具体包括哪些内容？”“为什么要更改原已订好的计划呢，请说明理由好吗？”

5. 借力式发问

借力式发问是指借助权威的第三者的意见来影响或改变对方意见的发问方式。应当注意的是：选择的第三者应当是对方的上司或对方尊重的人，这种问法才会产生很大的影响力；否则，很可能会引起对方的反感。因此，这种提问方式应当慎重使用。例如：“贵公司王董事长对你方提出的付款方式怎么看？”“对于这次贵方提出的交易条件，某某先生觉得成交的可能性有多大？”

6. 多层次式发问

多层次式发问是含有多种主题的发问，即一个问句中包含有多种内容。这类问句因含过多的主题致使对方难于周全把握。例如：“贵方是否能就履行规则、违约责任、纠纷解决方式等问题谈一下看法？”从心理学角度讲，一个问题最好只包括一个主题，最多不能超过三个主题，才能使对方有效地把握。当然，在一定情况下也可以灵活运用。

7. 诱导式发问

诱导式发问旨在开渠引水，暗示对方答案，使其回答符合己方目的。例如：“已经到期了，对不对？”“根据贵方一直以来的做法，我们所提的4%的折扣率，应该是合理的，对吗？”这类提问类似于设问，答案的指向性很强，回答者往往会按照发问者所设计好的答案作答。

8. 协商式发问

协商式发问是指为使对方同意自己的观点，采用商量的口吻向对方发问。例如：“你觉得这种运输方式是否妥当？”这种提问，语气平和，对方容易接受，而且即使对方没有接受你的意见，但仍能气氛融洽，双方仍有继续合作的可能。

四、谈判中的回答艺术

有问必有答，人们的语言交流就是这样进行的。话有三说，话也有三答。问有技巧，答也有艺术，问要得当，答要漂亮。问得不当，不利于谈判，答得不好，同样也会使己方陷入被动。相反，一个巧妙智慧的回答，不仅能体现己方水准，化解尖刻的问题，甚至能化险为夷，对僵局也可起到妙手回春的功效。回答对方的问题要掌握“四不要”原则，体现在：

1. 不要急于回答对方提问

回答问题之前，要给自己留一些时间，思考对方提问的真实含义，搞清对方的真实意图，并预测在答复后对方的反应和己方的态度，考虑周详后再从容作答。回答的准备工作包括三项内容：一是心理准备。即在对方提问后，我们可以稍作沉吟，点支香烟或喝一口茶，或调整一下自己坐的姿势和椅子，或整理一下桌子上的资料文件，或翻一翻笔记本等动作来延缓时间，以稳定情绪，而不是急于回答。二是了解问题。即要弄清对方所提问题的真正含义，以免把不该回答的问题答出来。三是准备答案。答案应只包括那些该回答的部分。

2. 不要和盘托出

谈判中有一种“投石问路”的策略，即谈判方借助一连串的发问来获取己方所需要的信息和资料，此时不应该和盘托出，一定要留后手，留余地。否则，后续谈判就没有砝码可用了，甚至将自己置于敌暗我明的不利位置。

3. 不要回答一切问题

商务谈判当中并非任何问题都要回答、都值得回答。针对这种情况可以避而不答，或不正面回应，但要注意礼貌。用外交活动中的“无可奉告”一词来拒绝回答，或者干脆说“您真幽默”“您真会开玩笑”等，一笑了之。

4. 不要回答不知道的问题

参与谈判的所有人都不是全能全知的。谈判中尽管我们准备得很充分，也经常会遇到陌生难解的问题。商务谈判当中涉及的内容非常广泛，因此对于谈判对手所提出来的自己不知道的问题，谈判人员应该坦率地告诉对方不能回答，或暂不回答，以避免不该付出的代价。切记不可为了维护自己的面子而勉强答复，因为这样极有可能损害自己的利益，而且对维护自己的面子也是丝毫无益的。

五、说服的技巧

谈判中能否说服对方接受自己的观点，是谈判能否成功的一个关键。美国语言学家、哈佛大学教授约克·金说过，谈判中的双方是平等的，要使对方接受己方的观点，就要以理服人。谈判中的说服是综合运用听、问、叙等各种技巧，改变对方的起初想法而心甘情愿地接受己方的意见。因此，说服是谈判最困难、最富挑战性和技巧性的工作，特别讲究方式方法。首先，要为说服搭台子，创造说服的条件，为说服烘托氛围，而后，粉墨登场完成说服。

（一）创造说服对方的条件

（1）创建良好的人际关系。要说服对方改变初衷，人际关系的改善是关键。如果对方在情绪上与你是对立的，则不可能接受你的劝说。

（2）讲明选择对方的理由。在进行说服时，还要注意向对方讲你之所以选择他为说服对象的理由，表达对对方的重视，拉近与对方的关系，使对方重视与你交谈的机会。

（3）制造说服时机。可在双方谈判进行顺利，情绪达到良好的高潮时进行说服。切记不要在对方情绪激动时，在对方重视和在意的人在场时，在对方的思维方式极端定势时，进行说服，以避免让彼此失面子。

（二）说服的要点

（1）为对方着想，赢得人心。“一滴蜂蜜要比一加仑胆汁能招引更多苍蝇。”取得对方的信任是说服的基础。所以说服的前提首先应当是把你们我们变成“咱们”，敌人变成“自己人”。这就要求，做事能设身处地地为对方着想，站在对方立场考虑问题，多关心对方的困难，多关心对方重视的问题，使对方认识到这是在为他自己解决困难，拉近彼此关系，消除对方的戒心、成见，从而接受你的观点。

（2）友善有礼，思虑缜密。谈判者要说服对方，首先要给人以良好的印象，才能使双方在一致的基础上探讨问题。要做到友善的开端，一是要善意地提出问题，这就是要求说服者不是随心所欲地谈自己的看法，而是要经过周密的思考，提出成熟的建议；二是要有友善的行为，即在说服中待人礼貌，晓之以理，动之以情，使对方心悦诚服。

（3）创造“是”的良好氛围，帮助对方树立自信。从谈话一开始，就要创造一个说“是”的良好气氛，而不要形成一个“否”的气氛。说服别人时要从积极的、主动的角度，启发、鼓励对方，引导和暗示对方答案，让对方说“是”，树立对方自信。当双方在多个问题上形成一致性时，一是拉近彼此关系，二是由于对方得到肯定，会备受鼓舞，情绪就会友好和高涨，此时劝说，对方易于接受。例如：“从以往的交易来看，您有绝对的实力能把这件事做好，目前这种情况，我猜是您不愿意做罢了。”

（4）强调彼此利益的一致性。说服工作要立足于强调双方利益的一致性，淡化相互间的矛盾性，这样对方就较容易接受你的观点。不要把对方置于对立的位置，这样只会使彼此更对立。

（5）情有可原，宽容示人。己所不欲，勿施于人，不要直接批评、责怪、抱怨对方。从人际关系学角度讲，人都会反感自作聪明的批评者。所以，即使认为对方做法不当，也不要把自己的意见和观点强加于对方，或者一味指责。聪明的做法是认为对方“情有可原”，维护对方面子，要善于激发对方的自尊心、感激情结。本杰明·富兰克林年轻的时候并不圆滑，但后来却变得富有外交手腕，善于与人应付，因而成为美国驻法国大使。他的成功秘诀就是：“我不说别人的坏话，只说别人的好处。”

（6）真诚相见，讲利更讲弊。要诚挚地向对方说明，接受你的意见将会有什么利弊得失。既要讲明接受你的意见后对方将会得到什么样的益处，己方将会得到什么样的益处，也要讲明接受你的意见后，对方的损失是什么，己方的损失是什么。事物都具有两面性，讲利更讲弊的做法，会让对方觉得你是一个坦诚相见的人，从而更易于接受你的意见。

（7）说服要耐心。当谈判中碰到一些难以解决的问题时，要耐心细致，不厌其烦地动之以情，晓之以理，把问题的两面性讲深、讲透。当然还要看对方的反应，如果对方是出于面子考虑，那么就要学会给对方找台阶，让其顺坡下驴，接受你的意见；或是对方暂时还无法接受你的意见那么不妨将问题暂时隔置，待时机成熟时再进行说服。

（8）由浅入深，从易到难。谈判中的说服，打的是心理战和思想战，因此应遵照循序渐进的方针。开始时，要避重就轻，打开缺口，逐步扩展。

（9）它山之石，用以攻玉。在说服艺术中，借历史典故或现实事例，以讲故事的方式取得对方认同，无疑比直截了当地讲大道理生动、易懂，让双方之间的谈判变得有趣又有水准。善于劝说的谈判者都懂得人们做事、处理问题都是受个人的具体经验影响的，抽象地讲大道理的说服力远远比不上运用经验和例证去进行劝说。

事实上，说服工作的关键是抓住对方心理，迎合其心理，诱导说服对方。先说什么，后说什么，该说什么，不该说什么，必须自己心中有谱，方能按照自己的意图改变对方的立场、观点。

知识链接

说服的13种方法

美国的杰尼·寇尔曼在《商业谈判技巧》一书中介绍了说服别人的13种方法:

（1）谈判开始时，要先讨论容易解决的问题，然后再讨论容易引起争论的问题。

（2）如果能把正在讨论的问题和已经解决的问题连起来，就较有希望达成协议。

（3）双方期望与同对方谈判的结果有着密不可分的关系。要伺机传递消息给对方，影响对方的意见，进而影响谈判的结果。

（4）假如同时有两个消息要传递给对方，其中一个是较令人心情舒畅的，另一个较不合人意，则应该先让他知道那个较能迎合他心意的消息。

（5）强调双方处境的相同要比强调彼此处境的差异更能使对方了解和接受。

（6）强调合同中利于对方的条件，使合同较易签订。

（7）先透露一个使对方好奇并感兴趣的消息，然后再设法满足对方的要求。这种信息千万不能带威胁性，否则对方就不敢接受了。

（8）说出一个问题的两面，比单单说出问题的一面更有效。

（9）等讨论过赞成和反对的意见后，再提出你的意见。

（10）通常听话的人比较容易记住对方所说的头尾部分，中间部分比较不易记住。

（11）结尾要比开头更能给听者深刻的印象，特别是当他们了解讨论的问题时。

（12）与其让对方做结论，不如先自己清楚地陈述出来。

（13）重复地说明一个消息更能促使对方了解和接受。

【实训练习】

提问和回答技巧

实训目的：增强学生对谈判中提问和回答技巧的认知。培养学生严谨的谈判态度和睿智的提问和对答能力。

实训方法：模拟演练法，小组讨论法。

实训内容：将学生分成两组，教师给定案例，要求学生根据所提供的谈判背景资料，有针对性的提问和回答，由教师对各组表现进行点评。

实训步骤：教师说明规则，学生分组，学生演练。

实训考核标准：

（1）对提问和回答技巧的使用有充分的论证。

（2）组内研讨时间达到15分钟以上。

复习思考题

1．如果你是商务谈判优势一方，你会采用哪些谈判技巧？

2．如果你是商务谈判劣势一方，你会采用哪些谈判技巧？

3．在一场商务谈判中，你方与对方势均力敌，你会采用哪些谈判技巧？

4．哪些情况会使谈判陷入僵局？

5．谈判中出现僵局都是不利的吗？为什么？

6．打破僵局的策略有哪些？

7．商务谈判中如何进行提问？

8．商务谈判中应怎样回答谈判对手的问题？

案例分析

案例一：

推销员何淇对客商张先生说："一般用户都希望购买的商品物美价廉、使用方便，是吗？"张先生："是的。"何淇："用户也希望厂商替客户送货上门，是吗？"张先生："是的。"何淇："用户还希望厂商提供完美的售后服务，是吗？"张先生："是的。"何淇："我们也提供这样的产品和服务，你愿意购买，是吗？"张先生："是的。"

问题：

何淇用的是哪种提问方式？

案例二：

柯泰伦曾是苏联派驻挪威的全权代表。她精明强干，可谓女中豪杰。她的才华多次在外交和谈判桌上得以展示。有一次，她就苏联进口挪威鲱鱼的有关事项与挪威商人谈判。挪威商人精于谈判技巧，狮子大开口，出了个大价钱，想迫使买方把出价抬高后再与卖方讨价还价。而柯泰伦久经商场，一下识破了对方的用意。她坚持出价要低、让步要慢的原则。买卖双方坚持自己的出价，谈判气氛十分紧张。各方都拿出了极大的耐心，不肯调整己方的出价，都希望削弱对方的信心，迫使对方做出让步，谈判进入了僵持的状态。柯泰伦为了打破僵局，决定运用谈判技巧，迂回逼近。她对挪威商人说："好吧，我只好同意你们的价格了，但如果我方政府不批准的话，我愿意以自己的工资支付差额。当然还要分期支付，可能还要支付一辈子的。"挪威商人只得调整报价，使谈判达成了双方都比较满意的结果。

问题：

（1）柯泰伦是如何迫使挪威商人让步的？

（2）谈判中采取强硬态度能否获得预期的谈判目的？为什么？

第五章 国际商务谈判

【案例导入】

欧洲迪士尼乐园的失败

迪士尼公司在成功开办了东京迪士尼乐园后，把注意力转移向巴黎。法国政府非常渴望把迪士尼公司吸引到巴黎来，给迪士尼公司提供超过 10 亿美元的各种奖励，期望这个项目能给法国创造 30 000 个就业机会。1986 年底，迪士尼公司深陷于和法国政府的谈判中。谈判比预期要长得多，激怒了迪士尼公司的谈判代表，他们甚至用完全非法国人的方式，用脚不断踢门并大喊，让法国代表大吃一惊。

1992 年夏，迪士尼公司按计划开办了价值 50 亿美元的主题公园，可是开张没多久，法国农民就将拖拉机开到乐园门口并将它封锁，全世界电视都转播了这次抗议行动，但这一行动不是针对乐园本身，而是针对美国政府要求法国削减农业补贴的贸易争端。

在之后的经营中，迪士尼公司与法国在乐园的经营上也有很多分歧：迪士尼公司不允许在乐园内提供酒精饮料，但法国人的习惯是中餐要喝一杯酒，这引起了法国游览者的恼怒。迪士尼按照以往的经验认为星期一旅客最少而星期五最多，并按这种想法安排工作，但实际情况与此相反。结果两年的时间里，巴黎迪士尼乐园累计亏损额就已达 20 亿美元。

启示：国际商务谈判与国内商务谈判不同，由于各国经济、文化、法律体制等不同，导致在谈判中的各国的谈判风格完全不同。在本案例中，美国与法国两个国家在时间观念、谈判风格、政治经济利益和生活方式的差别，才导致了巴黎迪士尼乐园的失败。因此，在国际商务谈判中，一定要注意各国的文化差异和谈判特点，尽可能地降低商业风险。

【学习目标】

要求学生理解并掌握国际商务谈判的特点与原则，掌握文化差异在谈判组织、谈判方式等方面对商务谈判的影响，掌握各个主要商务国家商人的谈判风格，领会各国的人文差异和谈判特点，并会将其灵活应用于国际商务谈判中，从而更好地深入国际谈判，提高谈判效率。

第一节 文化差异与国际商务谈判

一、国际商务谈判概述

随着经济全球化的不断发展，各国之间的经济联系不断加强，不同的利益主体需要就共同关心或感兴趣的问题进行磋商，协调和调整各自的经济利益或政治利益，谋求在某一点上取得妥协，使双方都感到有利从而达成协议。国际商务谈判是国际商务活动的重要组成部分，是国际商务理论的主要内容，更是国内商务谈判的延伸和发展，是对外经济贸易活动中普遍存在的一项十分重要的经济活动，是调整和解决不同国家和地区政府及商业机构之间不可避免的经济利益冲突的必不可少的一种手段。概括来说，国际商务谈判就是国际商务活动中不同的利益主体，为了达成某笔交易，而就交易的各项条件进行相互协商的经济活动过程。

（一）国际商务谈判特点

国际商务谈判作为一种贸易谈判形式，具有一般贸易谈判的特性，即以经济利益作为谈判的主要评价指标、以经济利益作为谈判目的、以价格作为谈判的核心，又具有国际经济活动的特殊性，表现在：

1．按照国际惯例办事

国际商务谈判商讨的是两国或两个地区企业之间的商务联系，谈判的结果会导致资产的跨国转移，必然要涉及国际贸易、国际结算、国际保险、国际运输等一系列问题，因此在使用法律方面就不能完全以任何一方所在国家或地区的经济法作为依据，而必须以国际经济法为准则，按照国际惯例行事。由于这些问题是一般国内商务谈判所无法涉及的，所以谈判人员不仅要熟悉各种国际惯例，熟悉对方所在国的法律条款，还要熟悉国际经济组织的各种规定和国际法。

2．政策性强

国际商务谈判双方的商务关系是两国或两个地区之间整体经济关系的一部分，必然涉及两国之间的政治关系和外交关系，具有较强的政策性，双方的政府常常会干预和影响商务谈判。因此，国际商务谈判必须合法贯彻执行国家的有关方针政策和外交政策，同时，还应该考虑到对方的国别政策，以及相关的一系列法律和规章制度，通过各类渠道积极寻找我国政府以及有关的外国政府、地区当局的支持或认可。

3．范围广

国际商务谈判与国内商务谈判相比较，由于文化背景不同、国际市场行情变化莫测，涉及的内容复杂、范围广，不仅要了解谈判对手的文化背景，对方的谈判手段、思维习惯，实际决策者在组织中所处的位置等因素，还要考虑国外的经济状况和市场情况，这些都需要谈判人员做好充足准备。

4．坚持平等互利的原则

在国际商务谈判中，所谓的平等互利是指谈判双方应根据各自的需要与要求，按照公平合理的价格，互通有无，使双方都有利可得，以促进彼此经济发展。对某些外商利用垄断地位抬价和压价，必须不卑不亢，据理力争；对某些落后地区或国家，也不能仗势欺人。遵从了这一原则，才能使双方建立长期友好的协作关系。

5. 谈判的难度大

由于国际商务谈判的谈判者代表了不同国家和地区的利益，有着不同的社会文化和经济政治背景，人们的价值观、思维方式、行为方式、语言及风俗习惯各不相同，从而使影响谈判的因素错综复杂，加大了谈判的难度。稍有不慎，就会面临挫折和失败，这需要谈判人员认真面对，才会取得意想不到的效果。

（二）国际商务谈判应掌握的原则

在国际商务谈判中，针对不同文化背景的谈判对手，谈判人员需要有丰富的谈判知识与高超的谈判技巧，才能在谈判桌上运用自如，以下是国际商务谈判应掌握的原则：

1. 公平性原则

国际商务谈判得以顺利进行和取得成功的首要前提是体现公平。这种公平原则不仅反映着企业与企业的关系，还体现了国家与国家的关系，相互间要求在尊重各自权利和国格的基础上，平等地进行贸易与经济合作事务。

谈判的公平性原则首先体现在谈判各方地位平等。在谈判中，不论国家大小贫富，不论企业实力强弱，不论个人权势高低，在谈判中的地位一律平等。谈判各方应尊重对方的主权和愿望，在自愿的基础上进行谈判。对于利益、分歧等问题，应通过友好协商加以妥善解决，不可通过要挟、欺骗的手段来达到自己的交易目的，否则只能导致谈判破裂。其次，公平性原则还体现在谈判各方权利与义务平等，即平等地享受权利，也要平等地承担义务。谈判协议条款的拟订必须公平合理，这有利于谈判各方目标的实现，使各方利益都能得到最大程度的满足。合同一经订立，谈判各方面须认真遵守，严格执行。签订合同时不允许附加任何不合理的条件，履行合同时不能随意违约和单方面毁约，否则，就会因不平等的行为损害对方的利益。

2. 互利性原则

在国际商务谈判中，互利性原则就是兼顾双方利益，即达到双赢。在商务活动中，谈判的双方都有着一定的共同利益，但他们之间也存在商业利益的冲突。谈判各方当事人应该在实现双方商业利益的整个过程中不断地化解冲突、实现谈判者最大利益。实践证明，在竞争越来越激烈的市场上，谁能够有效地运用互利性原则，谁就会在商务活动中顺利地取得自己期待的主要商业利益。

实现互利性原则的前提是应该投其所需。投其所需是指应将自己置身于对方的立场上设身处地地为其着想。把对方的利益看成与自己的利益同样重要，对其愿望、需要与担忧表示理解和同情，建立起情感上的认同关系，从心理上开启对方接纳自己之门。通过巧妙地暗探、策略地询问，机智地捕捉对方在商务谈判中的利益，在对对方有所知的基础上有的放矢地满足其需求，引起对方的积极反应，促进互相吸引、互相推动的良好谈判格局的形成。

求同存异也是实现互利性原则的重要因素。谈判各方如果利益要求完全一致，就无须谈判，正是因为争执升级、互不相让而使分歧扩大，才导致谈判随时破裂。因此，互利的一个重要要求就是求同存异，求大同，存小异。谈判各方应谋求共同利益，妥善解决和尽量忽略非实质性的差异，这是商务谈判成功的重要条件。首先，要把谋求共同利益放在第一位，找到双方的共同之处，即要把谈判的重点和求同的指向放在各方的利益上，而不是对立的立场上，以谋求共同利益为目标。这就是求大同，即求利益之同。其次，努力发现各方之“同”。谈判双方应该随着谈判的逐步深入从各种意见的碰撞中积极寻找各自利益的相容点或共同点，然后据此进一步探求彼此基本利益的结合部分，通过具体化的共同利益描述，增加感染力，唤起对方的关切。最后，应该把分歧和差异限定在合理的范围内，针对分歧，合理分析，尽可能求大同存小异，使各方都能在最大利益下各取所需，互为补充，互相满足。

在国际商务谈判中，互利不仅表现在“互取”上，还表现在“互让”上，得利与让利是辩证统一的。谈判各方既要坚持、维护己方的利益，又要考虑、满足对方的利益，兼顾双方利益，谋求共同利益。对于难以协调的非基本利益分歧，面临不妥协不利于达成谈判协议的局面，做出必要的让步，可防止僵局，妥协让步的实质是以退为进，促进谈判的顺利进行并达成协议。

3. 信息原则

在国际商务谈判中，对谈判对方的了解越多，就越能抓住对方的弱点，从而进行有利的回击。应该针对国际商务谈判的特点，广泛搜集各类信息，进行加工分析。获取信息的途径有很多，无论是公开的，还是隐藏的，都需要谈判者有很强的观察力和洞悉力，找出自己想要的答案。谈判是一个斗智斗勇的过程，一个经验丰富的谈判高手，懂得如何利用信息在适当的时机来制造“迷雾弹”来迷惑对方，给对方造成压力，从而达到自己的目的。谈判时还应该注意一些无声的信息，比如谈判对手之间的一个眼神或者一个肢体语言，这些无声的信息都向我们传递着谈判对手的内心世界。

二、文化差异对国际商务谈判的影响

在国际商务谈判中，文化差异因素影响着谈判的进程。文化有狭义和广义之分。狭义的文化指在某一特定领域、某一特定组织等所特有的行为、习惯、传统或信念。广义的文化指一个民族全部的生活方式，包括政治制度、语言、信仰、风俗、宗教等要素。国际商务谈判中所讲的文化是广义的文化，有其特定的含义，即文化是在一定环境里影响某一群体总体行为的态度类型和价值准则，是人们集体精神的体现。其具体表现为某一民族或阶层人们的心理状态、思维方式、社会习惯、行为准则等。

世界各地由于特定的历史和地域环境逐渐形成了自己独有的文化传统和文化模式，使得不同国家、不同地区、不同民族在历史、政治、经济、文化传统及风俗习惯等方面存在差异。不同文化背景的人，对同一件事、同一句话、同一个动作都有着不同甚至相反的理解。结合国际商务谈判的特点，文化差异主要体现在语言、风俗习惯、价值观、思维方式、宗教等方面。文化差异影响着国际商务谈判的进一步深入，因此，研究国际商务谈判中的文化差异就显得十分重要。

(一)国际商务谈判中的文化差异

1. 语言差异

语言是各地区文化的基础，受社会文化环境、自然环境、语体风格环境的制约，是区分一个民族的重要表现形式。在谈判过程中，谈判的氛围与谈判环境需要通过语言的交流来实现，这种谈判语境对谈判极其重要。语境文化有低语境文化和高语境文化两种形式。低语境文化对于环境不太在意，比较推崇明确、坦率、直接的方式交流，说话力求清楚，不模棱两可，他们擅长辩论，通常会把意思用具体明确的语言表示出来。美国、加拿大、英国、瑞典、德国以及北欧的一些国家是典型的低语境文化国家。高语境文化通常使用非语言交流和间接的表达方式传递信息，如用体态、眼神、外貌、音调、距离、环境等，在谈判过程中通常不会直接表达异议，而是婉言相拒或用表情来传递。我国就是典型的高语境文化，在谈判过程中通常显得温和，说话间接隐晦，不喜欢争辩，很少对抗。对于两种不同语境文化的谈判双方来说，一定要了解对方的语境文化来进行谈判。

非语言表达方式也不能忽视。非语言行为主要包括身势行为、手势行为、目光言语行为和人体姿态等，不同文化背景中的这些行为传递的信息可能千差万别，稍不注意就会误解这些信号。例如，中国人通常用沉默表示对某一个谈判条款的认可，而美国人通常把沉默看作拒绝，两者截然相反。

2. 风俗习惯差异

在国际商务谈判过程中，一些风俗习惯如果不被重视就会导致谈判的破裂。风俗习惯是某一地域中的群体长时间所形成，并共同遵守的行为方式，可以说风俗习惯是一种文化的综合外在体现。例如，我们中国人见面喜欢问对方的年龄、收入、婚姻等方面的问题，而西方人很讨厌被问及年龄与收入等问题，认为涉及自己的隐私，在谈判中如果不注意这些细节，很容易闹笑话。

【案例赏析】

20世纪90年代，中国某代表团去美国采购约3 000万美元的设备和技术，美方为了表示诚意，在第一轮谈判后送给代表团每人一顶绿色的高尔夫帽。美国商人的本意是签完合同大家一起去打高尔夫，但是代表团的成员却高兴不起来，要知道中国男人最忌讳“戴绿帽子”，谈判的结果可想而知。

（资料来源：卞桂英、刘金波主编，《国际商务谈判》，北京大学出版社）

分析：从上述例子中，我们可以看出，美国人这次谈判失败，就是由于他们不了解中国文化。因此，在国际商务谈判中，一定要重视对方文化的差异性，了解对方的风俗习惯，否则就可能导致谈判的失败。

3. 价值观差异

在跨文化的交流中，价值观的差异会影响双方的谈判风格，影响最后的谈判结果。价值观是人们用以辨别是非善恶的一种综合标准，对于人的行为取向影响较大。例如，西方人在谈判中常常直言不讳地表达自己的观点而不顾上下级关系，以我国为代表的东方国家比较看重地位的差别和自己在上下级关系中所处的地位，言行举止直接受着这种上下级关系影响。

4. 思维方式差异

思维方式是思维方法和思维程序的综合体，受不同文化背景的影响，谈判者会呈现出不同的谈判思维特点。例如：中国人主要是主观思维，经常从道德观的角度出发考虑问题，而西方国家则习惯把主观与客观分开，注重客观的发展规律，属于客观思维；在谈判中中国人普遍偏好形象思维，缺乏抽象思维或逻辑思维，而英美人则偏好于抽象思维或逻辑思维去看待问题。

【案例赏析】

咖啡里的苍蝇

有四个分别来自英国、美国、日本、中国的不同国家的成员一起为一个跨国合作项目效力，在完成一个重要的任务后来到“星巴克”喝咖啡，发现这四杯咖啡当中都有一只苍蝇。

英国人素以绅士而闻名，在看到杯中的苍蝇后，非常扫兴，掏出钱包买了单就走了，以示抗议。日本人看到杯中的苍蝇，非常气愤，大声叫来服务员立即更换一杯，并且要求不能再出差错。美国人看到杯中的苍蝇，幽默地调侃服务员，服务员送了他一些咖啡伴侣。我们的中国同胞，生气地要求把领导叫来，他认为只有领导才能解决这个问题。

（资料来源：http://news.qq.com/a/20071103/000085.htm）

分析：通过这个案例，我们不难看出，咖啡里的苍蝇，四个不同国家的人处理的方式完全不同，原因是他们受到本国文化的影响，体现出不同的文化价值观念。因此在国际商务谈判中，我们不能忽视文化差异对谈判的影响，在谈判前要做好充足准备应对差异。

5. 宗教差异

不同地域的谈判者信奉的宗教不同。例如，欧美国家主要信奉基督教，阿拉伯人以伊斯兰教为主，佛教则主要在中国、泰国等地盛行。不同的宗教有着不同的信仰，影响着人们的行为准则和价值观念，所以在国际谈判中一定要尊重对方的宗教信仰。

（二）文化差异的影响

1. 文化差异对谈判组织的影响

文化差异对谈判组织的影响首先体现在对谈判班子的选择，不同国家在确定谈判人员的选择标准、数量、分工等方面有所不同。例如，美方的谈判组一般是由具有必要决策权的一个或几个谈判者组成，选择的谈判成员往往比较注重口才、专业水平、推理能力，而与谈判者在公司的地位无关，因此美方的谈判组规模较小，不但减少了谈判组内部可能产生的争议，也能够在相对较短的时间内完成谈判的工作。而中方的谈判组一般人数众多，通常会考虑到谈判成员身份、职位的组成。在中方看来，对方谈判成员的身份、职位的组成体现了对方对于此次谈判的重视程度和对于中方的尊重程度。在谈判过程中，外方代表不仅要同中方的对手进行谈判，还要间接或者直接地同其他方如相关的负责人和政府进行谈判。日本选择谈判人员一般除了具备一定的社交能力外还拥有一定的地位和职务。在选择谈判人员方面要遵循对等的原则，即所派谈判人员的身份和地位应该与对方谈判代表的身份和地位相当，否则，即被认为是对对方的不尊重。

文化差异对谈判组织的影响还体现在对时间观念的影响。例如，中东地区在谈判时缺乏时间观念，同他们谈判不能计较时间长短，而应努力取得其信任，即要先建立起朋友关系。美国谈判人员信守时间，重视效率，尊重谈判进度和期限，喜欢速战速决，因此在谈判中他们希望尽可能减少繁多的仪式尽快进入正题。而日本人非常有耐心，在谈生意时，拖延战术是日本人常用的一个“武器”，他们会迫使对方渐渐失去耐心，一旦知道谈判对方有截止期限，他们会更加从容不迫地慢慢谈。

【案例赏析】

日本与澳大利亚的煤铁谈判

日本和澳大利亚，一个钢铁和煤炭资源短缺，渴望购买煤和铁，一个钢铁和煤炭丰富，在国际贸易中不愁找不到买主。按理来说，日本人的谈判者应该到澳大利亚去谈生意，但日本人总是想尽办法把澳大利亚人请到日本去谈生意。原来澳大利亚人一般都比较谨慎，讲究礼仪，不会过分侵犯东道主的权益。将澳大利亚人请到了日本，双方在谈判桌上的相互地位就发生了显著的变化。澳大利亚人过惯了富裕的舒适生活，谈判代表到了日本之后十分不适应日本的环境，在谈判桌上常常表现出急躁的情绪；而作为东道主的日本谈判代表则不慌不忙地讨价还价，结果可想而知，日本方面仅仅花费了少量款待费用就取得了大量谈判桌上难以获得的东西。

（资料来源：http://wenku.baidu.com/view/6132b73a650e52ea55189893.html）

分析：在这个案例里，我们可以看出不同国家的文化差异影响着谈判的组织、谈判风格和最后的谈判结果，处于谈判劣势的日本之所以能在谈判中占上风，就是很好地利用澳大利亚人恋家的特点从而取得谈判的胜利。

2．文化差异对谈判方式的影响

文化对国际商务谈判方式的影响是广泛而深远的，它影响谈判者思考问题、制订计划、解决问题、做出判断、交换意见等活动。在国际商务谈判中，由于美国人有比较强的大国地位优势感，常常使对手感到压力，是纵向谈判的代表。法国人喜欢先为议题画一个轮廓，然后确定议题中的各个方面，再逐项达成协议，是横向谈判的代表。

3．文化差异对沟通过程的影响

文化差异对沟通过程的影响主要体现在语言沟通和非语言沟通两个方面。在语言沟通上，因文化而异，有些地方人们采用直接或简单的沟通方式，有些地方采用间接或复杂的方式。例如：美国人办事简单干脆、不兜圈子，所以与美国人谈判，表达意见要直接，“是”与“否”必须清楚；而日本人非常讲面子，不直接拒绝对方，切不要把日本人礼节性的表示误认为是同意的表示。在非语言沟通上，不同文化背景下谈判者在形体语言、动作语言的运用上有着较大的差异，甚至同样的动作语言传递着截然相反的信息。例如，绝大多数国家都是用点头表示赞成，而在印度等国一面摇头，一面面露微笑才是表示赞成。

4．文化差异对思维方式的影响

受文化差异的影响，不同文化背景中的谈判者所表现的思维方式是不同的。例如：东方人主要是主观思维、统一思维和形象思维，而西方人则偏重于客观思维、对立思维和逻辑思维；东方人习惯于将谈判对象的各个部分连合为整体，将它的属性、方面、联系等结合分析，不存在明显的次序之分，通常要到谈判的最后，才会在所有问题上做出让步和承诺，从而达成一揽子协议，而欧美等国常常将大任务分解为一系列的小任务，将价格、交货、担保和服务合同等问题分次解决，每次解决一个问题，从头至尾都有让步和承诺，最后的协议就是一连串协议的总和。

5．文化差异对决策方式的影响

决策方式总体上可以分为自上而下与自下而上两种，了解对方的决策方式就可以知道谁具有做出评价的权力。例如：日本的决策方式是自下而上集体决策，强调共同参与和群体决策，所有成员协商一致，因此做出一个决策需要大家共同协商，花费时间较长；美国的决策方式是自上而下，谈判的主要负责人就能完成决策任务，时间相对较短。

（三）应对文化差异的策略

在国际商务谈判中，面对文化差异的客观存在，只有正视它、分析它，才能在国际商务谈判中对症下药，实现双赢共存。

1．谈判前做好充足准备

由于跨文化的因素，谈判准备工作相当复杂，需要准备的范围也是相当的广泛。不但要了解对手对协议的期望，对方的民族习性，对方的谈判手段、语言文化以及实际决策者，实际决策者在组织中所处的位置等因素，还要制定议事日程、谈判团队、最佳备选方案和让步策略等内容。因此谈判前要做好充足准备。首先，应该正视谈判中的文化差异，尊重和宽容谈判中的各种差异，采取积极、真挚的接受态度而不是简单的容忍或漠视，善于从对方的角度看问题以使自己适应不同的谈判风格。例如，北美人的时间观念很强，中东和拉丁美洲人的时间观念较弱，对待时间差异应有所准备。总之，在国际商务谈判过程中一定要做到有备而来。

2．正确对待文化差异，尊重对方的习俗

相对于语言等外在的一些文化内容而言，习俗更为隐秘也更为复杂，在谈判过程中不经意间对对方习俗的轻微冒犯可能在对方看来却是一种无法忍受的侮辱。世界上不同国家和地区的习俗可能千差万别，在进行国际商务谈判之前，谈判者应该对对方的风俗进行充分的调查；在谈判过程中，对谈判对方风俗的尊重就是对对方的尊重，也是认同对方价值观的一种体现，从而能够创造较为和谐的谈判气氛。所以，谈判者应把握好“入乡随俗”这一规律。例如，中国人喜欢荷花的“出淤泥而不染”，但是在日本，荷花则仅用于丧葬活动，在赠送礼品时，一定不要出现荷花。

3. 克服沟通的障碍

在谈判的过程中，谈判人员必须要掌握必要的跨文化谈判方式和技巧，克服谈判中的沟通障碍。一般来说，在国际商务谈判中，谈判人员一般会面临下列三种沟通障碍：①由于双方文化背景的不同造成的沟通障碍。这种沟通障碍可能是言语表述上的误解，也可能是由于翻译的原因造成的，或者是某些词语和短语在一定文化中隐含的特殊意义所造成的。例如，在美国、英国，“I'm sorry”这句英语，不能随便说出口。它跟“Excuse me”所表达的意义截然不同。“抱歉”（Excuse me）是指无关紧要，轻描淡写的致歉语，在翻译时一定要注意。②一方误解了另一方所提供的信息内容。这种沟通障碍受谈判人员职业习惯、教育程度以及某些领域内的专业知识所制约。③谈判一方不愿意接受某种理解。谈判一方是否能够接受现实，往往受其心理因素的影响，包括本人的态度、成见以及与对方打交道的经历等。在谈判中，要注意上述三种沟通障碍，避免由于这些沟通障碍的存在给谈判带来不必要的麻烦。

【实训练习】

国际商务谈判认知

实训目的：增强学生对国际商务谈判的认知，理解文化差异对国际商务谈判的影响，培养学生对国际商务谈判的兴趣。

实训方法：资料搜集整理，小组讨论法。

实训内容：利用课余时间提前搜集国际商务谈判的案例，结合实例分析文化差异对商务谈判的影响，并了解应如何缩短文化差异进行谈判，然后小组内部进行讨论，各抒己见，总结出自己小组的认识和感受，最后在班内公开交流。

实训步骤：教师说明规则，学生分组，总结演讲。

实训考核标准：

（1）准备的案例必须是真实、有说服力。

（2）能根据案例总结出对国际商务谈判的认知以及对文化差异的影响。

（3）总结应全面，有思想观点，有自身感悟。

第二节 各国商人的谈判风格

一、美国商人的谈判风格

美国是一个开放程度很高且充满现代意识的国家，由于美国在国际贸易中的地位，美国文化给谈判带来的特点引人注目。美国人外露、坦率、热情、自信、追求物质上的实质利益，有强烈的创新意识、竞争意识与进取精神。美国人往往在商务谈判中期望值很高，但耐心不足。

与美国人谈判，“是”与“否”必须清楚，这是一条基本原则。如果美国谈判人员提出的条款、意见是无法接受的，就必须明确告诉他们不能接受，不得含糊其辞，使对方存有希望。双方发生纠纷时，一定要态度诚恳、认真，绝对不要笑，因为出现纠纷争论时，双方情绪都很恶劣，在美国人看来，笑容必定是装的，会使对方更为生气，甚至认为你已经自认理亏了。

美国人办事干脆利落、自信、不兜圈子，在谈判中分工具体、职责明确，对于“一揽子”交易兴趣十足，一旦条件符合即迅速拍板，决策的速度很快。在谈判的决策中，对角色的等级和协调的要求比较低，尊重个人的作用，强调个人责任。谈判队伍中代表团的人数一般不会超过七人，关键决策者通常也只有一两个人，遇到问题，他们往往有权做出决策，“先斩后奏”之事时常发生。

美国人的时间观念极强，讲究办事效率，他们总是努力节约时间，希望直接切入正题。在谈判过程中，喜欢按照进度安排规划谈判时间，每一阶段逐项进行来完成阶段性的谈判任务。美国谈判人员为自己规定的最后期限往往较短，常常在短时间内做好一大笔生意，有时甚至从口袋里拿出一份早已拟好的合同让你签约成交，力争每一场谈判都能速战速决。一旦突破其最后期限，谈判很可能破裂。美国商人准时守信，当你答应参加对方举办的宴会时，一定要准时赴宴，如果因特殊情况不能准时赴约，一定要打电话通知主人，并说明理由或者告诉主人什么时间可以去。

美国人的法律观念较强，认为双方谈判的结果一定要达成书面的法律文件，明确双方的权利和义务，将达成书面协议视为谈判成功的关键一步。在谈判中，律师扮演的角色很重要，以便在发生争议和纠纷时，通过诉诸法律来解决。

美国人乐于与人交往，他们大多性格外向，直爽热情。正式场合下，往往十分讲究礼节，但是在非正式场合，不大讲究穿戴，以宽大舒适为原则。美国商人接见时较少握手，即使是初次见面，也不一定非先握手不可，时常是点头微笑致意，礼貌地打招呼就行了。在美国，多数人喜欢别人直接叫自己的名字，彼此问候较随便，对年长者和地位高的人，在正式场合下，用“先生”“夫人”等称谓，在非正式场合下，不爱用“先生”“夫人”“小姐”“女士”之类的称呼，认为这样做太郑重其事了。美国商人习惯保持一定的身体间距，交谈时，彼此站立间距约 1 米，每隔 2～3 秒有视线接触，以表达兴趣、诚挚和真实的感觉。

美国商人喜欢一切井然有序，不喜欢事先没有联系去洽谈生意。美国商人在周六、周日休息，此外，法定假日有新年、万圣节、感恩节、圣诞节等，不宜在这些时间找美国商人洽谈。美国由于犹太人甚多，要注意当地的犹太人节日。圣诞节与复活节前后两周不宜前往。此外，去美国人家里做客，最好要带上礼物，可以给主人的孩子捎去一块巧克力或者有中国特色的剪纸、茶叶、丝绸等，但是如果礼物过于贵重，对方会很难为情，场面会十分尴尬。

知识链接

欧美地区的社交禁忌

（1）少谈自杀：欧美主要信奉基督教，基督教徒视自杀为罪恶，他们对生命的观点跟东方人迥然有别，这种话题不受欢迎。

（2）别指自己的胸口：东方人说自己如何如何时习惯用手指指自己的胸口，欧美国家的人则是指自己的鼻尖，绝少指胸口。如果指胸口，他会感到迷惑，无法立刻会意。

（3）同性不能一起跳舞：在欧美，同性不能双双起舞。同性在一起起舞，在场的人必定投以责备的眼光，还会被误认为有特殊倾向。欧美人士普遍认为，跳舞时该由两个异性成为一对。

（4）不为别人付小钱：搭公车的时候，东方人常常争着为对方付车费，这种行为欧美人不见得会感激你。他们会觉得，虽然为数甚微毕竟是由别人代付，心理上就会有背负“人情债”的感受。即使对方是大富翁，任何小额的费用，都严守分摊的原则，才合乎欧美人士的规则。

（5）不能随便说“I'm sorry”：在美国、英国，“I'm sorry”这句英语，不能随便说出口。它跟“Excuse me”所表达的意义截然不同。“抱歉”（Excuse me）是轻描淡写的致歉语。

（6）翻书时不能舔指头：翻阅书籍或数钞票的时候，很多人有舔指头的习惯。这种动作，在欧美人士看来，既庸俗又不卫生。

（7）从坐着的人面前走过时要低头弯腰：在狭窄的场所，非走过别人面前不可的时候，你一定要说一声：“对不起，打扰了。”并低头弯腰走过。

（8）切莫不醉不归：在欧美人士的聚会上，绝少看到烂醉如泥，或是说什么“不醉不归”的人。喝酒对他们来说是一种品味、一种享受，喝适量的酒，举止始终斯文不变，这是欧美人士信守不渝的礼节。

（9）不随便微笑：微笑可以在陌生人之间带来温情和友谊。但是，在某些场合，微笑往往代表对某种事物“允诺”。尤其是女性，露出微笑之前必须弄清楚自己所处的局面，否则，往往会造成莫大的误会。

（10）进餐必须喝酒：到了葡萄牙，进餐时非得喝酒不可。要是搬出理由不喝，他们就认为你瞧不起他们。在葡萄牙，酒比水还便宜，酒精的含量也不高，因此进餐时同时喝些酒，绝不至于醉酒。

二、英国商人的谈判风格

英国是绅士之国，讲究文明礼貌，注重修养。他们的性格传统、内向、谨慎，与外露、坦率、热情、不拘小节的美国人截然相反。

在商务交往中，英国人重交情，不刻意追求物质，他们崇尚绅士风度，谈吐不俗、举止高雅、遵守社会公德，很有礼让精神。无论在谈判场内外，英国谈判人员都很注重个人修养，尊重谈判业务，不会没有分寸地追逼对方。

英国人的时间观念非常强，崇尚准时和守时，有按日程或计划办事的习惯和传统，拜会或者洽谈必须提前约会，最好提前几分钟到。在商务活动中，讲究效率，谈判大多进行得较紧凑，不拖沓。与他们的相处之道是严守时间，遵守诺言。

【案例赏析】

戴维是一位来华经商的英国商人。一天，某公司的广告代理商与他约好来谈一个广告的设计问题。由于司机不熟悉路线且又遇交通堵塞，广告代理商迟到了半个小时。当广告代理商匆忙赶来时，戴维却没有与代理商谈论广告之事，反而起身离开了办公室。这项广告的设计工作事关后面好几件工作，虽然很重要，但是他的中国助手知道戴维对待守时的态度，也拿老板没有办法。

分析：在这个案例里，广告代理商由于迟到而错失了商机，虽然不是主观造成，但是戴维是一位英国商人，对时间观念十分看重，有按日程或计划办事的习惯和传统，如果提前沟通，说明原因，恐怕也不会丢了广告。

英国人不轻易与对方建立个人关系。他们不轻易相信别人，依靠别人。但一旦与英国人建立了友谊，他们十分珍惜，长期信任你，做生意时关系也会十分融洽。在谈判初期，通常与谈判对手保持一定距离，绝不轻易表露感情。随着时间的推移，他们的精明灵活、长于交际、待人和善的特点就会逐渐显示出来。英国商人常常在开场陈述十分坦率，愿意让对方了解他们的有关立场和观点，同时也考虑对方的立场和行动，对于建设性意见反应积极。

英国商人的行动按部就班，在谈判中缺乏灵活性，通常采用一种非此即彼，不允许讨价还价的态度。因此，在谈判的关键阶段，他们表现得既固执又不愿花费很大力气，不像日本人那样，为达成一笔大买卖竭尽全力。在决策中，英国商人比较看重秩序、纪律和责任，组织中的权力自上而下流动，等级性很强，决策多来自于上层。在对外交往中，英国人比较重视对方的身份、经历、业绩，而不像美国人那样更看重对手在谈判中的表现。所以，在必要的情况下，与英国人谈判，派有较高身份、地位的人，有一定的积极作用。

与英国人谈判时，签订的协议书中万万不可忘记写进延迟发货的罚款条约加以约束。因为英国商人有一个共同特征，就是不能保证合同的按期履行，不能按时交货。英国人宁愿做风险小、利润也少的买卖，也不喜欢做冒大风险、赚大利润的买卖。

英国人注意服装，穿着因时而异，什么场合穿什么服饰都有一定的惯例。赴约时，男士应穿礼服，女士应穿长裙。男士忌讳打有条纹的领带，因为有条纹的领带可能被认为是军队或学生校服领带的仿制品。与英国人见面、告别时要与男士握手。与女士交往，只有等她们先伸出手时再握手。宴会多数款待在酒店和餐馆举行，若配偶不在场，可在餐桌上谈论生意。社交场合不宜高声说话或举止过于随便，说话声音以对方能听见为妥。英国人招待客人的时间比较长，总体大约要花上 3 小时。受到款待之后，客人一定要向英国人表示谢意，否则会被认为不懂礼貌。要约会对方时，如果是过去未曾见过面的，那么一定要告诉对方面谈目的，然后再约时间。

英国人以绅士风度闻名世界，常常处事不惊，谈话轻描淡写。与他们交谈应尽量避免讨论政治、宗教、皇家是非等。初识英国人，最佳、最安全的话题当然是天气。对英国人称呼“英国人”他们是不接受的，应该具体地称呼其为苏格兰、英格兰或爱尔兰人。赠送礼品是普通的交往礼节，所送礼品最好标有公司名称。如果被邀作私人访问，则应捎带鲜花或巧克力等合适的小礼品。出于宗教原因，他们忌讳“13”，商务活动在 2～6 月，9 月中旬至 11 月最宜，圣诞节及复活节前后两周最好不要去。

知识链接

西方的重要节日

1. **新年**（New Year）

在西方国家，尽管圣诞节才是最大的节日，新年在人们心目中仍占有不可替代的重要地位。除夕之夜晚会是庆祝新年到来必不可少的活动。西方各国的人们都喜欢在欢快的乐曲和绚丽的光彩中喜气洋洋地度过一年的最后一个夜晚。此时，化装晚会特别受欢迎。来宾们把自己打扮得稀奇古怪，大家无拘无束，尽情玩乐，与平日的行为大相径庭。在英美两国，午夜钟声一响，参加晚会的人们还要手拉手高唱《友谊地久天长》这首著名的苏格兰民歌。

2．**圣诞节**（Christmas）

圣诞节是基督教徒纪念耶稣基督诞生的日子，公认的日期是12月25日。圣诞节本是一个宗教性的节日，后来逐渐演变成一个具有民族风格的全民性的节日，在美国、英国、加拿大、德国、意大利、澳大利亚等西方国家，甚至非洲、东南亚一些国家都很盛行。

圣诞树是圣诞节最重要的装饰点缀物，圣诞老人是圣诞节中最受欢迎的人。圣诞节当天的主餐，有的家庭把它安排在午餐，有的把它安排在晚餐。这餐饭主要是家人聚餐，一般不邀请客人。圣诞餐主要食品为：火鸡或烤鹅、布丁以及各类小甜饼等。按照习俗，吃圣诞餐时，往往要多设一个座位，多放一份餐具，据说这是为了“主的使者”预备的，也有的说是为一个需要帮助的过路人而准备的。

3．**复活节**（Easter）

复活节是基督教纪念耶稣复活的重大节日。对基督徒而言，复活节仅次于圣诞节。复活节的具体时间是每年的春分月圆后的第一个星期日，所以，复活节的具体日期不确定。复活节这一天要举行宗教仪式和活动，如“圣餐”等。人们见面的第一句话就是“主复活了”，然后人们互赠彩蛋，小孩吃兔子糖，讲兔子的故事。按西方国家的习俗，彩蛋和兔子是复活节的典型象征和吉祥物。

4．**感恩节**（Thanksgiving）

感恩节又称火鸡节，是美国民间传统节日，时间是每年11月的第四个星期四。作为美国的传统节日，人们在这一天无论身在哪里，都会尽量赶回家里与家人团聚，感恩节当天大餐的主菜永远是烤火鸡，而享用完感恩大餐，人们最感兴趣的事情就是去商店抢购特价商品，美国人将自己一早起来排队抢购商品的习惯叫作“earlier bird”，将感恩节之后的星期五叫作黑色星期五（Black Friday），因为在这一天商家的营业额都是一年中最好的。

5．**愚人节**（April Fool’s Day）

愚人节是一个比较特殊的节日，时间是每年的4月1日。按照西方国家的习俗，在愚人节这一天，人们可以任意说谎骗人，愚弄他人。骗人越多，越能得到推崇。愚人节活动活跃气氛，放松大脑，为人们的生活增添了乐趣。在愚人节开玩笑或愚弄人本不是件坏事，但是开玩笑或愚弄人应该有个分寸，要适可而止，不要只是一味地追求骗术的高明，而不顾他人的承受性，也就是说不要把自己的一时高兴建立在别人的痛苦之上。如今的愚人节在美国已主要是淘气的男孩子们的节日了。

6．**母亲节**（Mother’s Day）

母亲节是英美等国家为了表达对母亲的敬意而设的一个节日，时间是每年5月的第二个星期日。每逢母亲节，做儿女的会送给自己的母亲节日贺卡、鲜花以及母亲喜欢的精美礼物等。同时，在这一天做父亲的会领着子女们包揽家务，以便让做母亲的有个休息的机会。

7．**父亲节**（Father’s Day）

父亲节是每年的6月的第三个星期日，主要在美国和加拿大。按照习惯，父亲节这一天，做孩子的通常一大早就起床给父亲做一顿丰盛的早餐，端到父亲的床头，感谢父亲的养育之恩。另外，父亲节这一天，孩子们还向父亲赠送礼物，所送的一般是父亲喜欢的衣服和爱喝的酒。

8．**情人节**（Saint Valentine's Day）

情人节是英美等国一个十分重要的节日，时间是每年的 2 月 14 日。值得注意的是，情人节不仅仅是年轻人的节日，也是一个大众化的节日。情人节这一天，不仅情侣们互赠卡片和礼物，人们也给自己的父母、老人及其他受自己尊敬和爱戴的人赠礼物和卡片。

9．**万圣节**（Halloween）

按照基督教的习惯，每年的 10 月 31 日为万圣节，是纪念所有圣徒的日子。英美一些国家人们会装扮成鬼怪的形象，据说这样可以驱逐妖魔鬼怪。

三、法国商人的谈判风格

法国人天性浪漫、乐观、开朗、热情、幽默、注重生活情趣，喜欢交际，富有浓郁的人情味。法国人对本民族的灿烂文化和悠久历史感到无比骄傲，他们时常把祖国的光荣历史挂在嘴边。

法国商人很善于发挥在交易过程中的人际关系，往往凭借着信赖和人际关系去进行，在尚未结为朋友之前，法国商人一般不会与人做大宗生意，一旦建立起友好关系，他们又会乐于遵循互惠互利、平等共事的原则。热情的法国人将家庭宴会视为最隆重的款待，但是这种家庭宴会或午餐招待，不会被看作是交易的延伸，他们非常忌讳家宴上谈生意。法国商人在谈判中对商品的质量要求十分严格，同时十分重视商品的美感，要求包装精美。

法国人在决策中注重于依赖自己的力量，很少考虑集体的力量，个人的办事权限很大，在进行商务谈判时，多由一人承担并负责决策，谈判效率较高。与法国人的谈判常常因政府的介入而使贸易与外交关系联系在一起。政府从外交方面介入企业之间的交易谈判，一方面使问题复杂化，增加了谈判的难度，另一方面又能促使问题的解决。因此，要注意外交与经济的配合协调。

法国人的商业交易作风比较松垮，但又富有顽强精神。在协议的制定和具体的执行过程中常有一些变更，而这些变更有的是出于习惯，有的则是讨价还价、争取最后一点利益的手段。法国商人在谈判方式上偏爱横向式谈判，即先为协议勾画出一个轮廓，然后达成原则协议，最后再确认谈判协议各方面的具体内容。法国商人喜欢追求谈判结果，不论什么会谈、谈判，在不同阶段，他们都希望有文字记录，而且名目繁多，用以记载已谈的内容，为以后的谈判起到实质性作用。因此，在谈判中，对于频繁产生的文件应予以警惕，对己有利的内容，可同意建立文件，对己不利却难以推卸的可仅建立初级的纯记录性质的文件，注意各种不同类型文件的法律效力，严格区别“达成的协议”“分歧点”“专论点”“论及点”等具体问题，否则产生的文件会变得含糊不清，成为日后产生纠纷的隐患。

法国商人十分健谈，富有感情，话题广泛。他们认为法语是世界上最高贵、最优美的语言，在进行商务谈判时，往往习惯于要求对方同意以法语为谈判语言，即使他们英语讲得很好也是如此，除非他们是在国外或在生意上对对方有所求。在谈判开始时，他们喜欢聊一些社会新闻及文化方面的话题，在创造一种轻松友好的气氛后慢慢转入正题，在最后做决定阶段，才一丝不苟地谈生意。法国人工作时认真投入，讲究效率，休闲时痛快玩耍，十分珍惜假期。

知识链接

法国人的风俗习惯

法国人在社交场合与客人见面时，一般以握手为礼。见面时握手，要迅速而稍有力。告辞时，应向主人再次握手道别。女士一般不主动向男士伸手，因而男士要主动问候。拜访告别时应先向女主人致意和道谢。在男女之间、女士之间见面时，他们还常以亲面颊或贴面来代替相互间的握手。介绍两人相见时，一般职务相等时先介绍女士；按年龄先介绍年长的，按职位先介绍职位高的；若介绍的客人有好几位，一船是按座位或站立的顺序依次介绍。熟悉的朋友可直呼其名，对年长者和地位高的人士要称呼他们的姓，一般则称呼“先生”“夫人”“小姐”等，且不必再接姓氏。

法国商人讲究饮食礼节，就餐时保持双手（不是双肘）放在桌上，一定要赞赏精美的烹饪，在餐桌上敬酒先敬女后敬男，女宾的地位比男宾高。他们一年到头似乎离不开酒，但贪杯而不过量。一日三餐，除早餐外，顿顿离不开酒。他们习惯于饭前用开胃酒疏通肠胃，饭后借白兰地之类的烈性酒以消食。在餐桌上，除非东道主提及，一般避免讨论业务。吸烟要征得许可，避免在公共场合吸烟。当主要谈判结束后设宴时，双方谈判代表团负责人通常互相敬酒，共祝双方保持长期的良好合作关系。受到款待后，应在次日打电话或写便条表示谢意。

在法国，送花时的支数不能是双数，男人不能送红玫瑰给已婚女子。法国人认为玫瑰花表示爱情，秋海棠表示忧虑，兰花表示虔诚，郁金香表示爱慕之情，菊花表示对死者的哀悼，杜鹃花不吉利，所以送花时一定要格外小心。法国人非常喜爱鸢尾花，认为它是自己民族的骄傲，是权力的象征、国家的标志，并敬为国花。法国人喜欢鲜艳的颜色，认为蓝色代表宁静和忠诚，粉红色代表积极向上，厌恶墨绿色。法国人视马为勇敢的象征，偏爱公鸡并奉为国鸟，视孔雀为恶鸟，并忌讳仙鹤、乌龟。

法国人大多信奉天主教，其次才是新教、东正教和伊斯兰教。他们认为“13”这个数字以及“星期五”都是不吉利的。

法国人初次见面一般不送礼，第二次见面才送礼，否则会认为失礼。他们非常喜欢名人传记、历史书籍，讨厌那些带有公司标志的礼品。法国人忌讳男人向女人送香水，认为这有过分亲热和图谋不轨之嫌。他们不愿意别人打听他们的政治倾向、工资待遇以及个人的私事。

法国人在交谈时习惯于用手势来表达或强调自己的意思，通常我们用拇指和食指分开表示“八”，他们则表示“二”。

四、德国商人的谈判风格

德国人讲究效率是全球闻名的，他们认为，一个谈判者是否有能力，就看他经手的事情是否快速有效地处理。他们非常守时，与德国人打交道，不仅谈判时不应迟到，一般的社交活动也不应随便迟到。德国人严谨、自信、好强、勤奋，对发展个人关系和商业关系都很严肃，不大重视建立商务往来之前先融洽个人关系。在与德国人最初的几次会面中，他们显得拘谨、含蓄甚至生硬。一旦彼此熟悉，建立商务关系并赢得他们的信任之后，便有希望长期保持。

德国人的谈判风格是审慎、稳重的，考虑事情周到细致，注重细枝末节，德国人在谈判之前的准备比较充分，力争任何事情都完美无缺。通常在对对手的情况和谈判对应策略做了周密安排后，才会坐到谈判桌前。在谈判中，他们思维极具系统性、逻辑性，一开始就进入正题，他们不轻易向对手做较大的让步，让步的幅度一般在20%以内，常常固执己见，缺乏灵活性。在谈判决策中，德国人强调个人才能，决策大多自上而下做出，不习惯分权或集体负责。

德国人崇尚契约，严守信用。一旦达成协议，很少出现毁约的行为，所以合同履约率很高。他们把权利与义务划分得清清楚楚。对所有细节都会认真推敲，对合同中每个字、每句话都要求准确无误。德国商人对交货期限要求严格，一般会坚持严厉的违约惩罚性条款。外国客商要保证成功地同德国人打交道，就得严格遵守交货日期，而且可能还要同意严格的索赔条款。

德国商人重视礼节，社交场合中，握手随处可见。会见与告别时，行握手礼应有力。与德国商人约会要事先预约，务必准时到场。德国谈判者的个人关系是很严肃的，不要和他们称兄道弟，最好称呼“先生”“夫人”或“小姐”。他们极重视自己的头衔，当你同他们一次次握手，一次次称呼其头衔时，他们必然格外高兴。谈判时间不宜定在晚上，他们认为晚上是家人团聚、共享天伦之乐的时间，除非特别重要。应邀去私人住宅用晚餐或聚会，鲜花是送女主人的最好礼物，但必须要单数，5 朵或 7 朵即可。德国人对礼品的包装纸很讲究，但忌用白色、黑色或咖啡色的包装纸装礼品，更不要使用丝带作外包装。德国人的服饰民族色彩并不明显。

五、俄罗斯商人的谈判风格

俄罗斯是一个多民族的国家，他们性格开朗豪爽，勇敢顽强，自尊心极强，不轻易认错。俄罗斯人热情好客，注重个人之间的关系，愿意与熟人做生意。他们主要通过拜访、生日晚会、参观、聊天等社会活动来建立关系，增进彼此友谊。在与俄罗斯人交往时，必须注重礼节，尊重民族习惯，对当地的风土人情表示出兴趣。只有这样，在谈判中才会赢得他们的好感与信任。俄罗斯人情绪易急躁，总喜欢“匆匆”地解决问题，看问题比较绝对，一旦认为正确，总会坚持到底。

俄罗斯人在谈判过程中比较随意，绝不会让自己的工作节奏适应外商的时间安排。他们谈判喜欢带上各种专家，这样不可避免地扩大了谈判队伍，各专家意见不一也会拖延谈判时间，拖延谈判进程。俄罗斯人做生意比较严谨，在谈判桌上，他们是讨价还价的行家，善于运用各种技巧，很有耐心，从不计较时间。因此，与俄罗斯商人谈判时，切勿急躁，要耐心等待。

俄罗斯人的谈判决策带有比较浓厚的集权特征。他们往往以谈判小组的形式出现，等级地位观念重，责任常常不太明确具体，推崇集体成员的一致决策和决策过程的等级化。他们重视合同，在谈判中对每个条款，尤其是技术细节十分重视，并在合同中精确表示。一旦达成谈判协议，他们会按照协议的字面意义严格执行，很少接受对手变更合同条款的要求。

和俄罗斯人说话，要坦诚相待。他们重视文化教育，整体文化素质较高，喜欢艺术品与艺术欣赏，对于研究过俄罗斯文化艺术的外商特别尊重，这会给商务谈判带来友善的气氛。俄罗斯人十分重视仪容仪表，在社交场合，处处表现尊重女性。在商务谈判中，他们也注意对方的举止，如果对方仪表不俗，他们会比较欣赏；相反，如果对方不修边幅就坐到谈判桌前，他们会很反感。到俄罗斯人家里做客，可以送鲜花、酒、艺术品等，如果送花，一定要送单数而不是双数。

六、日本商人的谈判风格

和日本商人交朋友或者做生意，必须特别谨慎。他们慎重、规矩、礼貌、耐心、自信，事业心、进取精神都很强，工作勤奋刻苦，态度认真而且一丝不苟，充分体现在办事计划性特别强，事前的准备工作也很充分等方面。对某一次会谈的时间和内容，日本人往往都会列出详尽的计划表。

日本人经商带有典型的东方风格，谈判中慢条斯理，比较谨慎，常常不能坦率、明确地表态。他们很注意对方的感情、语气、语调等细微变化和反应，避开正面争执或尴尬局面，用间接语句来表示不同意你的观点，在没有摸清对方的真实意图前，一般不会同意签约。

日本人的时间观念很强，办事效率高。在签订合同之前一般格外谨慎，习惯于对合同详细审查并且在内部做好协调工作，需要较长的时间。可一旦做出决定，日本商人都能很重视合同的履行，履约率很高。因此，同日本商人谈判要有耐心，事先要有充分准备，在合同签订之前必须十分仔细地审查合同，含义不清的地方必须弄明确，以免日后造成纠纷。日本商人一般不带律师和会计师参加谈判，认为这是一种不友好的行为。在日本商界有一条不成文的习俗，就是与日本人谈判时尽量不要带青年人和妇女。

日本人等级观念强，决策时自下而上。他们的谈判方式独特，注重在谈判中建立和谐的人际关系。因此在谈判过程中，有相当一部分精力和时间都花在人际关系中。通常不会直接进入商务谈判主题。他们很注重面对面地接触洽谈，不习惯电报、电话联系的方式。如果中间人有一定的地位，经其介绍与日商面对面的洽谈后，效果会更好。

日本人十分讲究礼仪，他们的一言一行都受到礼节习俗的支配。日本商人走出国门进行商务谈判时，总是希望对方前往机场、车站或码头迎接，迎接人的地位要等同或略高于自己的地位。日本人通常以鞠躬作为见面礼节。在鞠躬的度数、时间长短、次数等方面还有其特别的讲究。行鞠躬礼时手中不得拿东西，头上不得戴帽子。日本人有时还一面握手一面鞠躬致敬。一般日本妇女，尤其是日本的乡村妇女，只是鞠躬。日本人与他人初次见面时，通常都要互换名片，否则即被理解为是不愿与对方交往。在交际场合，日本人的信条是“不给别人添麻烦”。因此，忌讳高声谈笑，但是在外人面前则大都要满脸笑容。

日本人在交际应酬中对穿着打扮十分精心。在商务、政务以及对外的场合，通常要穿西式服装。而在民间交往中，他们有时也会穿和服，配布袜、木屐或草屐。樱花是日本的国花，荷花则仅用于丧葬活动，菊花在日本是皇室的标志。日本人敬重“7”这一数字，可是对于“4”与“9”却视为不吉。日本人很爱给人送小礼物。日本人觉得注视对方双眼是失礼的。因此，他们绝不会直勾勾地盯视对方。

阅读与思考

日本一家航空公司与法国飞机制造厂商就法国飞机进行谈判。在谈判前，法国代表团做了大量的准备工作。谈判中，法国代表急于求成，口若悬河地讲解，可是日本人只是埋头做笔记，一言不发。法方代表焦急地想知道日本代表是否理解资料的内容，可是日方代表表示一切都不明白。法方不得已，又重复一遍讲解，经过这样反复谈判，日本人终于把价格压到了最低。

思考：日本人为什么能把价格压到最低？

七、韩国人的谈判风格

韩国商人非常重视商务谈判的准备工作，在谈判之前，他们通常都要通过咨询机构了解对方的经营项目、规模、资金、经营作风及有关商品行情等，做好准备后才会与对方坐到谈判桌前，韩国人常在不利的贸易谈判中战胜对手，被西方发达国家称为“谈判强手”。

韩国商人逻辑性强，做事条理化，注重技巧。常用的谈判方法有两种，即横向谈判与纵向谈判，有时也会两种方法兼而用之。谈判时，他们往往先将主要议题提出讨论，然后会针对不同的谈判对象，使用“声东击西”“先苦后甜”等战术，不断地讨价还价，这充分反映了韩国商人在谈判中的顽强精神。韩国人在决策时以集体为中心，与日本人有相似之处。

韩国人的个性中既有爱面子、受儒家思想很深的一面，又有独立性强、性格直率的一面。他们对人的感情非常敏感，非常注意人们的反应与感情，也希望对方与他们的感情协调起来。他们不轻易说“不”字，也不希望对方说“不”字来伤他们的面子。与韩国人谈判时，要讲究策略和通情达理。

韩国人十分在意谈判地点的选择，一般选择在有名气的酒店、饭店洽谈。如果会晤地点是韩方选择的，他们一定会准时到达，以尽地主之谊；如果是对方选择的，他们则不会提前到达，往往会推迟一点到达。在进入谈判主场时，走在最前面的一般是主谈人或者地位最高的人。韩国人在完成谈判签约时，喜欢使用合作对象国家的语言、英语、朝鲜语三种文字签订合同，这三种文字具有同等效力。

韩国商人十分重视在会谈的初始阶段创造良好的谈判气氛，他们一见面就会热情地打招呼，向对方介绍自己的姓名、职务等。落座后，若请他们选择饮料，他们一般选择对方喜欢的饮料，以示对对方的尊重和了解，然后再寒暄几句与谈判无关的话题，如天气、旅游等，以此创造一个和谐的气氛。之后才正式开始谈判。

知识链接

韩国人的风俗习惯

韩国素有“礼仪之国”的称号，韩国人十分重视礼仪道德的培养，尊敬长辈是韩国民族恪守的传统礼仪。

韩国人热情好客，每逢宾客来访，总是根据客人身份举行适当规格的欢迎仪式，接待外国首脑来访，要按国际惯例举行盛大迎送仪式，场面隆重。无论在什么场合遇见外国朋友，韩国人总是彬彬有礼，热情问候，谈话得体，主动让道，挥手再见。

受邀到韩国朋友家中做客，主人家事先会进行充分准备，并将室内院外打扫得干干净净。

韩国人时间观念很强，总是按约定的时间等候客人的到来，有的人家还要全家到户外迎候。

向客人敬烟也是韩国人自古以来就有的习惯。但是，一般情况下身份地位低的人不能在身份高的人面前抽烟。

韩国人崇尚儒教，尊敬长者，见面时的传统礼节是鞠躬，男人之间见面打招呼互相鞠躬并握手。

韩国人禁忌颇多。逢年过节相互见面时，不能说不吉利的话，更不能生气、吵架；农历正月头三天不能倒垃圾、扫地，更不能杀鸡宰猪；寒食节忌生火；生肖相克忌结婚，婚期忌单日；渔民吃鱼不许翻面；忌到别人家里剪指甲；吃饭时忌戴帽子；睡觉时忌枕书。

八、阿拉伯商人的谈判风格

阿拉伯人做事规矩繁多，对人爱憎分明，他们很珍视信誉，谈生意必须首先赢得他们的好感和信任。阿拉伯人十分好客，对远道而来并亲自登门拜访的外国客人非常尊重。如果他们问及拜访的原因，理想的回答是为了得到他们的帮助。当合同开始生效时，拜访次数可以减少，但定期重温、巩固和加深已有的良好关系仍然非常重要。重情义的阿拉伯人不会因为商务缠身而冷落了自己的阿拉伯弟兄。往往亲友突然到访会影响谈判的进程，他们可能会抛下外商，与亲友喝茶聊天，直到其离去才继续谈判，谈判人员应理解和宽容，学会忍耐与见机行事。

阿拉伯人时间观念较弱，往往随意中断或拖延谈判，并花费比较长的时间做出决策。他们等级观念强，谈判决策由上层人员负责。谈判中不喜欢一见面就谈业务，而喜欢先聊天，有时要聊几个小时才进入正题。他们特别重视前期阶段长时间的、广泛的、友好的会谈，在彼此敬意不断增加的同时，他们会对谈判中的一些问题进行试探、摸底，并间接讨论，耗费时间较长。所以，一定要适应阿拉伯人与众不同的慢节奏。

与阿拉伯人交往中，一定要尊重对方的教义与习俗。如果有懂得伊斯兰教义甚至会说阿拉伯语的人参加谈判，会迅速取得对方的好感。在与伊斯兰教徒交谈时，要注意适当的称谓，切勿乱叫外号。对他们的教义教规，不应妄加评论。切忌用他们认为“不洁”的左手和他们握手、替他们拿食物。由于阿拉伯社会宗教意识的影响，妇女一般是不能在公开场合抛头露面的，应该尽量避免派女性去阿拉伯谈生意。伊斯兰教徒在每天的祈祷时间内，社会商业活动会暂时停下来。

知识链接

与阿拉伯人做生意的技巧

与阿拉伯人做生意，寻找当地代理商也是十分必要的。专家建议，无论同私营企业谈判，还是同政府部门谈判，代理商是必不可少的。这种代理制度，不仅有利于维护阿拉伯国家的利益，而且对外国商人来说也是大有裨益的。这些代理商有广泛的社会关系网，深谙民风国情，同企业或政府部门有着直接或间接的联系。好的代理商会在商务谈判的各项事务中，为外商提供便利。例如：协助雇主与有关部门尽早取得联系，促其尽早做出决定；快速完成日常文书工作，加速通过繁冗的文牍壁垒；帮助安排贷款回收、劳务使用、物资运输、仓储乃至膳食等事宜。如果缺乏合适代理商的斡旋与协助，商务活动难以顺利进展。

（资料来源：范忠、陈爱国主编，《商务谈判与推销技巧》，中国财政经济出版社）

【实训练习】

国际商务谈判模拟

实训目的：增强学生对国际商务谈判中各国商务谈判的过程、特点等基本知识的认知，培养学生在国际商务谈判的兴趣及沟通协调能力。

实训方法：模拟演练法，小组讨论法。

实训内容：将学生分成若干个小组，一方为中方，一方外方，分别扮演两方公司谈判代表的角色，根据中国与外方的谈判风格和文化差异背景制订谈判方案，进行模拟谈判，然后小组内部进行讨论，各抒己见，总结出自己小组的认识和感受，最后在班内公开交流。

实训步骤：教师说明规则，学生分组，模拟演练。

实训考核标准：

（1）谈判各方必须是有准备的。

（2）谈判内容应是真实的，符合该国谈判风格与文化背景。

（3）沟通时间达到 8 分钟以上。

（4）总结应全面，有思想观点，有感悟。

复习思考题

1．什么是国际商务谈判？结合国内商务谈判谈谈其特点。

2．国际商务谈判应该遵循哪些原则？

3．文化差异如何影响国际商务谈判？

4．美国人的谈判风格是什么？

5．英国人的谈判风格是什么？

6．法国人的谈判风格是什么？

7．德国人的谈判风格是什么？

8．日本人的谈判风格是什么？

9．韩国人的谈判风格是什么？

10．俄罗斯人的谈判风格是什么？

11．阿拉伯人的谈判风格是什么？

案例分析

案例一：

江苏某建筑公司赴中东某国进行一项工程承包谈判。在闲聊中，中方负责翻译的成员无意中评论了中东盛行的伊斯兰教，引起对方成员的不悦。还没谈及实质性问题时，对方已流露出撤出谈判的意图。

问题：

（1）本案例中对方有撤出谈判意图的原因是什么？

（2）从这一案例中，中方谈判人员要吸取什么教训？

案例二：

我国某纺织品公司与阿拉伯某公司谈判出口纺织品的合同。中方给阿方提供了报价条件，阿方说要研究，约定次日 9 点到某饭店咖啡厅见，第二天中方到了指定饭店，等到 10 点还未见到阿方人影，咖啡喝了好几杯。一直等到 10:30，阿方人员才晃晃悠悠来了，一见中方人员就高兴地握手致敬，但未讲一句道歉的话。在咖啡厅谈了一个小时，没有结果。阿方沉思了一下，提出下午 3 点到他家。下午 3 点中方人员准时到了他家，并带了几件针织品做礼物送给他妻子。阿方代表说："我邀你们到家里来，是把你们当作朋友，希望我们谈判顺利。"然后开始谈判，这期间，不停地有人进进出出打断阿方代表的谈判，但是阿方代表一点不在乎。

问题：

（1）如何看待中方人员对对方迟到的处理？

（2）在下午谈判过程中不停有人打断，中方要怎样做才符合规范？

（3）和阿拉伯商人谈判，中方应该注意哪些细则？

第六章　商务谈判礼仪

【案例导入】

握手引来的麻烦

艾丽是个热情而敏感的女士，目前在中国某著名房地产公司任副总裁。有一次，她接待了来访的建筑材料公司主管销售的韦经理。韦经理被秘书领进了艾丽的办公桌，秘书对艾丽说："艾总，这是××公司的韦经理。"

艾丽离开办公桌，面带微笑，走向韦经理。韦经理伸出手来，让艾丽握了握。艾丽客气地对他说："很高兴您来为我们介绍这些产品。这样吧，让我看一看这些材料，我再和你联系。"韦经理在几分钟内就被艾丽送出了办公室。几天内，韦经理多次打电话，但得到的都是秘书的回答："艾总不在。"

到底是什么让艾丽这么反感一个没有说一句话的人呢？艾丽在一次讨论形象的课上提到了这件事，余气未消："首次见面，他留给我的印象不只是不懂基本的商务礼仪，他还没有绅士的风度。他是一个男人，位置又低于我，怎么能像个王子一样伸出高贵的手让我来握呢？他伸给我的手不但看起来毫无生机，握起来更像一条死鱼，冰冷而毫无热情。当我握他的手时，他的手掌也没有任何反应。握手的这几秒钟，他就留给我一个极坏的印象。他的手没有让我感觉到他对我的尊重，他对我们的会面也并不重视。作为一个公司的销售经理，居然不懂得基本的握手方式，他显然不是那种经过高度职业训练的人，该公司能够雇用这样素质的人做销售经理，可见公司管理人员的基本素质和层次也不会高，这种素质低下的人组成的管理阶层，怎么会严格遵守商业道德，提供优质、价格合理的建筑材料？我们这样大的房地产公司，怎么能够与这样的作坊式的小公司合作？怎么会让他们为我们提供建材呢？"

（资料来源：【加】英格丽•张，《你的形象价值百万》，中国青年出版社）

启示：商务礼仪能指导与协调商务活动中人际关系的行为方式和活动形式，本案例中，韦经理由于忽视了握手礼仪，失去了与副总裁艾丽的合作机会，因此在商务谈判中，一定要重视商务礼仪并灵活应用商务礼仪中的服饰、见面、招待与赴宴礼仪。

【学习目标】

要求学生理解商务礼仪的含义、特点与作用，掌握商务礼仪的功能与应用原则，掌握和领会商务活动中的服饰礼仪、见面礼仪、招待礼仪、赴宴礼仪，进而能将其熟练应用于商务活动过程中。

第一节 商务礼仪概述

商务礼仪是商务谈判活动中不可或缺的重要内容，正确运用商务礼仪，能有助于商务活动的顺利展开。学习商务礼仪，首先要从认识商务礼仪开始。

一、商务礼仪的定义

（一）礼仪的起源

“礼仪”一词最早见于法语的“etiquette”，原意是“法庭上的通行证”。随着社会交往的需要，人们必须遵守一定的规矩和准则，保证社会关系的正常维系和发展，所以，当“etiquette”一词进入英文后，便有了“礼仪”的含义，即“人际交往的通行证”。后来，经过不断的演变和发展，“礼仪”一词的含义逐渐变得明确起来，并独立出来。

中国是四大文明古国之一，素有“礼仪之邦”的美称。“礼仪”一词，很早就被作为典章制度和道德教化使用。在古汉语中，“礼”主要包含两层意思：一是我国奴隶社会和封建社会的等级制度，以及与之相适应的一整套礼节仪式；二是表示尊敬和礼貌。“仪”既指容貌和外表，又指礼节和仪式。

从古今中外对于礼仪的理解，可以把礼仪归纳为广义和狭义两个方面。从广义上讲，礼仪指的是一个时代的典章制度；从狭义上讲，礼仪指的是人们在社会交往中由于受历史传统、风俗习惯、宗教信仰、时代潮流等因素的影响而形成，既为人们所认同，又为人们所遵守，以建立和谐关系为目的的各种符合礼的精神、要求的行为准则或规范的总和。

礼仪，作为在人类历史发展中逐渐形成并积淀下来的一种文化，约束着每个人的行为。从一个人对礼仪的适应和掌握的程度，可以看出他的文明与教养的程度。因此，礼仪是人类文明进步的重要标志。正确理解礼仪的含义，要注意以下几个方面：

（1）礼仪是一种行为准则或规范，表现为一定的章法。所谓“入乡随俗，入境问禁”，在进行商务活动时，一定要对当地人的习俗和行为规范有所了解，并按照这样的习俗和规范去行动，才能取得对方的认可。

（2）礼仪准则或规范是一定社会的人们约定俗成、共同认可的。在社会实践中，礼仪往往首先表现为一些不成文的规矩、习惯，然后才逐渐上升为大家认可的，可以用语言、文字、动作来做准确描述和规定的行为准则，在商务活动中一定要遵循。

（3）讲究礼仪的目的是为了实现社会交往各方的互相尊重，从而达到人与人之间关系的和谐。在现代社会中，礼仪可以有效地展现施礼者和受礼者的教养、风度与魅力，它体现着一个人对他人和社会的认知水平、尊重程度，是一个人的学识、修养和价值的外在表现。一个人只有在尊重他人的前提下，自己才会被他人尊重。人与人之间的和谐关系，也只有在这种互相尊重的过程中，才会被逐步建立起来。

知识链接

现代社交礼仪

现代社交礼仪泛指人们在社会交往活动过程中形成的应共同遵守的行为规范和准则，具体表现为礼节、礼貌、仪式、仪表等。

礼节：即礼仪节度，指人们在社会交际过程中表示致意、问候、祝愿等惯用形式。

礼貌：指人们在相互交往过程中表示敬重、友好的行为规范。

仪式：泛指在一定场合举行的具有专门程序、规范化的活动。

仪表：指人的外表，包括容貌、服饰、姿态、举止等方面。

总之，现代社交礼仪是现代人们用以沟通思想、联络感情、促进了解的一种行为规范，是现代人际交往不可缺少的润滑剂，它具有以下特点：

1．继承性

礼仪在发展的过程中，经过剔除糟粕、继承精华的演练，在继承中得到了丰富发展，更突出了人类对那些代表礼仪本质东西的倾心向往。例如，老人生日寿辰时，晚辈行祝寿礼仪，置办寿辰酒宴等习俗。礼仪变化的继承性必将随着人类历史的不断进步而发展。

2．普遍性

现代社交礼仪的内容已渗透到社会的方方面面，从政治、经济、文化领域，到人们的日常生活，礼仪无时不在、无处不在。比如，大到一个国家的国庆庆典，小到人们日常生活中的接待、见面谈话、宴请等，均需要讲究礼仪规范，遵守一定礼仪行为准则。礼仪是人类在社会生活的基础上产生的行为规范，全体社会的成员均离不开一定的礼仪规范的制约。在生活中，许多礼仪是不随人的意志为转移的，它的存在本身具有很强的普遍性，无时无刻不约束着人们的行为规范，反映着人们对真善美的追求愿望。比如，最简单的问候语："你好"等，这几乎是全世界通用的一种问候礼节，具有绝对的普遍性。

3．差异性

礼仪的差异性还体现在礼仪的等级差别上，对不同身份地位的对象施以不同的礼仪。同样是宴会，就会因招待对象的身份地位高低的差别而有所不同，身份和地位高的，可能就会受到更高级的款待，身份低的相对就低一等。

4．发展性

随着社会的进步，礼仪文化也不是一成不变的。一方面，礼仪文化随时代的不断进步而时刻发生着变化。另一方面，随着国家对外交往的不断扩大，各国的政治、经济、思想、文化等诸多因素互相渗透，每个国家的传统礼仪自然也被赋予了许多新鲜的内容，礼仪规范更加国际化，其变革向符合国际惯例的方面发展。总之，随着时代的不断进步，人类的礼仪规范必将更为文明、优雅、实用。

（二）商务礼仪的概念

商务礼仪作为指导、协调商务活动中人际关系的行为方式和活动形式，约束着我们日常商务活动的方方面面。商务礼仪以礼仪为基础和内容，它与礼仪有着共同的基本原则：尊重、友好、真诚。商务活动涉及仪表仪容、言谈举止、书信来往、电话沟通等礼仪的各个方面，人们需要学习接待、宴请等方面的礼仪来进行正常的商务交往。

商务礼仪的核心作用是为了体现人与人之间的相互尊重，是对合作方表示尊重和友好的一系列行为规范，是礼仪在商务活动过程中的具体运用，即商务礼仪是指在人们商务交往中适用的礼仪规范，是在商务交往中，以一定的、约定俗成的程序、方式来表示尊重对方的过程和手段。礼出于俗，俗化为礼。商务礼仪的操作性，就是应该怎么做，不应该怎么做。在商务交往中做到“约束自己，尊重他人”才能使人们更轻松愉快地交往。“为他人着想”不仅是商务交往，也是人与人之间正常交往的基本原则。所以说学习并正确运用商务礼仪既是一个人内在修养和素质的外在表现，又是人际交往中适用的一种艺术、一种交际方式或交际方法，是人际交往中约定俗成的示人以尊重、友好的习惯做法。在人际交往中进行相互沟通就一定要掌握商务礼仪的技巧。从个人角度来看，掌握一定的商务礼仪有助于提高人们的自身修养，并能有效地促进社会交往，改善人际关系，还有助于净化社会风气。

知识链接

商务礼仪与传统礼仪的关系

商务礼仪与礼仪的共同之处体现在：

（1）行为性：都是一种与人交往的行为艺术。

（2）作用性：都能够为自己树立良好形象发挥重要作用。

（3）目的性：都是为了获得对方的尊重与信任。

商务礼仪与礼仪的区别之处体现在：

（1）规范化：商务礼仪的应用比传统礼仪更为规范化。

（2）覆盖性：商务礼仪的性质与具体功能，更被现代社会的商务人士所认可。

（3）针对性：传统的礼仪只是表面的行为模式、而商务礼仪则根据不同的商务场合都有不同的行为模式。

二、商务礼仪的特点

商务礼仪既然是商务活动中不可或缺的重要内容，它必然有其内在的重要特点，体现在：

（一）商务礼仪具有普遍性

在商务活动中，从事商务活动的各个成员均离不开一定的商务礼仪规范的制约。许多商务礼仪是不随人的意志为转移的，它的存在本身具有很强的普遍性，无时无刻不约束着人们的商务行为。作为商务人士，应严格遵守商务礼仪的准则，只有这样才能在商务活动中进行正常的商务往来。

（二）商务礼仪注重信用

从事商务活动的双方，都有利益上的需要，这就需要双方诚实、守信。所谓诚实，即诚心诚意参加商务活动，力求达成协议，而不是夸夸其谈，不着边际，毫无诚意；所谓守信，就是言必信，行必果。

（三）商务礼仪具有依附性

商务礼仪是在商务活动中产生的，是为一定的商业工作服务的一种礼仪规范。离开了商务活动，商务礼仪就失去了存在的基础。随着商品经济的不断发展，依附于商务活动的商务礼仪的要求变得越来越高。

（四）商务礼仪具有差异性

商务活动随着经济的不断发展，受地域、政治、经济、文化等多因素影响，形成了不同国家、不同民族在商务礼仪上的诸多差异，因此要了解和掌握商务礼仪，就必须针对不同的对象和商务礼仪的差异，提供相应的服务，以利于商务活动的进行。

（五）商务礼仪具有时效性

商务活动的时效性很强，如果时过境迁，就会失去良机。掌握商务礼仪的时效性，不仅要随时关注商务礼仪中一些新的发展动态，力求适应商务礼仪的变化，还应该在商务实践中多观察、多学习，掌握商务礼仪的分寸与时机，尽可能说话做事恰到好处，使问题迎刃而解。

（六）商务礼仪具有服务性

商务活动中，商务工作者是主体，顾客是客体，离开了顾客，商务活动只能是纸上谈兵。商务礼仪的服务性体现在要充分考虑顾客的感受，尽可能提供良好周到的服务，同时还需要商务人员要体现文明礼貌、谈吐优雅、举止大方的风貌，不断提高自身的文化素质，尽可能使顾客的需求在良好的商务活动中得到满足，在商务活动中表现出有礼有节的高雅风尚。

三、商务礼仪的功能

商务礼仪作为商务交往中必不可少的礼仪规范，已经逐渐渗透到社会经济生活中的各个方面。得体的商务礼仪能最大限度地避免工作中的冲突，使商务活动交往成为一件非常愉快的事情。例如，与顾客谈合作时，具有良好的商务礼仪不仅会给对方带来视觉的享受，又能给对方留下良好的印象，合作自然水到渠成，反之，就有可能毁在小小的商务礼仪细节之处。商务礼仪在商务活动中的功能主要体现在以下六个方面：

（一）有助于塑造形象

所谓形象，就是交往双方在对方心目中形成的综合化、系统化的印象。商务礼仪的基本目的就是树立和塑造企业及个人的良好形象。在商务活动中，企业的各个部门、各个员工的行为，随时都在体现着企业的经营思想、管理水平，体现着个人的文化素养、职业道德。在商务活动中，讲究礼仪，灵活得体地运用商务礼仪，就会使企业和个人在公众的心目中取得一个良好的反映和评价，树立起优秀的社会形象，赢得公众的信任和支持，促进信用的提高。所以，商务人员时刻注重礼仪，既是个人和企业良好素质的体现，也是树立和巩固良好形象的需要。

（二）有助于规范自己的行为准则，培养良好的道德品质

商务礼仪的核心是一种行为准则，其最基本的功能就是规范各种行为。在商务交往中，人们相互影响、相互作用、相互合作，规范使人们有礼貌、讲卫生、自觉遵守公共秩序和劳动纪律，形成待人以礼、助人为乐的社会风气。如果不遵守一定的规范，双方就缺乏协作的基础。在众多的商务规范中，礼仪规范可以使人明白应该怎样做，不应该怎样做，哪些可以做，哪些不可以做，有利于确定自我形象，尊重他人，赢得友谊。同时，讲究礼仪也是一个人公共道德修养的外在表现。一个严于律己、宽以待人的人，往往也从待人接物、仪表仪态、气质风度、谈吐教养等行为举止各个方面表现出高尚的礼仪，这是其所具备的高尚道德和文化素养的反映。物质文明建设需要一个文明知礼的生活环境，要求人们成为有道德、有修养、有文化、有学识、懂得遵守并维护社会公德的人。因此，我们每个人都要加强自身的道德修养，遵守社会公德，用礼仪、礼节、礼貌来造就良好的社会秩序和社会风气，用礼仪文化促进社会文明的发展。

（三）有助于信息传递

商务礼仪是一种信息传递过程。通过运用商务礼仪，可以表达出对对方的尊敬、真诚、诚信等感情，容易得到对方的信任。因此，在商务活动中，一定要通过恰当的礼仪增进双方的好感、信任，从而使商务活动进一步发展。

（四）有助于相互沟通

良好的沟通能促进商务活动顺利进行。商务活动是双向交往活动的过程，交往成功与否，主要看双方能否融洽地沟通，或者说能否取得对方的信任、好感和尊重。由于立场不同、观点不同，人们对同一问题会有各自不同的理解和看法，这就使交往双方的沟通有时变得困难，若交往中无法取得沟通，不仅交往的目的不能够实现，有时还会产生误解，给企业造成严重的负面影响。而良好的商务礼仪是在与各种对象交往中的润滑剂，是增强与之和谐相处的纽带，一定要恰当应用。

（五）有助于相互协调

在商务活动中，难免会出现各种误解或纠纷，如果处理不当，不仅会影响企业的信誉和形象，还可能会造成经济上的损失。恰当地运用商务礼仪能化解矛盾、消除分歧、相互理解、达成谅解，调整人际关系，使之趋于和谐，从而妥善地解决商务纠纷，有助于商务活动的顺利开展。

（六）有助于促进商业活动的顺利进行

商务礼仪可以使人们有教养、懂礼节；可以使双方沟通顺畅，增进理解；可以加深

双方的友谊，在良好的气氛中达成交易。商务礼仪在商业活动中产生，又促进商业活动的顺利进行。

知识链接

商务礼仪的三A法则

商务礼仪“三A法则”是待人处世的基本规则之一，因其三个要点的英文单词首字母皆为“A”而得名。

第一个A，接受对方（Accept）。所谓接受对方，就是要待人如己，宽以待人。不是原则问题，不要对别人随便进行判断。要容人，因为人们所站的位置不一样，考虑是不一样的。必须接受对方，包容对方。

第二个A，重视对方（Appreciate）。这个单词含有欣赏的意思。重视有很多种，此处所讲的重视，则是欣赏，就是要善于发现对方的优点。当你肯定别人时，实际上是在肯定自己，说明自己宽容、有层次、有涵养。

第三个A，赞美对方（Admire）。Admire的意思是要在人际交往中，不仅要善于欣赏对方，而且要把对方的优点予以正面肯定。实际上，你正面肯定对方时，会带给对方一种愉悦。而对方这种愉悦也会反馈给你。人际交往是互动的，当你善待别人的时候，别人就会善待你。

在商务礼仪中，商务人员应该正确理解和应用三A法则，要学会接受对方，重视对方，还要学会赞美对方，这既是对对方的一种尊重，也是对对方的一种肯定。当商务人员在运用三A法则与对方相处时，就会发现大家不但能友好相处，而且谈判的成功率往往也很高。

四、商务礼仪的应用原则

在从事各种商业活动，具体应用商务礼仪时，应遵守以下基本原则：

（一）平等原则

平等原则是现代商务礼仪的基础，是现代商务礼仪有别于以往礼仪的最主要的原则，是商务礼仪最根本的原则。现代商务礼仪中的平等原则是指以礼待人，既不能盛气凌人，又不能卑躬屈膝。但是平等又是相对的，不是绝对的。在现实生活中，商务活动的双方由于存在经济条件、政治地位、尊卑长幼等方面的差异，反映到礼仪上来，必然产生礼仪形式上的某种差异。

（二）互尊原则

心理学家马斯洛曾把需求分为五个方面，其中就有尊重的需求。他认为，人们对尊重的需要分为两类，即自尊和来自他人的尊重。自尊包括对获得信心、能力、本领、成就、独立和自由等的愿望；来自他人的尊重包括威望、承认、接受、关心、地位、名誉、赏识这样一些概念。一个具有足够自尊的人总是更有信心，更有能力，也更有效率，自然也包括对自己在社会上所扮演的角色的正确认识，否则就会为了满足自己的自尊而造成对别人的无礼。礼仪讲究互尊原则，即相互尊敬、坦诚、谦恭、和善，这样才能满足每个人的自尊和受尊重心理。

在商务交往中，礼仪的互尊原则实质上体现的就是对对方的尊重。尊重对方是建立友谊、加深交往、发展关系的前提。商务礼仪中的互尊原则是指与他人交往时要体现出对他人真诚的尊重，而不能藐视他人。礼仪本身从内容到形式都是尊重他人的具体体现。不论对方职务高低、身份如何、相貌怎样、才能大小，只要与之打交道，首先就应尊重他人的人格，做到礼遇适当、寒暄热烈、赞美得体、话题投机，让他人感到自己是受欢迎和有地位的，从而得到一种心理上的满足，感到交往的心情很愉快，这样才能深入沟通，人与人之间的关系才会融洽、和谐，从而达到商务活动的目的。

为了体现在商务活动中对对方的尊重，人们首先应该在与对方的交往中热情而真诚。热情的态度，意味着对别人的隆重接纳，会给人留下受欢迎、受重视、受尊重的感觉，这是礼仪的初衷和主旨。待人热情一定要出自真诚，真诚是人与人相处的基础，是打开社会交往的金钥匙，是尊重他人的真挚情感的自然流露。其次应该给他人留足面子。所谓面子，即自尊心。每个人都有自尊心，自尊心对一个人是十分重要的。失去自尊，对一个人来说，是一件非常痛苦、难以容忍的事情。所以，伤害别人的自尊是严重失礼的行为，如果是故意而为，那就更不道德了。维护自尊，希望得到他人的尊重，是人的基本需求之一。所以，与人交往，一定要避免有可能伤害他人自尊心的行为。最后还应该允许他人表达思想，表现自己。

每个人都有表达自己思想、表现自身的愿望。社会的发展为人们弘扬个性提供了更为广阔的空间。丰富的个性色彩和多元思想的共存，是现代社会区别于传统社会的一个基本特征。因此，现代礼仪中的互尊原则，要求人们必须学会彼此宽容，尊重他人的思想观点和个性。

（三）诚信原则

商务活动中，如果不遵守诚信，必定会得不到对方的信任。所谓“言必行，行必果”，在商务活动中，博得人们的信赖，更有利于自己的成功。诚信是指遵时守信，反映在商务礼仪上就是首先应该要守时，与人约定时间的约会、会见、会谈、会议等，绝不应拖延、迟到。其次应该要守约，即与人签订的协议、约定和口头答应的事，要说到做到。因此，在商务活动中，要时刻遵守这个原则，如果没有十分的把握就不要轻易许诺他人，要做到言而有信。

（四）适度原则

在人际交往中，沟通和理解是建立良好人际关系的重要条件，如果不善于把握沟通时的感情尺度，即人际交往缺乏适度的距离，结果会适得其反。商务礼仪中的适度原则是指在施行商务社交礼仪过程中必须在熟悉礼仪准则规范的基础上，注意各种情况下人际关系的距离，把握与特定环境相适应的人们彼此间的感情尺度、行为尺度、谈吐尺度，以建立和保持健康、良好、持久的人际关系。只有这样才能真正赢得对方的尊重，达到沟通的目的。

（五）谦和原则

谦和是中华民族的一种传统美德，更是社交成功的重要条件。谦和在社交场上表现为平易近人、热情大方、善于与人相处、乐于听取他人的意见，具有较强的人际吸引力和调整人际关系的能力。当然，商务礼仪中的谦和原则，并不是一味地妥协和退让，这就需要商务人员在实际商务活动中掌握分寸。

总之，准确掌握商务礼仪原则，就能在商务活动中受到对方的尊重，有利于商务活动的顺利展开。

【案例赏析】

小节误大事

刚从学校毕业的王涛是某建材公司的业务员。一天，他计划到某公司去推销卫浴建材，由于停电，他气喘吁吁地爬到 16 楼，汗都没擦便直接走进了业务部李经理的办公室，把李经理吓了一跳。在介绍完产品看到李经理对产品很感兴趣后，王涛长舒一口气就坐在沙发上跷起二郎腿抽起烟来。当李经理询问某一款搞活动的卫浴产品的三包时间时，王涛赶紧翻看产品介绍书，最后还是李经理在介绍书里找到了答案。

分析：

（1）在商务拜访中，应先与对方预约一下，然后再登门拜访，本案例中的王涛没有这样做。

（2）王涛在李经理的办公室前应该先整理一下自己的仪容，把汗擦干净，进门之前应先敲门，猛然闯进去吓人一跳是不礼貌的。

（3）王涛坐在沙发上是不应该跷二郎腿的，因为第一次见面，这样的姿势是不礼貌的。况且，王涛是去求人办事的，更不应这样做。也不应在没有经得李经理的同意下吸烟。

（4）作为一个推销人员，王涛对产品的基本信息不够熟悉。

五、如何提高商务人员的礼仪修养

（一）应加强自身道德修养

道德修养是商务礼仪的基础，良好的道德修养可以使商务人员从思想和行为上待人诚恳、彬彬有礼，并受到对方的尊敬和尊重。商务人员首先应加强个人道德修养，包括道德认识、道德情感、道德意志、道德信念、道德行为和习惯等。同时，还应该加强对职业道德、社会公德和良好家庭伦理道德的修养。

（二）合理应用 IMPACT 黄金法则

IMPACT 黄金法则是英国学者大卫·罗宾逊概括的商务活动的黄金规则。这些法则也可以看作是商务人士必备的礼仪修养，具体表述可用“IMPACT”来概括：Integrity（正直），Manner（礼貌）、Personality（个性）、Appearance（仪表）、Consideration（善解人意）和 Tact（机智）。

Integrity（正直）：指通过言行表现出诚实、可靠、值得信赖的品质。良好商务举止的一条黄金规则就是：你的正直应是毋庸置疑的，不正直是多少谎言也掩饰不了的。

Manner（礼貌）：指人的举止行为模式。在与他人进行商务交往时，风度可以向对方表明自己是否可靠，行事是否正确、公正。粗鲁、自私、散漫是不可能让与对方的交往继续发展下去的。

Personality（个性）：指在商务活动中表现出来的独到之处。例如：可以对商务活动充满激情，但不能感情用事；你可以不谦虚，但不能不忠诚；你可以逗人发笑，但不能草率轻浮；你可以才华横溢，但不能惹人厌烦。

Appearance（仪表）：指人们常常下意识地对交往者以貌取人。由此可见，衣着整洁得体、举止落落大方，是留给商务伙伴良好印象至关重要的因素。

Consideration（善解人意）：指在商务活动中应善解人意。成功的谈判者往往会站在对方的角度考虑问题，事先就想象好即将与之交谈、写信或打电话联系时对方可能有的反应，就能更谨慎、更敏锐地与对方打交道。

Tact（机智）：指面对挑衅，虽然要立即做出反应，但不可凭一时冲动行事，而应利用某些显而易见的优势来妥善处理。

（三）加强礼仪修养的学习

个人礼仪修养源于良好的文化修养和内涵，礼仪修养的提高并非一朝一夕就能成就，而需要潜心修养、长期坚持。因此，提高个人礼仪修养，首先要加强科学文化知识的学习。其次，要加强礼仪知识的学习，通过全面系统地学习礼仪知识和礼仪规范，才能够准确把握在不同场合与不同交往对象应该遵循的礼仪规范和形式。再次，要加强礼仪实践，知礼、懂礼，还需熟练运用不同礼仪，商务人员要有意识地训练各种礼仪动作，掌握礼仪运用的技巧，并能够在不同场合娴熟自然地展示自己的礼仪行为，使各种礼仪行为成为一种习惯。最后，商务人士应具备良好的心理素养，具有坚强的意志力、自信心、追求卓越的心理。

【实训练习】

了解商务礼仪

实训目的：增强学生对商务活动的内涵、特点、功能、原则等基本知识的认知，了解商务礼仪，端正学生对待商务礼仪的态度和观念，培养学生对商务礼仪的兴趣。

实训方法：小组讨论法。

实训内容：学生分成若干个小组，谈谈学习商务礼仪的感受及如何才能成为称职的商务礼仪人员，然后小组内部进行讨论，各抒己见。总结出自己小组的认识和感受，最后在班内公开交流。

实训步骤：教师说明规则，学生分组，学生演练。

实训考核标准：

（1）感受与沟通的内容要真实。

（2）沟通时间达到 10 分钟以上。

（3）总结应全面，有思想观点，有感悟。

第二节 商务谈判中的礼仪

一、服饰礼仪

中国有句古老的谚语：“人靠衣装马靠鞍”。服饰在交际礼仪活动中的作用是不容忽视的。

交际礼仪，仅仅只限于行为的彬彬有礼是远远不够的，还要讲究服饰礼仪，在不同的商务场合配以不同的服饰，则显得高雅文明。

（一）服饰礼仪应遵循的原则

1．TPO 原则

T、P、O 分别是英语中 Time、Place、Object 三个单词的首字母，代表着时间、地点、目的。它的含义是要求人们在选择服装、考虑其具体款式时，首先应当兼顾时间、地点、目的，并应力求使自己的着装及其具体款式与着装的时间、地点、目的协调一致，较为和谐般配。TPO 原则是目前国际上公认的衣着标准，着装时应该遵循这个原则。

（1）时间原则：即不同时段的着装规则，这一点对女士尤其重要。通常男士有一套质地上乘的深色西装或中山装就足以“包打天下”，而女士的着装则要随时间而变换。例如，白天在办公室工作可以选择正式套装，但是晚上要出席酒会时就应该穿的华丽一些。

（2）地点原则：即衣着要与地点相符。在自己家里接待客人，可以穿着舒适但整洁的休闲服；如果是去公司或单位拜访，穿职业套装会显得更为专业。

（3）目的原则：即衣着要与活动的目的和场合相协调。例如：与要顾客洽谈合同等正式场合，衣着应庄重考究；而要参加朋友聚会或者郊游活动时，穿正装就显得格格不入，着装应该休闲舒适一些。

2．整体性原则

正确的着装，能起到修饰形体、容貌等作用，形成和谐的整体美。服饰的整体美构成包括人的形体、内在气质和服饰的款式、色彩、质地、工艺及着装环境等。服饰美就是从这多种因素的和谐统一中显现出来的。例如，男士穿西装时，不仅要考虑衬衣、领带的搭配，还要考虑脚下的鞋子，通常情况下不能穿运动鞋，应配皮鞋，才能显示出西服的穿着效果。

3．个性化原则

着装的个性化原则主要是指依个人的性格、年龄、身材、爱好、职业等要素着装，力求反映一个人的个性特征。每一个商务人员都有自己独特的个性，通过不同的着装搭配，可以显现出独特的个性魅力和最佳风貌。因此，选择服装要因人而异，着重点应在于展示所长，遮掩所短。

4．整洁原则

商务谈判中，服饰的整洁十分重要，因为这不仅仅代表个人的形象，还代表公司的形象。要注意衣服不能沾有污渍，不能有绽线的地方，更不能有破洞，扣子等配件应齐全。尤其是衣领和袖口处要注意整洁，千万不能有任何污渍。着装要熨烫好，折好放好，时刻保持整齐。

5．配色原则

着装时如果不会搭配颜色，即便是再好的衣服也不会体现其穿着效果，所以应该掌握一些着装的配色原则。服装色彩搭配有三种方法可供参考：

（1）同色搭配：即由色彩相近或相同，明度有层次变化的色彩相互搭配，造成一种统一和谐的效果，如墨绿配浅绿等。在同色搭配时，宜掌握上淡下深、上明下暗，这样整体上就有一种稳重踏实之感。

（2）相似色搭配：色彩学把色环上大约 90° 以内的邻近色称之为相似色，如蓝与绿、红与橙。相似色搭配时，两个色的明度、纯度要错开，如深一点的蓝色和浅一点的绿色配在一起比较合适。

（3）主色搭配：指选一种起主导作用的基调和主色，再配于各种其他颜色，造成一种互相陪衬、相映成趣之效。采用这种配色方法，应首先确定整体服饰的基调，其次选择与基调一致的主色，最后再选出多种辅色。主色搭配如果选色不当，容易给人造成混乱不堪的印象，有损整体形象，因此使用的时候要慎重。

（二）商务男士的服饰礼仪

在现在的商务谈判中，男士一般都是西装革履，这样会显得庄重而正式。在所有的男式服装中，西装是最重要的衣着，得体的西装穿着会使你显得气质高雅、内涵丰富、卓尔不凡。

商务男士穿西装应注意的事项：

1．西装

在世界文化的交流中，西装已然被确定为正装的标志，是现代男士基本的衣着之道。西装有单件上装和套装之分。非正式场合，可穿单件上装配以各种西裤等；半正式场合和正式场合，需穿套装。选择西装时，最重要的不是价格和品牌，而是包括面料、裁剪、加工工艺等在内的诸多细节。西装的颜色以单色为宜。深蓝色显示出高雅、理性而稳重；灰色则显得平和而庄重，得体而气度不凡；咖啡色是一种自然而朴素的色彩，显得亲切而别具一格；深藏青色比较大方、稳重，也是较为常见的一种色调，比较适合黄皮肤的东方人。每一位商务男士至少要有一套深蓝色的西装。

男士的西装要干净、平整，裤子要熨出裤线。穿西装一定要穿皮鞋，且要上油擦亮，皮鞋的颜色要与西装相配套。与西装配套的衬衫须挺括、整洁、无皱折，尤其是领口。衬衣袖子应以抬手时比西装衣袖长出 2 厘米左右为宜，领子应略高于西服领，下摆要塞进西裤，西裤的长度应正好触及鞋面。领带必须打在硬领衬衫上，而且要与衬衫、西服相配，其长度以到皮带扣处为宜。领带夹是用来固定领带的，其位置不能太靠上，以衬衫的第 4 粒纽扣处为宜。

知识链接

男士西装的“三个三”

穿西装要讲“三个三”，即三个要点：

（1）三色原则。男士身上的色系不应超过 3 种，很接近的色彩视为同一种。

（2）三一定律。身上三个部位，鞋子、腰带和公文包应该是一个颜色，以黑色为宜。

（3）三大禁忌。第一个禁忌是商标必须要拆掉。第二个禁忌是袜子的问题，包括袜子的颜色、质地。正式场合不穿尼龙丝袜，不穿白色的袜子，袜子的颜色要以与鞋子的颜色一致或穿着深色的袜子为佳。第三个禁忌是领带的打法，穿非职业装和短袖装不打领带，穿夹克不打领带。

2．领带

懂得自我包装的男士，都非常讲究领带的装饰效果，因为领带是点睛之笔。在商务谈判中，除非是在解领带，否则无论何时何地松开领带结都是极不礼貌的。领带的主色调一定要与衬衣有所区别，还要干净、平整不起皱。此外，领带的长度要合适，打好的领带尖端应恰好触及皮带扣，领带的宽度应与西装的宽度相匹配。

知识链接

西装领带的打法

1. 平结：平结系法非常方便，领结呈斜三角形，适合窄领衬衫。平结为最多男士选用的领带打法之一，几乎适用于各种材质的领带。

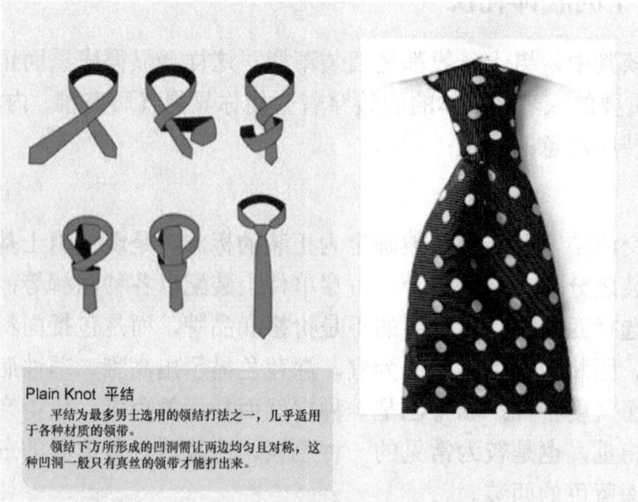

图 6-1　平结

2. 交叉结：交叉结的特点在于打出的结有一道分割线，适用于颜色素雅且质地较薄的领带，给人以非常时髦的感觉。喜欢展现流行感的男士不妨使用“交叉结”。

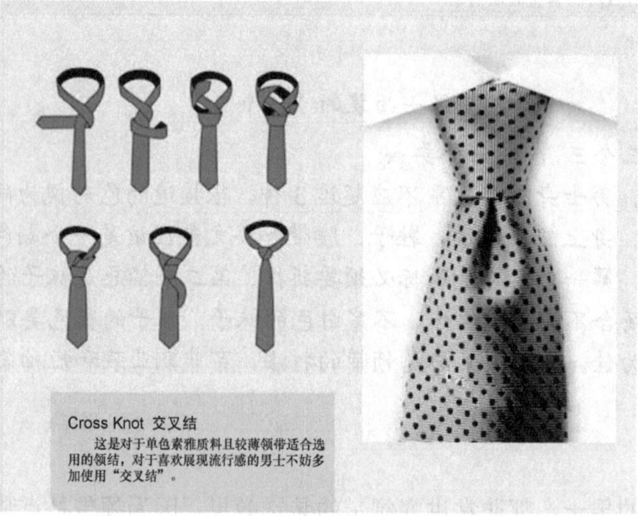

图 6-2　交叉结

3. 双环结：双环结适用于细领带，双环结能营造时尚感，适合年轻的上班族。该领结的特色在于第一圈会稍露出于第二圈之外，切勿刻意将其掩盖。

图 6-3 双环结

4. 双交叉结：由于交叉与双环，这种结打出来十分敦实，只能搭配质地厚实的正式衬衫。这样的领结很容易让人有种高雅且隆重的感觉，适合正式的活动场合选用。

图 6-4 双交叉结

5. 温莎结：因温莎公爵而得名的领带结，是最正统的领带系法，打出的结成正三角形，饱满有力，适合搭配宽领衬衫，用于出席正式场合。

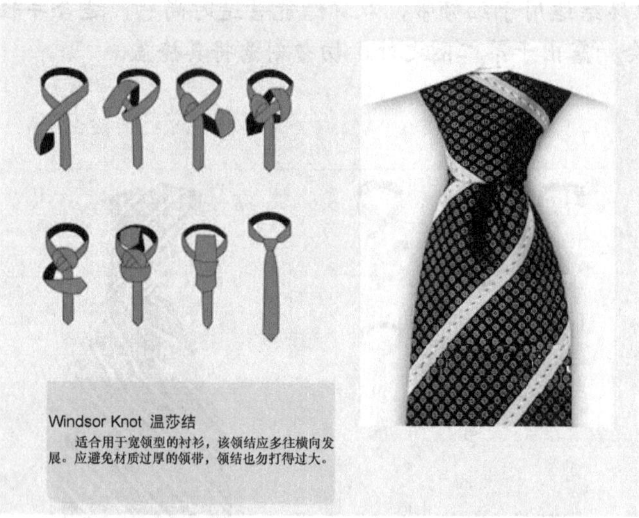

图 6-5　温莎结

3．衬衣

衬衣的领型、质地及款式，都须与外套、领带协调，色彩应符合自身的个性特点。一般纯白色和天蓝色的衬衫是商务人士必备的。同时，衬衣是天天要换洗的，应保持领口和袖口的平整和清洁，要熨烫过再穿，如果皱巴巴地穿出来，是对对方的一种不尊重。

4．袜子

穿深色正装皮鞋时，不能穿运动袜。袜子颜色要和西装协调，深色比较稳妥，忌讳浅色，千万不能花哨。袜子宁长勿短，以坐下后不露出小腿为宜。

5．鞋子

鞋的款式和质地的好坏，也直接影响男士的整体形象。黑色或深棕色的皮鞋是商务男士的首选，它与各类西装都能配合默契。无论穿什么鞋，都要注意保持鞋子的光亮及干净，光洁的皮鞋会给人以专业、整洁的感觉。

阅读与思考

小李是公司财务总监，有很好的学历背景和财务经验，在公司里的表现一直非常杰出。一天，她到分公司给顾客提供服务时，对方主管却对她爱理不理，根本不听她的建议。小李非常纳闷，工作很不开心。

回到家她给丈夫倾诉，站在一边的孩子发了话，说她今天出差回来的装扮像他们幼儿园的老师。原来小李本身个子不高，又长着一个娃娃脸，看起来很年轻。偏偏为了出差方便她穿了一身运动装，下了火车没换衣服就直奔分公司。

思考：

（1）小李为什么在为顾客服务时得不到对方主管的重视？

（2）试分析一下，该如何改变小李的着装，从而使她更具有说服力？

（3）如果你是一个商务人士，你应该在服饰上注意些什么？

（三）商务女士的服饰礼仪

爱美是人的天性，对于职业女性来说，着装仪表必须符合她本人的个性、体态特征、职位、企业文化等。女性的服装比男性更具个性的特色，得体的服饰将增添女性的自信。商务谈判时女士的着装应注意以下事项：

1. 场合

女士在各种正式的商务交往活动中，一般以穿着套裙为好。女性的衣着要与场合协调，通常与顾客会谈、参加正式会议等，衣着应庄重考究；在出席宴会、舞会、音乐会时，可酌情选择适合参加这类活动的时装或礼服。

阅读与思考

一中外合资公司，约定在某年某月某日进行谈判，中方为了慎重起见，特意从某大学里挑选了一位女大学生做翻译，无论身材、长相、语言都无可挑剔，她梳着一头披肩发，穿着流行的橙黄色长裙。谈判如期进行。在谈判中，日方向中方提出要求必须换翻译，否则终止谈判。原来日方认为这位大学生穿的衣服颜色实在太鲜艳了，尤其是在翻译时披肩发甩来甩去，日方无法集中精神谈判。

思考：

（1）在正式场合这位大学生的穿着是否合适？

（2）日方的要求是否合适？

（3）从这个案例里你得到了什么启示？

2. 服装

女士在正式场合穿套裙时，套裙并非一定要高档华贵，但必须保持清洁，并熨烫平整，穿起来大方得体，显得精神焕发。上衣的衣扣必须全部系上，不要随意解开。在选择服装时，要注意色彩搭配，通常深色或冷色调的服装会显得庄重严肃，而浅色或暖色调的服装会使人显得轻松活泼。同时还应该注意鞋、袜、手套、手包等搭配与服装相配。

3. 袜子

与裙装必须搭配在一起的就是女性的袜子。在社交场合中，不准光腿或穿彩色丝袜、短袜。女性袜子的款式和色彩多种多样，但在裙装里占主导地位的还是丝袜。穿裙子时，应配长筒丝袜或连裤袜。国际上通常认为袜子是内衣的一部分，因此，袜子的长度一定要高于裙子下部边缘，绝不可露出袜口。不仅在站立之时袜口外露不合适，就是在行走或就座时袜口外露也是不合适的。而且，袜子不可以有丝毫破洞、抽丝、染色现象，职业女性的提包里，一般都要带有备用的丝袜。

袜子的选择要注意色彩和厚薄搭配。一般来说，肤色越深，袜子的颜色也应越深。普遍情况下，肉色或相对深色一点的袜子较为适宜。在正式工作场合中，袜子不能有网眼、花纹、图案，穿上去后要平整。白色袜子在正式社交场合中不多见，一般只适合在运动场中出现。厚袜子不要配细高跟鞋，薄袜子不要配球鞋。

4. 鞋子

在社交场合中，最常穿的是皮鞋。鞋跟的高低选择应视身材来决定。一般而言，中跟皮鞋能使女性显得挺拔与秀气。身材较高的女性可以穿平跟鞋，身材较矮小的女性可以穿高跟鞋。黑色皮鞋适合四季穿，而且可以与所有颜色相搭配，不论搭配什么样的服装，都能给人稳重、沉着之感。白色皮鞋与浅色服装相配，可以给人年轻活泼的感觉。若是选择其他颜色的鞋，就要注意与服装色调应为同一色系。如果鞋子的颜色与服装反差太大，就会破坏整体之美。同时，应注意随时保持鞋子的整洁，以免给对方留下不好的印象。

5. 包

包是职业女性在社交场合中不可缺少的配件，既有实用功能，又有装饰价值。质料名贵、手工精致、外观华丽、体积合适的包，能使人赏心悦目，在动态中显示出女性的魅力。上班族的女性，包的材料多为真皮，颜色沉稳，款式简单大方，可带有规矩的金属扣装饰，显得端庄稳重、干练利索，适合于搭配各种服装，又能盛放女性物品，如笔记本、化妆盒、手纸等，非常实用。出席宴会、晚会等，如果穿典雅的礼服，可以选择小巧、高档的夹包、精致的皮包或手工包，切忌过大的包，否则与气氛不协调。颜色不妨是亮眼的金色、银色，在灯光下更添光彩。经常参加社交活动的女性，可以多备几个不同款式、颜色、质地的包，然后根据穿着的服饰搭配不同的包，达到整体和谐美。

6. 饰品

女性的饰品是指与服装搭配对服装起修饰作用的其他物品，主要有领带、围巾、丝巾、胸针、首饰、提包、手套等。女士在商务交往中，饰品不宜太多，在着装中起着画龙点睛、协调整体的作用即可。

7. 化妆

淡妆上岗，这是商务女士的基本要求。化妆可以让女性更具魅力，但要自然，不宜浓妆艳抹。过度打扮会让人感到做作，过于简单会让人感到随便，总之有一个原则，每天的打扮必须要迎合你当天要会见的人，符合他们的身份和专业度，让自己不寒酸掉价。最后，化妆要避人，不能当面化妆，这样有当众表演之嫌。

知识链接

商务女士形象的七个“不要”

（1）不要耳语。耳语是被视为不信任在场人士所采取的防范措施，是很不礼貌的行为。

（2）不要失声大笑。要保持仪态，最多报以笑容。

（3）不要滔滔不绝。在交谈中，要落落大方。

（4）不要说长道短。在社交场合说长道短，揭人隐私，必会惹人反感，让人“敬而远之”。

（5）不要木讷肃然。切忌在沟通过程中坐着闭口不语，一脸肃穆的表情。

（6）不要在众目睽睽之下涂脂抹粉。如果需要补妆，必须到洗手间或附近的化妆间去。

（7）不要忸怩忐忑。假如发觉有人在注视你，要表现得从容镇静，不必忸怩忐忑或怒视对方，可以巧妙地离开他的视线范围。

二、见面礼仪

（一）问候

商务活动中见面难免要问候，所谓问候也就是我们通常说的“打招呼”，千万不要小看“打招呼”，因为只要一开口就能反映出问候者的礼仪水平，因此，问不问候，怎样问候，对于商务人士来说不是一个小问题。在问候中必须注意两个基本要点：

1. 问候必须遵循尊卑有序的原则

双方见面后，由谁先问候？一般说来，应该是位卑者优先。例如：晚辈先问候长辈，下级先问候上级，男士先问候女士，主人先问候客人等。同时，注意问候的内容通常情况下是对方愿意且容易回答的内容，切忌不要乱问候而让对方难堪。

2. 问候必须注重场合，要注意环境变化

要不断适应问候环境的变化来实施问候的礼仪。例如：在国外，男士问候女士时，特殊情况下女士可以在座位上不起来，只要坐着与男士握手就可以了；但在国内，双方不论谁坐着都是不礼貌的。又例如有些场合，如名流汇聚的社交场合，女士戴手套是可以与男士握手的，但在基层、在普通公众场合，女士戴着手套与男士握手是不尊重对方的表现。

在问候中要注意对方的风俗习惯和礼仪习惯，要有备而来，不要闹出笑话。

知识链接

商务交往中称呼的使用

在商务交往中，对人的称呼有四个不能用的称呼。

（1）不能用替代性称呼，不叫人外号。

（2）不能用不适当的地方性称呼，在某一范围内用地方性称呼是可以的，但是在跨地区、跨国家时不能滥用。

（3）不能随便称兄道弟，如哥们、张姐等。到了一个企业，一进门，如果随便对一个陌生人称兄道弟，会让对方很反感，所以商务交往时一定要注意。

（4）不能无称呼，比如在大街上问路，随便上去就“哎”，会很失礼。

（二）握手

握手是国际通用的礼仪礼节，一般由接受介绍的一方先伸出手，宾主之间，无论年龄或身份高低，主人应先向客人伸手。在商务、公务场合中，握手时伸手的先后顺序主要取决于职位、身份。一般是只有年长者先伸出手，年幼者才可以伸手相握。只有职位高的人先伸出手，职位低的人才能伸手相握。只有女士先伸出手，男士才能伸手相握。与人握手时，应当神态专注、热情、友好、自然。在通常情况下，与人握手时应面含笑意，目视对方双眼，并且口道问候。切忌一面握手，一面斜视他处或东张西望，这是不尊重对方的表现，是一种失礼的行为。

向他人行握手礼时，只要有可能，就应起身站立，除非是长辈或女士，否则坐着与人握手一般是不合适的。在与人握手时，不可以毫不用力，应握得有力，但也不要用力过大。有时，为了表示敬意，握手时还要微微点头鞠躬，握住的手还要上下微摇。在普通情况下，与他人握手的时间不宜过短或过长，以三五秒为宜。如果双方之间的关系十分密切，握手时间可适当延长，并可使握着的手上下摇晃几下，表示热烈、真诚的感情。

知识链接

握手的禁忌

（1）不要用左手与他人握手，尤其对于少数民族人士或外国人士，因为在他们看来用左手与他人握手是不洁的。

（2）握手应遵守秩序，依次而行。

（3）不要在握手时戴着手套或将另外一只手插在衣袋里。也不能在握手时另外一只手依旧拿着东西而不肯放下，如仍然拿着香烟、报刊、公文包、行李等。

（4）不要在握手时戴着墨镜。

（5）不要在握手时面无表情，这样会让对方认为你根本无视他的存在，仅仅是为了应酬才握手。

（6）不要在握手时点头哈腰，过分客套。

（7）不要在握手时仅仅握住对方的手指尖或者轻轻挨一下，这会显示有意与对方保持距离。

（8）不要拒绝与他人握手，这样做只能是自己的失礼。

（三）介绍

介绍是商务谈判礼仪会面中经常遇到的环节。在接待人员和来访者见面时，通常情况下，相互之间都要进行介绍。

介绍有正式介绍和非正式介绍两种。正式介绍一般是把年轻的人介绍给年长的人，把男性介绍给女性。在介绍时，最好是姓名并提，还可附加简短的说明，比如，职称、职务、学位、爱好和特长等，这种介绍方式给双方提供了开始交谈的话题。非正式介绍则不必过于拘泥礼节，不必过于讲究先介绍谁、后介绍谁的规则。

在与来宾见面时，通常有两种介绍方式，一种是自我介绍，另一种是他人介绍。

自我介绍是指在必要的社交场合，把自己介绍给他人，以使对方认识自己。恰当的自我介绍，不但能增进他人对自己的了解，还可以扩大自己的交际范围，广交朋友，有助于自我展示与宣传，创造出意料之外的商机。自我介绍要抓住场合，态度要自然、随和、落落大方、彬彬有礼。时间以半分钟左右为佳，可利用名片加以辅助。

他人介绍是指作为第三方的介绍人为彼此不相识的双方引见的一种介绍方式，它具有很强的目的性，这种介绍方式对参与介绍活动的各方均有较高的礼仪修养要求。他人介绍也需要抓住场合和时机，介绍时必须遵守“尊者优先了解情况”的规则，即介绍长辈与晚辈认识时，应先介绍晚辈，后介绍长辈；介绍上级与下级认识时，应先介绍下级，后介绍上级；介绍女士与男士认识时，应先介绍男士，后介绍女士；介绍已婚者与未婚者认识时，应先介绍未婚者，后介绍已婚者；介绍同事、朋友与家人认识时，应先介绍家人，后介绍同事、朋友；介绍来宾与主人认识时，应先介绍主人，后介绍来宾。

（四）名片

社交中使用的商务名片一般包括三方面内容：一是本人所属的单位徽号以及自己所在的具体部门；二是本人的姓名、学位、职务或职称；三是与本人联络的方法，包括单位所在的地址、办公电话号码、邮政编码。使用名片时一定要注意以下几个关键环节：

1．准备名片

首先要把自己的名片准备好，整齐地放在名片夹、名片盒或口袋中，要放在易于掏出的口袋或皮包里。不要把自己的名片和他人的名片或其他杂物混在一起，以免用时手忙脚乱或掏错名片。出席重大的社交活动，一定要记住带名片。参加会议时，应该在会前或会后与他人交换名片，不要在会中擅自与别人交换名片。

2．递交名片

在社交场合，名片是自我介绍的简便方式。交换名片的顺序一般是“先客后主，先低后高”，即地位低者先向地位高者递名片，男性先向女性递名片，年幼者先向年长者递名片。出于公务和商务的需要，女性也可主动向男性递名片。当与多人交换名片时，应依照职位高低的顺序，由近及远，依次进行，切勿跳跃式地进行，以免对方误认为有厚此薄彼之感。如分不清职务高低或年龄大小时，可依照座次递名片，应给对方在场的人每人一张，以免让人有厚此薄彼。

3．接受名片礼仪

接受他人名片时，应起身或欠身，面带微笑，恭敬地用双手的拇指和食指捏住名片的下方两角，并表示感谢。接过名片后，应十分珍惜，并当着对方的面，用30秒钟以上的时间，从头至尾把名片认真默读一遍，还可以将名片上重要的内容读出来，一般需要重读的是对方的职务、头衔、职称，以示仰慕。随后当着对方的面郑重其事地将他的名片放入自己携带的名片盒或名片夹之中，千万不要看都不看随意乱放，随意乱扔，这是对人严重的不尊重。

三、接待礼仪

（一）迎接

迎接是给客人留下良好第一印象的最重要工作。给对方留下好的第一印象，就为下一步深入接触打下了基础。

以热情有礼、周到的态度做好迎客工作，使客人有“宾至如归”的感觉，是迎接工作的基本要求，应做到：

1．提前到达

根据来访者的到达时间，提前到达机场、车站和码头，恭候客人的到来。绝不能够出现让客人等候主方接待人员的情况。客人看到有人来迎接，内心必定感到非常高兴，若迎接来迟，必定会给客人心里留下阴影，事后无论怎样解释，都无法消除这种失职和不守信誉的印象。

2．做好接待的准备工作

对前来访问、洽谈业务的对象，应首先了解对方到达的车次、航班，安排与客人身份、职务相当的人员前去迎接。若因某种原因，相应身份的主人不能前往，前去迎接的主人应向客人作出礼貌的解释。事先准备妥当交通工具，保证交通工具的性能良好，根据不同类型的客人，选择尽量迎合客人心理需求的交通工具。

3．宾主相见礼仪

来访者到达后，应进行相互介绍，一般由主人中负责接待的最高身份者，率先将主人一方的迎候人员，按照身份和地位的高低顺序，一一向来访者介绍。接到客人后，应首先问候“一路辛苦了”“欢迎您来到我们这个美丽的城市”“欢迎您来到我们公司”等。

4．乘坐交通工具礼仪

一般情况下，坚持以客人为主的基本原则。把主座让给客人，在车上可与客人进行简单的寒暄，以便解除客人的紧张感；同时，向客人简要介绍拜访的有关活动、会议和事务的情况，如背景资料、筹备过程和日程安排等。

5. 到达目的地礼仪

到达目的地后，迎接人员要帮助客人办理好有关的住宿手续，领取钥匙，带领客人进入客房，向客人介绍该住处的设施、服务等方面的情况，同时，将活动的计划、日程安排交给客人，并把准备好的地图或旅游图、名胜古迹等介绍材料送给客人。分手时将下次联系的时间、地点、方式等告诉客人。

阅读与思考

西安某商贸有限公司为了表示对某外资公司X先生的尊重，同时也是为了双方合作的顺利实施，总经理陈伟亲自到机场迎接X先生的到来，双方首次见面，相互重视，握手、自我介绍并交换了名片，进行了初步沟通。

思考：

（1）如果陈伟由于交通原因迟到，他应该怎么做？

（2）陈伟应如何自我介绍？

（3）在双方交换名片过程中，总经理陈伟先发自己名片，这样做对吗？

（4）在会面过程中，陈伟还应注意哪些问题？

（5）你认为商务接待礼仪中，都需要注意到哪些细节？

（二）宴请

商务谈判活动中难免会举办各种宴会来招待客人，商务宴会具有很重要的礼仪作用，可以增进双方交流。宴请宾客是一种较高规格的礼遇，所以主办单位或主人一定要认真、周到地做好各种准备工作。

1. 商务宴请的种类

在商务宴会中，宴请的种类和形式较多，但以宴会、招待会、茶会、工作餐为主。

（1）宴会。

宴会为正餐，通常分国宴、正式宴会、便宴和家宴四种。

国宴是国家元首或政府首脑为国家庆典或为外国元首、政府首脑来访而举行的正式宴会，因而规格最高。宴会厅内悬挂国旗，奏乐，席间致辞或祝酒。

正式宴会除不挂国旗、不奏国歌以及出席规格较小外，与国宴基本相同。宾主均依据身份就位。有些正式宴会对服饰规格、餐具、酒水、菜式、陈设以及服务人员的着装、仪表等都有严格要求。

便宴是非正式的宴会。常见的有午餐、晚餐，有时也有早餐。便宴形式简单，不排座位、不作正式讲话。菜式和菜数也可以酌减。西方人的午宴有时不上烈性酒，不上汤。

家宴是在家中设宴招待客人。这种形式亲切友好。往往由主妇亲自下厨，家人共同招待。

（2）招待会。

招待会是指各种较为灵活的，不备正餐但准备有食品和酒水饮料的宴请形式。招待会期间不排座位，宾客自由活动。常见的招待会有冷餐会、酒会两种形式。

冷餐会，即自助餐，其特点是不排座位，菜肴以冷食为主，也可有热菜，供客人自取。客人可以自由活动，也可以多次取食，酒水可以放在桌上，也可由招待端送。冷餐会可在室内或庭院、花园等地举行。可设小桌、椅子自由入座，也可不设椅子站立进餐。举办时间一般在中午12时至下午2时或下午5时至下午7时。冷餐会有三大优点：①可以安排很多客人，即无论室内室外，客厅或餐厅，都可以进行；②缺乏人手招待时也毫不影响，客人可自己拿取食物；③不受任何正宴上的礼仪约束，无论是用餐前还是用餐中，客人都可以自由活动。

酒会，又称鸡尾酒会，这种宴请形式活泼，便于广泛接触交谈。鸡尾酒会一般不摆台不设坐（只在墙边为年老者或愿落座者设少量桌椅），客人是站着自助式用餐，菜肴是放在食品桌上供客人自由选取食用。招待品以酒水为主，略备小吃。酒会举行的时间亦较灵活，中午、下午或晚上均可。

（3）茶会。

茶会是一种简单的招待形式。举行的时间多在上午10时或下午4时左右，以茶或咖啡招待客人。茶会通常设在客厅，而不用餐厅。厅内设茶几、座椅，不排座次。茶会对茶叶和茶具的选用应有所讲究，一般用陶瓷器皿，而不用玻璃杯。

（4）工作餐。

工作餐是现代交往中经常采用的一种非正式宴请形式，利用进餐时间，边吃边谈问题。这类宴请形式一般只请与工作有关的人员。工作餐按时间可分为工作早餐、工作午餐和工作晚餐。工作餐的菜肴、程序从简，甚至采用快餐形式或由参加者各自付费。

2. 商务宴请的组织礼仪

商务宴会具有很重要的礼仪作用，有严格的礼仪要求。宴请宾客是一种较高规格的礼遇，所以主办单位或主人一定要认真、周到地做好各种准备工作。

（1）明确对象、目的、范围、形式。

1）对象。首先要明确宴请的对象，即主宾的身份、国籍、习俗、爱好等，以便确定宴会的规格、主陪人、餐式等。

2）目的。宴请的目的是多种多样的，可以是为表示欢迎、欢送、答谢，也可以是为表示庆贺、纪念，还可以是为某一件事、某一个人等。明确了目的，也就便于安排宴会的范围和形式。

3）范围。宴请哪些人参加，请多少人参加都应当事先明确。主客双方的身份要对等，主宾如偕夫人，主人一般也应以夫妇名义邀请。哪些人作陪也应认真考虑。对出席宴会的人员还应列出名单，写明职务、称呼等。

4）形式。宴会形式要根据对象、范围、目的确定，可确定为正式宴会、冷餐会、酒会、茶会等形式。目前，世界各国礼宾工作都在改革，逐步走向简化。

（2）选择宴请的时间和地点。

宴请的时间对主、宾双方都应适宜。一般不要选择对方的重大节假日，有重要活动或有禁忌的日子。宴请时应先征求对方的意见，口头当面约定较方便，也可用电话联系。

一般来讲，正式隆重的宴请活动安排在高级宾馆、大厦内举行。其他可按宴请的性质、规模大小、形式，主人意愿及实际情况而定。原则上选定的场所要能容纳全体人员。

（3）邀请。

宴会一般都要用请柬正式发出邀请。这样做一方面出于礼节，另一方面也是请客人备忘。

请柬要书写清晰美观，打印要精美。请柬一般应提前两周发出，太晚了不礼貌。

（4）安排席位。

宴会一般都要事先安排好桌次和座次，以便参加宴会的人都能各就各位，入席时井然有序。席位的安排也体现出对客人的尊重。桌次地位的高低，以距主桌位置的远近而定。以主人的桌为基准，右高左低，近高远低。安排座次的高低时，考虑以下几点：

1）以主人的座位为中心，如果女主人参加时，则以主人和女主人为基准，近高远低，右高左低，依次排列。

2）把主宾安排在最尊贵的位置，即主人的右手位置，主宾夫人安排在女主人右手位置。

3）主人方面的陪客，尽可能与客人相互交叉坐，便于交谈、交流，要避免自己人坐在一起，冷落客人。

4）翻译员应安排在主宾右侧。

5）席次确定后，座位卡和桌次卡分别放在桌前方、桌中间。

（5）拟订菜单和用酒。

拟订菜单要做到“突出特色，客随主便”。要根据宴请的规格及宴请地的特色，同时兼顾主宾的年龄、性别、健康、民族禁忌、饮食习惯及口味。菜色道数、分量要适当，要符合国家有关规定，不要铺张浪费。有特殊需要的，可以单独上菜。正式宴请要印制菜单，一桌一份或人手一份。

（6）做好现场布置及服务。

正式宴请活动现场要适当布置，现场包括宴会大厅和休息厅，现场布置要严肃、庄重、大方，适当点缀鲜花，有些宴会要悬挂会标。应准备话筒等音响设备，一般在主桌背后设一立式话筒。要有专门的工作人员负责宴会的各项准备及服务工作，安排好迎宾人员、接待人员和引导人员。

四、赴宴礼仪

（一）应注意仪表修饰（尽可能整齐、干净、美观地赴宴）

接到出席宴会的邀请后，应及时答复举办者，便于主人安排。一经答应赴宴，不能轻易改动。遇有特殊情况，不能如期赴宴，要及时通知主人，说明原因，诚致歉意。主宾如果不能如期赴宴，最好亲自登门道歉。接到邀请后，既不答复，又不赴宴，是极不礼貌的。

无论在国内还是在国外，赴宴都被视为一种仪式，一种社交，所以，赴宴时应按照宴会性质和当地的习俗，选定服装。

在欧美等国，参加正式宴会，男士应穿深色西服，白色衬衣，系上领带，配黑色皮鞋。一般来说，这套装扮可以出席任何隆重的宴会。女士赴宴时所穿礼服，若是长袖的，可戴短手套；若是短袖的应戴长手套。赴晚宴的年轻女宾，可以穿着色彩艳丽的裙装，或低胸露背款式的丝质罩衫，以便能与晚宴的礼服协调。

在我国，男士可以穿西服，也可以穿中山服赴宴。穿旗袍的女士，应以色调高雅为宜。穿着过分华丽花哨或衣冠不整，都是对主人和其他客人的不尊重，是非常失礼的。普通宴会，衣着不必过分讲究，以整齐合体为宜，但也不宜太随意，如太透、太短、衣领过低的服装就不宜赴宴时穿。

赴宴前，应当修整自己的仪容。女宾应认真梳理，适度化妆。出席晚宴的化妆可比白天浓艳，在灯光作用下，使肤色更加华艳鲜亮。发型的选择，要典雅高贵，可根据自己的身材、脸型和年龄选择，突出女性魅力。男宾赴宴前，要理发、修面，手要洗净，指甲修短。力求大方优雅，给人以沉着谨慎、仪容高雅的印象。

知识链接

就餐与餐桌礼仪

1．就餐礼仪

忌敲筷。即在等待就餐时，不能坐在餐边，一手拿一根筷子随意敲打，或用筷子敲打碗盏或茶杯。

忌掷筷。在餐前发放筷子时，要把筷子一双双理顺，然后轻轻地放在每个人的餐桌前；距离较远时，可以请人递过去，不能随手掷在桌上。

忌叉筷。筷子不能一横一竖交叉摆放，不能一根是大头，一根是小头。筷子要摆放在碗的旁边，不能搁在碗上。

忌插筷。在用餐中途因故需暂时离开时，要把筷子轻轻搁在桌子上或餐碟边，不能插在饭碗里。

忌挥筷。在夹菜时，不能把筷子在菜盘里挥来挥去，上下乱翻，遇到别人也来夹菜时，要有意避让，谨防“筷子打架”。

忌舞筷。在说话时，不要把筷子当作刀具，在餐桌上乱舞；也不要在请别人用菜时，把筷子戳到别人面前，这样做是失礼的。

忌舔筷。不要“品尝”筷子，不论筷子上是否残留有食物，都不要去舔它。

忌迷筷。不要在夹菜时，筷子持在空中，犹豫不定取哪道菜。

忌粘筷。在就餐过程中，即使很喜欢某道菜，也不要像筷子粘住了菜盘似的，不停地夹取。

忌剔筷。不要将筷子当牙签使用。

2．餐桌礼仪

上桌后不要先拿筷，应等主人邀请、主宾动筷时再拿筷。

吸烟者应征求周围女士意见后方可抽烟，在禁烟餐厅不抽烟。不往地上和桌子底下扔东西。不慎摔碎餐具，应道歉并赔偿。

用餐前，如提供有湿方巾，则用来擦手，不可用以擦脸、擦嘴、擦汗。擦手之后，应放回盘中由侍者取回。正式宴会结束前，会再上一块湿方巾，则用来擦嘴。

将餐巾放在膝盖上，不可用餐巾擦脸，可用巾角轻轻沾嘴唇与嘴角。用餐完毕后，将餐巾叠好，不可揉成一团。

照顾他人时，要使用公共筷子和汤匙。

传染病毒携带者应自觉谢绝参加宴会。

喝汤用汤匙，并不发出声响。

嘴里有食物时，不张口与人交谈。嘴角和脸上不可留有食物残余。

剃牙时用手挡住嘴。咳嗽、打喷嚏或打哈欠时，应转身低头用手绢或餐巾纸捂着，转回身时说声“抱歉”。

说话时不可喷出唾沫，嘴角不可留有白沫。不可高声谈话，影响他人。

就餐过程中，如上有洗手盅，可将两手手指轮流置于其中，轻拨水沾湿，然后将手放在餐桌下，用纸巾擦干。不可将两手完全置于洗手盅中搓洗，乱甩，乱抖。

当其他客人还没吃完时，不要独自先离席。在宴会餐桌上，进餐速度快慢不要依个人习惯，而应适应宴会的节奏，等大家都吃完，主人起身，主宾离席时再致谢退席。

用完餐离座时，将椅子往内紧靠桌边。在餐桌上，尤其在宴请客人时，我们还应牢记一条原则："劝菜不夹菜，祝酒不灌酒"。中国人素来有好客的传统，在请客吃饭时，喜欢给别人夹菜，在客人的碗里堆成小山，让客人多喝酒，越喝得多就越体现情深意长，而这种方式又常常令客人尴尬。随着时代的发展，人们崇尚更文明健康的饮食方式。

（二）掌握赴宴时间（按照请柬标明的宴会时间，准时到场）

能否遵守宴会时间，适时抵达，在一定程度上反映了宾客对主人的尊重，也反映了自己的素质，绝不可马虎大意。所谓适时、准时，一般情况下，是指宴会前三到五分钟到达。如因故不能准时赴宴，应提前电话通知主人，诚恳说明原因。同样，赴宴也不宜去得过早，去早了会给主人增添麻烦，使之窘迫尴尬。在国外，如过早赴宴会遭人笑话：太急于进餐了！如果宴会已开始，迟到的客人应向其他客人致歉，适时招呼主人，表示已经到宴。

（三）如约到达宴请地点后（赴宴者由服务人员引导，先到衣帽间寄存外衣和帽子，然后去迎宾处，主动向主人问好、签到）

赶宴者如带有礼物（如花束、花篮等），可恭敬献上，和先到的客人相互致意。应按服务人员的指引和主人的安排，按位落座，要注意自己的姿态。如果邻座是妇女或年长者，应抽开座椅，主动协助她们先坐下。宾客既不可过于拘谨，也不要散漫随便，可将身体轻靠在座椅背上，座椅距餐桌不要太近，也不宜过远，以与其他客人协调，自己感觉舒适为好。

（四）宴会开始前（可与邻近来宾交谈、自我介绍，不要把自己封闭起来，不与他人交流）

和同桌客人交谈，要热情大方，同新朋友不要一见如故，彼此介绍应稳重诚恳，交换名片时注意应有礼节。上茶时，不要过多与服务人员说话，影响他们的正常工作，必要时说声"谢谢"即可。

（五）宴会开始或结束（要听主人的招呼）

宴会开始或结束都要听主人的招呼，没有宣布开始不要动筷子。当主人或主宾致词、祝酒时，其他人应暂停进餐，停止交谈，注意倾听。没有宣布结束，即使吃饱了，也不能擅自离席。散席时，要与主人道别，不要悄无声息地走了。

（六）热情话别

宴会结束，赴宴者应起身离座，不可贪杯恋菜，拖延撤席，不能因余兴未尽而说笑不停。男宾应先起身，为年长者或女士移开座椅。主宾先向主人告辞，随后是一般来客向主人表示谢意。按照礼貌，不是感激宴会之丰盛，而是感谢主人让自己度过了愉快的时光。

从礼仪角度讲，宴会后再给主人打个电话致谢，或者在一个星期以内发一封感谢信去，也是有必要的。除感谢主人盛情款待之外，可重申宴会上的友谊，加深相互之间的良好印象，为今后的进一步合作打好基础。这虽属宴请余音，却也是赴宴者不应忽视的。

知识链接

宴会中的敬酒与敬烟礼仪

1．宴会中敬酒的礼仪

（1）在饮酒特别是祝酒、敬酒时，需要有人率先提议，可以是主人、主宾，也可以是在场的人。

（2）有人提议干杯后，要手拿酒杯起身站立。即使是滴酒不沾，也要拿起杯子做做样子。将酒杯举到眼睛高度，说完“干杯”后，将酒一饮而尽或喝适量。然后，还要手拿酒杯与提议者对视一下，这个过程就算结束了。

（3）在中餐里，干杯前，可以象征性地和对方碰一下酒杯。碰杯的时候，应该让自己的酒杯低于对方的酒杯，以表示你对对方的尊敬。

（4）一般情况下，敬酒应以年龄大小、职位高低、宾主身份为先后顺序，一定要充分考虑好敬酒的顺序，分明主次。如果因为生活习惯或健康等原因不适合饮酒，也可以委托亲友、部下、晚辈代喝或者以饮料、茶水代替。

（5）女士在接受祝酒时，可坐着不动，点头微笑示意即可。不劝酒，女士在喝酒时可根据自己的酒量，抿一下，也可以一饮而尽。

（6）不拒酒，对别人的敬酒如果不喝那是很失礼的，假若确实喝不下烈性酒，可将酒杯端到嘴边做个象征性的动作。杯中有酒可以不喝，但主人敬酒时你举空杯会使主人难堪。

（7）不喝酒的人也不要将酒杯倒置。

2．敬烟礼仪

（1）对长者敬烟，要微躬，左手拿烟盒，右手递烟，注意递烟是要横递，过滤嘴向右。点烟时要用手捂住火焰，表示尊敬。同样别人给你点烟时，你一手扶烟，一手捂火。

（2）对长辈递来的烟要双手接过；在向女客人敬烟之前，要先问对方是否抽烟，这样才不会冒昧；对信奉伊斯兰教、基督教的人则不要敬烟；对不吸烟的客人不能“强行”劝吸；给客人递烟时要双手递上，别人向你“借”火时，最好将烟头朝内、烟嘴朝外地递出，既礼貌又避免烫伤别人。

【实训练习】

中餐中的宴会礼仪

实训目的：掌握中餐中的宴会礼仪的基本要求。

实训方法：小组模拟法。

实训内容：把全班同学分组，分别扮演任务中的接待方与被接待方以及中方代表、宴请中的服务人员，运用所学的宴请中的相关知识完成上述任务并总结出对宴请的认识和感受，最后在班内公开交流。

实训步骤：教师说明规则，学生分组，学生演练。

实训考核标准：

（1）分组模拟表情要自然、大方。

（2）内容真实、有创意，能够吸引其他同学的注意力或激发其他同学的兴趣。

（3）能运用宴请礼仪知识展开模拟。

（4）总结全面，有思想观点，有感悟。

复习思考题

1．简述商务礼仪的概念与特点。

2．商务礼仪具有哪些功能？

3．在从事各种商务活动，具体应用商务礼仪时应遵守哪些基本原则？

4．服饰礼仪应遵循的原则有哪些？

5．商务女士应注意哪些服饰礼仪？

6．职场中的问候应掌握哪些原则？

7．迎接工作应做到哪几个方面？

8．商务宴请的种类包括哪些类型？

9．赴宴礼仪具体有哪些内容？

案例分析

案例一：

李丽是某饮食公司的业务负责人，老总对她抱有很大期望。为了迎接老总的视察，她头一天专门买了套装，并且给自己美了甲。第二天，老总到食品厂视察工作，她亲自给老总递了样品去试吃。可是，老总根本不接她递的样品，气呼呼地就走了。李丽觉得很尴尬，又不知道自己错在哪里。

问题：

（1）李丽到底错在了哪里？

（2）从这个案例里你得到了什么启示？

案例二：

王总与刘总是商界的老总，一次在朋友聚会中认识，决定合作一笔生意，这是一笔双赢的生意，双方的积极性都很高。王总首先恭恭敬敬地递上了自己的名片，刘总连名片都没看就放在裤子口袋里。正在这时，刘总接到手下员工的一个电话，当着众人的面大骂下属。王总看在眼里，明在心里，随口谈了几句话，起身告辞。事后委婉地告诉对方，这笔生意他不做了。刘总实在搞不明白，这笔双赢的生意王总为何就不做了。

问题：

（1）刘总为何没有做成生意？

（2）刘总违反了哪些礼仪？

（3）刘总应该怎么做？

第七章 推销与推销人员

【案例导入】

把斧子卖给总统

布鲁金斯学会有一个传统，在每期学员毕业时，会设计一道最能体现推销人员能力的实习题，让学生去完成。2001 年，一名叫乔治·赫伯特的学员完成了其他人都认为不可能完成的实习题：请把一把斧子推销给布什总统。他给当时的布什总统写了一封信，说：有一次，我有幸参观您的农场，发现种着许多树，有些已经死掉，木质已变得松软。我想，你一定需要一把小斧子，但是从你现在的体质来看，小斧头显然太轻，因此你仍然需要一把锋利的老斧头，他是我祖父留给我的，很适合砍伐枯树。假若你有兴趣的话，请按这封信所留的信箱，给予回复……最后布什总统就给他寄来了 15 美元。

启示：给总统卖斧子确实有些难度，但是这位同学根据总统的心理巧妙构思，精心设计推销方案，最终成功推销了斧子，这就是推销的魅力所在：只有推销不出去的推销人员，没有推销不出去的产品。

【学习目标】

要求学生理解并掌握推销的含义及特点，掌握推销的要素与原则，理解推销在经济活动中的作用；理解并掌握推销人员的职责，掌握推销人员应具备的各种素养，从而更好地胜任推销工作；使学生能充分认识自己，了解自己，并掌握推销自己的各种技能。

第一节 推 销 概 述

一、推销的定义

在企业的经营活动中，推销是一个重要的环节。推销的成功离不开娴熟的推销技巧，而掌握推销技巧需要我们先了解推销的基础知识。

那么，到底什么是推销呢？在对消费者的调查中，他们对推销的看法各不一样。例如：有人认为推销就是卖东西、骗顾客口袋里的钞票；有人认为推销就是卖嘴皮子、纯粹骗人；有人认为推销只对卖家有利，消费者永远上当；有人认为推销就是沿街叫卖、上门兜售；有人认为推销就是你买我卖，谁都会做……

虽然在市场竞争日益激烈的情况下，越来越多的企业认识到了推销活动的重要性，但是很多企业和推销人员都没有真正理解推销的含义和推销的实质。现代社会是一个需要与人有效沟通的社会。我们每一个人从出生开始，都在有意无意地展示自己、赢得周围人的认可，从而实现自我价值，这种无处不在的现象就是一种自我推销。例如，学生时代的演讲、求职中的应聘等。由于历史和现实的原因，有些人对推销有着种种误会和曲解，认为推销人员一定唯利是图，不择手段，从而忽视了对推销活动规律的探讨和研究，影响了推销活动在经济活动中的展开。因此，正确认识推销，了解推销的实质是熟悉推销业务、掌握推销技巧、提高推销业绩的重要前提。

推销有广义和狭义之分。在广义的推销中，推销的主体、推销的对象和推销的内容都极其广泛。一般认为推销就是一种说服活动，是特定的主体运用一定的方法和技巧，说服推销对象接受特定的事物或者思想的一个过程。从这个角度来讲，人人都是推销人员，自我推销也属于广义的推销，广泛存在于社会当中。

狭义的推销是指推销人员通过说服等手段，向目标顾客传递商品和企业信息，激发顾客的购买欲望，促使顾客采取购买行为，在满足顾客需求的同时实现企业目标的一系列经济活动过程。本书着重于研究商品交换范畴下的推销，即狭义的推销。

理解推销的含义应注意以下几个方面：

（一）推销是一个复杂的活动过程

推销是一个复杂的活动过程，它既是一个卖的过程，又是买的过程；既是一个传递信息的过程，又是一个相互沟通的过程；既是一个心理活动的过程，又是一个商品交换的过程。

传统观念认为推销就是说服顾客购买的过程，这种观念导致在推销过程中一味只顾及卖方的利益实现，而忽略了销售对象需求的满足。推销这种复杂的活动过程不仅仅是简单的买卖活动，还应该是一种推销人员与购买者传递、接收、储存、加工、反馈和整理信息的过程。推销活动离不开商品的诸多信息，推销人员必须了解市场的动向并向推销对象传播各种商品信息。但是仅仅传递信息是不够的，只有同顾客相互沟通、相互交流，才能准确地了解顾客的信息，从而使沟通顺畅，准确把握住顾客的需求。从消费心理学角度来看，推销还是顾客购买活动的心理过程。通常情况下，顾客总是先了解推销信息，引起其注意和兴趣，才能引起购买欲望进而产生购买行为。作为推销人员，在推销过程中一定要掌握顾客的购买心理，采取对应的推销策略。现代推销过程是一个寻找顾客、约见顾客、接近顾客、说服顾客、处理异议直至最后成交的过程。成交并不意味着整个推销过程的结束，一旦达成交易，卖出推销品，推销人员还应该继续为顾客提供各种推销售后服务，并积极倾听顾客的反馈并处理，也就是说，推销过程应包括售前服务、售中服务和售后服务。可见，推销过程是一个循环往复、错综复杂的过程，必然受到多种因素影响，是一个复杂的活动过程。

（二）推销的核心是满足顾客的欲望与需求

在现代营销学的观念里，顾客的潜在需求更值得经营者关注。推销人员必须在寻找购买对象、访问洽谈、处理异议、促成交易等整个推销过程中寻找顾客的欲望与需求，找出双方利益的共同点，运用语言和其他方式将其观念、认识、意见、建议等通过各种渠道传达给顾客，说服顾客并促使其做出反应以达到预期目的。说服需要推销人员与顾客保持有效沟通，确认顾客真正需求，还需要推销人员利用自己的推销技巧帮助顾客了解商品、喜欢商品、购买商品，并为顾客购买商品提供有效的服务。

（三）推销的目的是满足顾客需求，促成购买行为

推销人员的任务就是促成交易，在这个过程中推销人员只有充分考虑购买人员或推销对象的购买动机和购买目的，设法满足顾客的真实需要，才能促成购买行为。顾客的需求各异，推销人员要认真揣摩其消费心理，掌握并确认顾客的需求，帮助顾客解决问题，从而促成交易实现。

（四）推销是一门销售艺术

在推销活动中，一定要注意推销策略的应用，要善于运用销售艺术，才能收到事半功倍的效果。在传统的推销活动中，推销人员往往忽视了这个环节，缺乏推销策略和艺术性的技巧，给人们造成很多不愉快的感受，影响了销售活动的进一步展开。所谓艺术性是指在推销过程中针对消费者富有创造性的方式、方法的灵活运用。虽然推销有一定的基本知识与程序，有规律性的基本方法可以遵循，但要把产品成功地推销出去，还需要在推销的方式方法上不断创新，根据不同消费者的需求灵活展开。为此，推销人员应不断地了解和研究市场，了解和研究推销对象的心理需求，尽可能地利用有针对性的方式方法来吸引顾客、刺激顾客，进而激发顾客的兴趣，最终达成交易。

【案例赏析】

因病得福的“订单”

美国B公司想要选用一种布料作为装饰汽车的材料，有三家公司为其提供了样品，供其选用。B公司董事会分别请三家公司来做最后的说明，然后再决定与谁签约。三家厂商因此分别派了业务代表前往B公司介绍自己的装饰布料，其中两家流利地介绍完了自己公司的产品，并且对B公司提出的问题对答如流。第三家的业务代表在此过程中遇到了问题，因为他患了严重的喉头炎，无法流利的叙述，只好请B公司主持会议的董事长代为说明。在介绍之初，董事长简单地讲了这家公司产品的优点、特点，在有关人员提出问题和意见之时也由董事长代为回答。得病的业务代表自始至终都以微笑、点头或其他动作来表达谢意。结果呢，不能讲话的业务代表赢得了B公司的好感，会后他获得了50万码[㊀]布的订单，总金额达160万美元。

得到订单的业务代表在事后深有感触地总结自己是因病得福。他说，如果当初自己没有生病，嗓子还可以说话，在对方提出一些问题和意见之时，我肯定是要辩解的，也很有可能因为辩解而拿不到这笔订单。但是在谈判中，我自始至终都以微笑、点头或其他动作来表达

㊀ 1码=0.914 4米。

谢意，尽可能地用身体语言弥补喉头炎的缺陷，与顾客建立亲和力，没想到却得到了订单。

（资料来源：蔡岷雯，《推销技能实训》，中国人民大学出版社）

分析：本案例中，这位因病得福的业务代表之所以能够取得订单，是在谈判中对对方提出的问题和意见没法辩解时，自始至终都以微笑、点头或其他动作来表达谢意，弥补因病给他带来的麻烦，不但博得了B公司的好感，还得到了订单，可见，推销是一门销售艺术，需要推销人员在推销活动中，注意推销的策略应用，这样才能收到事半功倍的效果。

二、推销的特点

推销是推销人员与消费者面对面的双向沟通活动，需要推销人员巧妙地利用推销技巧与顾客沟通，推销具有以下几个主要特点：

（一）推销活动的特定性

推销是企业在特定的市场环境中为特定的产品寻找买主的商业活动过程，这就需要推销人员在开始进行推销活动之前，根据自己的经验、产品的特点、消费者的购买心理和购买行为的规律性等因素，选择最有可能成为购买对象的人作为推销对象。因此，推销总是有特定对象的，所以推销活动具有特定性。不同的顾客由于收入、年龄、性别、职业、文化程度等差异，在选择商品、购买行为上也存在着很大的差异，推销人员不可能毫无目的地寻找目标，而应该根据顾客的不同特点和要求，展开相应的推销策略。

（二）推销过程的灵活性

虽然推销具有特定性，但是市场环境和消费者需求都是千变万化的，推销人员应该灵活适应这种变化，巧妙地运用推销原理和技巧，恰当地调整推销策略和方法。例如，当顾客在购买产品时对高昂的价格有异议，推销人员可以针对产品特性、质保时间等特点激发顾客的购买欲望，消除疑虑。而有的顾客认为“一分钱一分货”“好货不便宜，便宜没好货”不愿意买特价商品时，推销人员可进行现场操作、性价对比等让顾客放心购买。总之，在推销活动中，推销人员可通过与顾客之间面对面的接触，反复倾听，及时了解和掌握顾客的相关信息，制定灵活机动的战略战术，开展有针对性的推销活动，从而提高推销效率。

（三）信息传递的双向性

推销是推销人员和推销对象之间传递信息的过程，是一种双向沟通的传递活动。推销人员一方面要把企业和产品的有关信息传递给推销对象，即最终用户和各个中间商，另一方面推销人员通过与推销对象面对面的沟通交流，观察其反应，调查了解对企业和产品的意见和要求，及时反馈给企业，为企业的管理者做出正确的经营决策提供依据。这种双向的沟通与传递，最终达到了吸引顾客、促进商品销售、实现企业营利的目的。

（四）推销活动的互利性

现代推销是一种互惠互利的双赢活动，仅仅满足一方的利益即便是交易成功也是一锤子买卖，不会建立长期的销售关系。这种互利性体现在一方面满足顾客需求，体现产品价值，另一方面在推销产品的同时给企业带来利益。为此，推销人员要进行细致的市场调查，收集企业所需的各种市场信息，及时与顾客沟通，不断研发新的产品，提供各种售前服务、售中服务和售后服务，满足顾客的需求，从而与顾客建立起良好的关系并树立起企业良好的形象。

（五）推销过程的说服性

虽然推销交易的是产品或劳务，但是推销的中心不是产品或劳务，而是顾客，在这个过程中需要与顾客进行有效的沟通，让顾客了解商品，消除顾虑，说服顾客接受企业的产品。为了取得顾客的信任，推销人员应了解顾客的真实需要，将商品的优点和功能，利用推销技巧耐心地向顾客宣传、介绍，促使顾客接受推销人员所推销的产品或劳务。

（六）友好协作的长期性

受传统推销理论的影响，还有不少人认为推销人员和顾客的关系应该是对立的。在商品经济不断发展的今天，越来越多的推销人员意识到应该与顾客保持长期的友好协作关系。这种较为亲密的人际关系的建立，可以为进一步建立贸易合作伙伴关系奠定深厚的基础。推销人员与推销对象经常接触，在推销活动中应该注重与顾客的关系营销，注重与顾客之间友好关系的建立与维护。例如，建立顾客档案定期回访，定期与顾客沟通，帮助顾客解决困难等。如此一来，才能建立长期友好的协作关系，促进销售的良性循环，促进企业稳定发展。

知识链接

推销与市场营销

随着社会主义市场经济的发展，推销已经成为企业生产经营过程的重要环节，但是在现实生活中，很多人经常认为推销就是市场营销，推销就是卖东西，往往把推销与市场营销混淆，在经营活动中，推销与市场营销其实是两个完全不同的概念，它们之间相互区别，又相互联系，有着各自不同的内涵。

市场营销是指企业通过商品交换，满足目标顾客现实需求和潜在需求以实现企业目标的一系列经营活动的过程。市场营销的实质是企业通过营销活动满足目标市场顾客的需求、企业的销售任务与战略目标。在市场营销过程中，要针对顾客需求调研市场、选择目标市场策略和市场定位策略。企业采取的基本策略有产品策略、价格策略、促销策略和渠道策略（4PS策略），这四个策略缺一不可，相互补充。可见，市场营销是企业经济活动中最主要、最基本的内容，是一种综合性的商务活动，它离不开市场运作的各个部门，贯穿于企业生产经营过程的始终。

推销一般特指人员推销，是促销组合的一种方式，即由企业的销售人员与顾客进行面对面的信息交流与沟通，说服顾客购买。这种促销方式使销售人员通过与顾客交流来了解潜在购买者的欲望和要求，向其介绍产品的功能与特点，从而推销产品，满足顾客的需要来促进企业销售。尽管促销组合方式中的营业推广、广告、公共关系等方式越来越被企业重视，但是推销作为一种传统的促销方式一直发挥其重要作用。其优点是：与顾客直接沟通，针对性强；推销人员直接将产品推销给顾客，通过展示产品来达成交易、解答质疑，易于与顾客之间建立长期关系，成功率较高；在推销过程中，推销人员一方面把企业信息及时、准确地传递给目标顾客，另一方面还可以把市场信息，顾客的要求、意见、建议反馈给企业。但是推销也有一定的缺点，如推销的成本较大，推销队伍不稳定，流动率高，企业很难进行管理。

推销与市场营销的主要区别可以表现在以下几个方面：

1．二者的起点不同

推销的起点是企业现有产品，它以企业（即卖主）为中心。具体表现为“企业生产什么就卖什么”，也就是“以产定销”。而市场营销的起点是企业的目标，以顾客（即买主）及其需求为中心。具体表现为“顾客需要什么，我们就生产”，也就是“以销定产”。

2．二者的手段不同

推销是促销组合的一种方式，着眼于现有产品的销售，通常通过降价、送赠品、买一赠一等各种促销手段来刺激消费者的需求，诱使其购买产品。持市场营销观念的企业，在生产经营之前，首先要进行市场调研，分析消费者需求，对市场进行细分，选定目标市场策略和市场定位策略并通过4PS策略展开，从而最大限度地满足顾客需求，实现企业的营销目标。

3．二者在企业中所处的地位不同

推销阶段已经进入到促销阶段，产品已经生产出来，处于企业最终实现经营目标的阶段。而市场营销是以满足顾客需求为中心，不仅停留在促销阶段，应在生产之前就开始运作，企业所有的部门都应该围绕这个中心来统一部署。

通过上面的分析可以看出，推销与市场营销二者之间存在着包含关系。其中，市场营销的范围最广，内容最丰富，推销是促销的一种形式，是市场营销的一部分。

三、推销的要素

推销的要素是指构成推销活动的基本的、内在的因素，是推销活动得以实现的必要因素，缺一不可。它包括推销人员、推销对象、推销品三个基本要素。在这三个要素中，推销人员和推销对象是商品推销活动的主体，其中推销人员是第一主体，推销对象是第二主体；推销品是商品推销活动的客体，是被推销人员所推销、被推销对象所接受的有形或无形的商品或劳务。

（一）推销人员

在推销活动中，推销人员主动向推销对象推销商品。作为企业和顾客之间的桥梁和纽带，推销人员在推销中不仅仅推销的是企业的产品，还有自己，甚至推销自己是否成功直接影响到产品的销售。在推销过程中，很多人认为推销与否主要看推销的产品，其实这是一种错误的观点。因此，一个职业的推销人员，不仅要有良好的工作态度，还需要以特有的技能赢得顾客的信任与赞誉，用自己的个人魅力影响顾客，只有通过自己积极主动的努力，才会使顾客喜欢你的为人、你的个性、你的风格，他才会购买你的产品，才能在满足顾客需要的同时实现销售目标。

（二）推销对象

推销对象又称顾客、客户、购买者等，是推销人员推销活动的目标，也是推销说服的对象。推销人员不仅要认识自己的推销心理，而且还要善于洞察推销对象的购买心理，根据具体的推销对象展开相应的推销方法。根据购买者所购推销品的性质及使用目的，可把推销对象分为个体购买者与组织购买者两种。个体购买者是为了个人或家庭成员的需要，不以营利为目的，而组织购买者是为了维持日常生产加工、转售或开展业务的需要，通常有盈利或维持正常业务活动的动机。除此之外，推销对象的年龄、收入、性格、职业、家庭等不同，也会影响购买行为。因此，应该仔细区别不同购买对象的实际需求，根据推销对象的特点采取相应的推销对策。

现代商品的推销少不了推销人员（推销主体）、推销品（推销客体）及推销对象（顾客）三个基本要素，推销人员向推销对象提供其所需的推销品，追求的是商品价值的最大体现；推销对象通过洽谈和购买，从推销人员那里获取推销品，追求的是商品的使用价值。如何协调这三要素的关系，保证企业销售任务得以完成，保证顾客实际需求得以满足，是专业推销人员在推销过程中着重要把握的问题。

（三）推销品

推销品是指推销人员向顾客推销的商品、服务和观念等，它可以是有形的商品，也可以是无形的服务、思想、观念、点子等。推销品是推销活动中的客体，是现代推销学的研究对象之一。作为推销活动的一个基本因素，推销品必然会影响推销活动的各个方面和环节，如推销品的质量、等级、体积、性能，都关系到推销活动的具体展开。因此，在推销活动的实施中，要保证商品质量，要熟悉推销品的特性、用途、使用保养等方面的知识，要熟练掌握推销品的操作流程，要会熟练掌握向顾客实施服务的全过程。

四、推销的作用

在经济活动中，推销越来越被企业重视，影响着人们的衣食住行，其作用体现在以下几个方面：

（一）推销是加速商品流通的重要手段

在市场经济条件下，企业生产的产品最终要通过流通环节传递给消费者，流通环节是连接生产与消费环节的纽带。推销活动能协调企业与消费者双方的供求矛盾，把产品推销给有需要的顾客，并及时反馈供求信息给生产企业，引导企业合理生产，使资源得到合理的配置与使用，所以推销是加速商品流通的重要手段，是推动商品经济发展的重要动力。

（二）推销引导与影响社会消费

推销人员在推销过程中，除了要及时提供顾客需求的产品及服务外，还要将一些新的流行趋势、消费观念传递给顾客，引导并影响顾客的消费行为，促成购买。正是因为有了推销活动的广泛开展，不断出现的新产品、新理念、新的消费习惯才能被顾客所接受，从而影响并促进社会的整体消费能力。

（三）推销是提高企业经济效益的重要途径

随着市场经济的发展，市场竞争越来越激烈，企业的销售压力也越来越大，通过推销活动，推销人员一方面能帮助企业找到他们需要的顾客，一方面还能掌握市场竞争与顾客需求的第一手资料来帮助企业生产适销对路的产品，另一方面还能帮助企业牵线搭桥，解决运营难题。推销活动大大降低了企业的经营风险，加快了货款的回笼速度，使企业有足够的精力投入生产，从而直接增加了企业的经济效益。

（四）推销能磨炼个人意志，发挥个人潜能

推销工作需要推销人员面对不同的顾客，积极主动、任劳任怨、全心全意地为顾客服务，经常独自一人去解决一些处于变化及未知的难题。对推销人员来说，被拒绝、失败是经常性的事，在不断的失败与拒绝中，推销人员不但摸索出了推销的技巧，也磨炼了自己的意志，遇到挑战能知难而上，微笑面对。推销工作需要推销人员具有各项能力，如应变能力、沟通能力、团队能力，这些能力对推销人员来说并不是刚上手就有的，而是在一次次的推销工作中，通过了解市场规律、人情世故、社会文化，了解如何去面对困难，才逐渐具备的。

五、推销的原则

推销既是一门科学，又是一门艺术，要搞好推销工作，必须领会和坚持以下几条基本原则：

（一）满足需求的原则

满足顾客的需求和欲望是推销的出发点，也是企业最终盈利的根本点。顾客之所以购买某种产品或者服务，一定是为了满足某种需求。因此，推销人员不应该单纯地向顾客推销产品，而应借助所推销的产品，想方设法唤起并刺激顾客，使他为满足其现在或将来的需求而产生购买欲望。只有产品越符合顾客的基本需求，产品的销路才会越好。从推销的角度，我们把满足需求原则总结归纳为五条，一名优秀的推销人员应懂得把他的推销工作与人们的基本需求有机地结合起来：

1. 显示自我的需求

显示自我的需求即通过扩大自己的影响，提高自己的声誉和社会地位，得到社会的承认，增强自尊心。具有这种需求的顾客往往希望自己的观点被他人接受，且受到他人的尊重。推销人员要充分认识到这一点，应设身处地地为别人着想，照顾和体谅别人的感情，尊重顾客的感受。在推销过程中一定不能出风头以自己为主导，要给顾客显示自我的机会，多倾听，满足顾客的心理需求。

2. 社会交往的需求

人生活在社会中，必不可少地需要与他人接触和往来，建立家庭，建立朋友圈，需要在感情上得到别人的尊重与爱，渴望自己招人喜欢和更有魅力。推销人员在推销过程中要尽可能地与顾客建立良好的关系，维系友谊，才能建立长期友好的协作关系。

3. 保护自我的需求

每一个人都需要避免遭受危险、威胁、攻击、损失，需要防病防老，避免痛苦。推销人员在推销过程中要尽可能地考虑顾客的感受，注意自己的推销方式与服务态度。

4. 物质占有的需求

人们或多或少都有占有物质的强烈欲望，如收集邮票、大量购买消费品甚至奢侈品、谋求物质上的富有等。推销人员应迅速洞悉顾客的这种需求，提供满足其需求的产品。

5. 享受的需求

人们都需要娱乐、休息、舒适安逸，所以通过购物以达到生活享受的目的。推销人员应提供良好的环境与服务满足顾客的这种需求。

知识链接

马斯洛需求层次理论在推销中的应用

马斯洛需求层次理论是美国心理学家马斯洛于1943年在《人类激励理论》论文中所提出的，他把需求分成生理需求、安全需求、社交需求、尊重需求和自我实现需求，依次由较低层次到较高层次排列。

生理需求是指人类生存最基本的需求，如对食物、住所、睡眠等的需求。安全需求是指保护自己免受身体和情感伤害的需求。这种需求体现在对生命安全、食品安全、社会治安、避免失业等的需求。社交需求包括对友谊、爱情、归属、信任与接纳的需求。人作为一种社会动物，生活和工作都不是独立存在的，需要有社会交往、良好的人际关系和在组织中能得到他人的接纳与信任的需求。尊重需求包括自尊和受人尊重两方面。自尊是指自己的自尊心，工作努力不甘落后，有充分的自信心，获得成就后的自豪感。受人尊重是指自己的工作成绩、社会地位能得到他人的认可。自我实现需求是指个人成长与发展、发挥自身潜能、实现理想的需求。

马斯洛的需求层次理论指出消费者的需求不断由低层次向高层次发展，由物质形态向精神需求发展。消费者既存在低层次的需求，也存在高层次的需求。所以在推销活动中，推销人员可以灵活应用马斯洛的需求层次理论展开推销工作。

推销人员首先要借助马斯洛的需求层次理论，对消费者的需求层次进行分析，甄别其真实需求和潜在需求；其次要熟悉自己所推销产品的性能、规格，为进一步推销打好基础；最后根据顾客的实际需求推荐相应的产品，充分满足顾客的心理需求。例如，不同的顾客购买大衣，有的不考虑价位只关心服装是否御寒，有的关心大衣是否为环保面料，有的关心大衣款式是否流行，有的关心大衣是否有品牌或是否是限量版。针对不同的顾客，销售人员一定要根据顾客的心理需求推荐合适的产品展开推销活动。

（二）推销使用价值的原则

使用价值是产品整体概念的核心内容。推销人员与其说是推销产品，不如说是推销产品的有用性。推销人员推销产品的关键就在于看其是否懂得怎样推销产品的使用价值。

人类有诸多需求与愿望，同样产品也有许多使用价值。推销人员不仅要向顾客推销某一具体产品，还要让顾客认识到产品的使用价值，只有让顾客认识到了产品使用价值的重要性，才能顺利地推销出产品。每一位顾客对产品使用价值的需求与认识不同，推销人员要对症下药，帮助顾客解决所需要的使用价值，只有运用好这一原则，才能在推销活动中抓住关键，达成交易。例如，一个微波炉有热剩饭、烧烤、电子计时等使用功能，有的顾客仅仅是需要它能热剩饭，有的顾客需要它能烧烤，有的顾客需要它安全具有童锁，有的顾客需要它美观、上档次、带有电子屏幕，这就需要推销人员根据顾客的需求提供相应价位、相应功能的产品，满足不同顾客的需求。

（三）尊重顾客的原则

尊重顾客的原则是指推销人员在推销活动中要尊重顾客的人格，注重顾客的利益。顾客在购买活动过程中，需求的层次越来越高，越来越重视自我价值的实现，希望得到社会和他人的尊重，通俗来说，就是顾客会要求推销人员对自己的人格、身份、地位、兴趣、爱好等方面给予尊重。由于购买决定和顾客的基本需求紧密联系并带有感情色彩，推销人员必须对顾客的心理进行研究。要学会赞美，学会尊重顾客，善于换位思考，搞好人际关系，从顾客的角度、立场出发考虑问题，充分理解顾客，照顾和体谅顾客的感情，尊重顾客的感受。

（四）互利双赢的原则

现代推销是一种互惠互利的双赢活动，任何推销工作都应以符合商业道德为标准，以互利双赢为原则，这体现在两方面：一方面满足顾客需求，体现产品价值；另一方面在推销产品的同时给企业带来利益。任何以欺骗手段获得的订单，都不会建立长期销售关系。因此，推销人员要进行细致的市场调查，收集企业所需的各种市场信息，及时与顾客反馈改进产品，不断研发新的产品，提供各种售前服务、售中服务和售后服务，满足顾客的需求，从而与顾客建立良好的关系并树立企业良好的形象，使企业能够得到有效的拓展。

（五）讲求信用的原则

在商业活动中，信用对企业及其推销人员非常重要。推销人员千万不要为了引诱顾客订货而向顾客空许没法实现的诺言，这样产生的后果不堪设想，将直接影响到企业与推销人员的声誉。在推销工作中应尽量少许诺，多做实际工作，让顾客信赖。任何时候都应“言必行，行必果”，不论摆在面前的工作有多困难，一定要牢记决定你是否得到订单的重要因素是顾客对你的信赖，而不是你的推销谈话和推销技巧。

知识链接

推销的“望闻问切”

中医需要掌握望闻问切来达到治病的目的，其实，在推销活动中，我们也可以从中医中的望闻问切来领悟推销过程中的“望”“闻”“问”“切”。

（1）“望”：是指推销人员要善于观察。推销人员通过观察市场可以了解市场走向与市场需求，了解顾客的消费心理与实际需求，了解竞争对手的产品及其替代品的有关情况，从而发现市场机会，为顾客提供最需要的产品。

（2）“闻”：是指推销人员要善于倾听。在推销过程中，与顾客的沟通不能仅仅表现为一味的说服，还要认真倾听顾客的诉求，在倾听中掌握顾客的心理状况，这样做一方面体现了对顾客的尊重，另一方面又能从倾听过程中了解顾客的真实需要和对产品的疑虑，为下一步推销工作打好基础。

（3）“问”：是指推销人员要善于提问。销售过程中用于交流的时间不能仅仅是倾听，还应该在合适的时机与顾客沟通提问，如果推销人员不通过提问来与顾客交流，或者提问的方式与问题不妥当，就没有办法与顾客展开沟通，不能了解顾客的真实需求，就不能引导销售实现。

（4）“切”：是指推销人员要善于分析。推销人员通过“望”“闻”“问”，仅仅是对顾客的信息有了大致了解，在实际推销过程中，“望”“闻”“问”的目的就是把顾客的相关信息进行综合分析，根据顾客的实际需求为顾客“对症下药”，这样才能达到良好的推销效果。

（资料来源：http://bluetoney.blog.china.alibaba.com/）

【实训练习】

模拟推销

实训目的： 增强学生对推销活动的认知，了解推销工作的技巧和乐趣，端正学生对待推销工作的态度和观念，培养学生对推销工作的兴趣。

实训方法： 模拟演练法，小组讨论法。

实训内容： 在授课老师的指导下，选择某种熟悉的产品，以两人为一组，一位学生扮演推销人员，一位学生扮演顾客，进行模拟推销演练，然后再进行角色互换，直到两人都能正确、熟练、恰到好处地进行推销为止。

实训步骤： 教师说明规则，学生分组，学生演练。

实训考核标准：

（1）举止得体、大方、自信，表达内容清晰。

（2）模拟推销角色扮演神态自然，情景模拟逼真，口齿清楚，语言流利。

（3）举止文雅，语言得体，卖点分析到位，有一定可信度和诱惑力。

（4）总结情景模拟的收获，分析存在的问题。

第二节　推销人员的职责与素质

一、推销人员的职责

一名优秀的推销人员，应该明确自己的职责。通常，现代推销人员的基本职责包括以下几个方面：

（一）完成商品推销任务

推销人员最基本的职责就是承接企业分配的商品推销任务，积极开展推销活动，努力完成推销任务，实现企业的营销目标。在激烈的市场竞争环境中，能否完成商品推销任务是企业对推销人员业务考核的重要指标，推销人员应该克服困难，努力与顾客沟通、交流，充分发挥自己的推销技能，顺利完成推销任务。

（二）搜集和反馈市场信息

推销活动的成功取决于顾客需求的满足，而企业能否在市场上占有有利地位，在很大程度上又取决于获得信息的数量与质量。推销人员是企业与顾客之间的桥梁，推销人员在开展商品推销活动时，不仅要及时准确地向消费者传递企业商品和劳务信息，同时，还要注意及时搜集和反馈市场信息。这些信息包括消费者对企业产品的质量、价格、售后等方面的意见、建议和要求，企业竞争产品的相关信息和市场策略，市场的供求状况与发展趋势，原材料成本等信息。推销人员应该有目的地收集、了解、及时反馈这些信息，这样才能使企业不断改进和完善生产经营措施，最大限度地使产品与消费者的需求相适应，不断提高企业的竞争力。

（三）开拓市场

推销人员仅仅满足现有的销售业绩是不够的，任何企业要做大做强，都必须不断开拓市场，建立自己的销售网络。作为企业的推销人员，要主动承担企业开拓市场、建立销售网络的职责，一方面开发新的顾客、开发新的顾客需求、开发新的销售区域，另一方面要与中间商建立良好的关系、与各职能服务部门通力合作、与顾客保持长期稳定的销售关系。

【案例赏析】

把梳子卖给和尚

一大公司要招聘营销人员，给众多应聘者出了一道难题：想办法把木梳尽量多地卖给和尚。三个应聘者甲、乙和丙决定挑战这一难题，约定 10 天为限，汇报销售成果。

10 日到期，甲在推销梳子的路上，卖给了过路的一个头皮奇痒的和尚，推销了唯一的一把木梳。乙说服了一个寺院主持，买了 10 把木梳供善男信女梳理鬓发。丙到了一座深山古寺，给主持出主意用“积善梳”馈赠进香朝拜者，保佑其平安吉祥，没想到主持买下千把“积善梳”留赠施主与香客，并希望丙能提供不同档次的木梳赠给不同的施主和香客。

（资料摘自并改编：http://jpkc.fjmzw.com/Jpkc/Html/scyx/Show/179/1.html）

分析：在这个案例里，甲、乙、丙三个人虽然都费尽周折给和尚推销了木梳，但是丙的业绩是最好的，什么原因呢？就是因为丙在推销木梳的过程中能换位思考，站在主持的角度寻找需求点并创造需求，寻找和满足还未被满足的市场需求，最终把生意做活。

（四）树立形象，沟通关系

企业形象直接影响到顾客的购买行为，良好的企业形象可以使顾客对企业的产品产生信心，有助于企业产品的顺利销售，并与顾客建立良好的关系。推销人员在推销活动中，应该广泛与外部社会进行接触，有目的地与各类公众打交道，使其对企业留下深刻印象。在做好公关工作、树立企业信誉的同时，还应该为企业创造发展机会，为企业产品的扩大销售、占领市场打下坚实的基础。

【案例赏析】

一大医院要扩充设备，准备购置一台全国最好的X光仪器。一大群推销人员围住负责审查X光仪器并具有购买权的K博士，纷纷介绍自己的仪器是全国最好的。唯有一家公司的推销员声称自己的仪器虽然属于全国最好的产品，但仍不够完善，正在努力改进，希望K博士能前来公司提出改进意见，并届时派人专程来接。

K博士感到十分惊讶，同时也感到万分荣幸，因为从来还没有一个X光仪器制造商征求过他的意见，他顿时觉得自己身价倍增，为此他取消了一次应酬，决定立即前去看那部机器。

最后K博士买下了那台机器。"并没有人向我推销那部机器，我觉得买下那部机器完全是出于我自己的意愿。由于它的质量绝佳，我才买下了它"K博士这样说。

（资料来源：张亚军、包利军、王业军，《商务谈判与推销技巧实训》，科学出版社）

分析：沟通是连接推销人员与顾客的桥梁。高超的沟通交际能力能让推销人员走出"山重水复疑无路"的窘况，进入"柳暗花明又一村"的佳境，这是推销工作必须具备的能力。在本案例中，聪明的推销员巧妙地根据博士心理，运用灵活的沟通技巧巧妙地达到了推销目的。

（五）提供服务

优质的销售服务包括售前、售中和售后等方面的服务。在市场竞争日益激烈的情况下，越来越多的企业意识到：没有服务就没有产品销售，产品质量固然重要，但提供周到的服务也是推销工作的重要内容，是推销人员的重要职责。

1. 售前服务

售前服务是指在实施销售之前向顾客提供的一系列服务，通常包括：调查顾客的需求及其要解决的问题；向顾客宣传产品的性能；为顾客提供必要的咨询。通过这一系列的服务提高顾客对企业和产品的认知度，消除其购买疑虑，为成交奠定基础。

2. 售中服务

售中服务是推销人员在销售过程中为顾客提供的一系列服务，通常包括：热情接待顾客并讲解产品知识；解决顾客各种疑问；为顾客提供购买方便，诸如运输、保管、信贷、保险等。售中服务的有效展开是促进交易顺利实现的关键。

3. 售后服务

售后服务是指在实现交易之后为顾客提供的一系列后续服务。在推销过程中，很多人往往忽视售后服务，导致顾客怨声载道而影响企业声誉。售后服务通常包括：送货上门、安装调试操作；技术咨询与人员培训；接受顾客投诉、退换与维修商品；建立顾客档案，搞好售后跟踪服务等。做好售后服务，可以减少顾客的购后风险，增强顾客的满意度和忠诚度，提高推销人员及其企业的知名度和美誉度，巩固与顾客的关系。

二、推销人员的素质

推销工作的特殊性决定了推销人员必须具备良好的素质才能胜任推销工作。实践证明，一名优秀的推销人员应具备的素质主要包括以下六个方面：

（一）具有强烈的事业心和责任感

强烈的事业心和责任感是推销人员在进行推销工作时应具备的首要素质。推销人员的事业心主要表现为：充分认识到自己工作的价值，对推销工作充满热情，富有进取心；对自己从事的工作充满自豪感和必胜的信心，能够积极主动、任劳任怨、全心全意地为顾客服务。推销人员的责任感主要表现在：忠实于企业，忠实于顾客，为树立企业良好形象和信誉做贡献，不允许发生有损于企业利益的行为。

（二）具有良好的职业道德

良好的职业道德，要求推销人员必须遵守国家的政策、法律，自觉抵制不正之风，正确处理个人、集体、国家三者之间的利益关系，按照法律条款规范自己的推销行为；在与顾客交易中能诚实守信，童叟无欺。

（三）具有丰富的业务知识和技能

推销人员是否具有良好的业务知识和技能，直接影响到其工作业绩，推销人员的业务知识和技能主要表现为：①企业知识。要熟悉企业的发展历史、发展规模、经营方针与经营策略、产品种类和服务项目、价格策略、交货方式、付款条件以及企业在同行中的地位等。②产品知识。要熟悉所推销产品的性能、规格、结构、用途、用法、价格和维护保养方法等，了解市场上同类竞争产品的优劣和替代品的市场动向。③顾客知识。要善于分析顾客的需求特点、支付能力、消费特点、购买动机、购买习惯、购买决策等情况，能针对不同的顾客展开不同的推销对策。④法律知识。推销人员要了解国家的经济活动的动向，熟悉与推销活动有关的合同法、产品质量法、消费者权益保护法和税法、专利法等法律法规，合理运用经济法规。⑤社会知识。推销人员还应深入了解推销区域的风俗文化、宗教信仰、社交礼仪等社会知识，避免出现失误，这样才能取得顾客的信任，使推销工作得以顺利进行。⑥推销知识和技能。成功的推销人员必须具有娴熟的推销知识和技能，主要表现为：懂得市场营销的基本理论，熟悉市场竞争规律和策略，掌握市场调查和预测的基本方法，了解产品的市场趋势规律和动向，按照市场规律展开推销活动；掌握寻找顾客的知识和技能；掌握约见顾客的知识和技能；掌握访问顾客的知识和技能；掌握推销洽谈的知识和技能；掌握促成交易的知识和技能；掌握售后服务的知识和技能等。

（四）具有良好的心理素质和健康的身体

良好的第一印象是推销成功的开始，推销人员要想成功地推销产品，就应该首先推销自己。

一个成功的推销人员要有良好的心理素质和健康的身体，这样才能给顾客留下美好的印象。推销人员在推销过程中会遇到各种各样的困难和挫折，良好的心理素质是对推销人员的第一要求，它要求推销人员有很强的抗挫折能力，遇到困难和失败时，能保持情绪稳定，以高昂的精神状态去面对环境的压力。良好的心理素质主要表现为：性格开朗，平易近人；坦诚热忱，宽容大度；谈吐文雅，谦虚礼貌等。除此之外，推销人员还必须具有健康的身体。推销工作比较辛苦，要经常东奔西走地交涉各种推销业务，健康的体魄才能使推销人员有旺盛的精力，全身心地投入推销工作。

知识链接

推销人员应具备的职业能力

职业能力	体　现
观察能力	通过顾客的外部表现了解顾客的购买心理
创造能力	独立思考，创造性地运用各种促销方式，发展新顾客，开拓新市场
社交能力	善于与各种顾客及团体建立联系、相互沟通、相互信任、化解各种矛盾，对各种突发事件应付自如、圆满周到
语言表达能力	清晰、准确、条理清晰、突出重点地与顾客沟通；诚恳、逻辑性强地说服顾客，增强信任感；生动风趣地吸引顾客；文明礼貌、热情友善地引发顾客好感
应变能力	在复杂的突如其来的情况下，灵活应变；迅速分析并展开必要的推销对策

【实训练习】

推销人员基本素质和能力训练

实训目的：增强学生对推销工作的认识，掌握推销人员应该具备的基本素质和能力。

实训方法：小组讨论法，PPT 演讲。

实训内容：课下搜集有关推销人员基本素质与能力的资料与案例，结合自己的体会与搜集的资料总结作为一名推销人员应该具备的基本素质与能力，每小组派出一名代表通过制作的 PPT 来上讲台演讲汇报，各小组进行讨论。

实训步骤：教师说明规则，学生分组，学生演练。

实训考核标准：

（1）举止得体、大方、自信，表达内容清晰。

（2）PPT 汇报的内容新颖、有创意、有重点，能够吸引其他同学的注意力或激发其他同学的兴趣。

（3）声音洪亮，语速适当，普通话标准。

第三节　自我推销

一、正确认识自己

大学生毕业后首先面对的就是找工作，学生需要正确认识自己，善于推销自己，才能在竞争激烈的环境中寻找适合自己的工作岗位。可是自己到底有什么优点和缺点呢？是否胜任推销工作？所以认识自己，了解自己，才能准确地迈开推销的大门。

很多推销人员之所以屡屡失败，很大的原因在于没能够在推销商品时将自己成功地推销出去。推销过程是一个复杂的活动过程，顾客不仅仅关注商品本身的质量、价格、服务，很大程度上还要看顾客是否信赖推销人员。推销人员不能仅仅熟悉产品的性能及其优缺点，展开有针对性地介绍，更应该用自己的人格魅力、服务取得顾客的信任，即自我推销。

推销人员在进行自我推销时，要了解自己的优缺点，知道自己能干什么，不能干什么，正确认识自己，发挥自己的长处、优点来赢得顾客的信赖。通常，可从以下几个方面对自己进行分析：

（一）兴趣

了解自己的兴趣与爱好（如音乐、体育等），是否喜欢推销工作，分析自己哪些兴趣与爱好能与推销工作联系，哪些有利于与顾客的交流与沟通，哪些有利于推销工作的展开。

（二）能力

了解自己的各种能力（如沟通能力、应变能力、组织能力等），分析自己擅长哪些能力，哪些能力需要提高，在推销工作中做到扬长避短。

（三）教育程度

分析自己的各种职业培训以及得到的各级各类证书（如营销师、英语四级、计算机、驾照等），结合应聘岗位选择适合自己的职业。

（四）性格特点

分析自己的性格特点，与所将应聘的职业和岗位要求对照一下，总结自己性格的优点与缺点，有针对性地选择应聘岗位。

（五）体能

分析自己的精力与体力，是否能够胜任推销工作。

（六）心理素质

分析自己的心理素质，是否有很强的抗挫折能力，遇到困难和失败时，能否保持情绪稳定，以高昂的状态去面对环境的压力。

（七）经验

列出自己所做过的所有工作（包括校内外的兼职工作），写下在每项工作中的职责、义务以及取得的成绩，根据应聘岗位的要求，不断总结工作经验。

知识链接

不适合做推销的几种性格的人

推销工作需要随时挑战市场、挑战顾客，有的人天生就具备推销潜质，有的人就不适合推销工作，那么究竟是哪几类人不适合做推销工作呢？

1. **艺术家型**

有艺术家型性格的人，凡事追求完美，过高评估自己的产品，并对顾客的要求较高，常常按照自己的标准去衡量顾客、要求顾客，从而导致顾客流失。

2. **贵族老爷型**

有贵族老爷型性格的人，自认为自己高人一等，潜意识里瞧不起顾客，工作中体现出的特点就是不耐烦、焦躁易怒、经常抱怨，严重的还会情绪失控，向别人挑衅。

3. **林黛玉型**

有林黛玉型性格的人，过分敏感。对顾客稍不注意的一句话、一个小动作，都耿耿于怀、烦恼不已。

4. **怨天尤人型**

有怨天尤人型性格的人，过分忧郁。推销过程中遇到一点点困难就悲观失望、怨天尤人，导致工作没有热情，对事物的估计多是悲观。

5. **花花公子型**

有花花公子型性格的人，做任何事情都是凭一时兴趣，有兴趣的时候，活干得非常不错，情绪低落时就不管不问，工作缺乏责任感。

（资料来源：http://news.jc001.cn/detail/537943_2.html）

二、勇于推销自己

在推销活动中，推销人员和产品同等重要。所谓的推销自己就是让你的顾客喜欢你、信任你，进而接受你推销的产品，也就是让顾客对推销人员有好感，愿意与推销人员讨论推销的产品。

一些推销人员受传统推销理论的影响，认为推销工作成功与否取决于产品的质量，所以在推销过程中不管顾客是否接受了自己就直接谈论产品、说服顾客，导致顾客本能的反应就是拒绝、抗拒产品。试想想当顾客购买护肤品时，接待你的是一个冷冰冰的导购小姐，即便她美若天仙，即便护肤品是国际知名品牌，你会有心情购买吗？所以推销人员首先应该向顾客推销自己，通过自己的个人魅力、推销技巧让顾客产生信赖，从而乐意与推销人员接触、愿意给推销人员一个机会推销产品。

向顾客推销自己应该注重以下几个方面：

（一）向顾客推销自己的形象

推销人员在与顾客初次见面时，一定要给顾客留下良好的第一印象。首先是服饰要得体，要以整洁得体的衣饰来装扮自己，在一些正式场合一定要穿正装，着装时要符合自己的年龄、身份、环境等因素，切忌不要佩戴过多的饰物而引起顾客的反感。其次，谈吐举止要落落大方，不能太过随便。

（二）向顾客推销自己的人品

在市场经济环境下，推销人员的个人品质直接影响产品的销售。优秀的推销人员应该热情、勤奋、自信、谦虚、自信、乐于助人、诚实……这些品质中，最重要的品质就是诚信。一旦顾客发现推销人员有说谎的感觉，就不会相信其所推销的产品，可能从此就会终止未来的合作。因此，推销人员在介绍产品时一定要实事求是，不应随意夸大产品的功能，在推销中要遵守诺言，不开空头支票。

（三）注重推销过程中的礼节

推销过程中难免要拜访顾客或者与顾客交流，如果不注重礼节就会影响与顾客的进一步沟通。例如：到顾客家里推销保险，不能选在中午的午睡时间；到顾客办公室拜访一定不能穿的过于随便。

（四）取得顾客的好感

优秀的推销人员都非常注重与顾客建立良好的感情关系，因为推销过程不仅仅是双方的产品交易过程，也是双方之间感情交流的过程。为取得顾客的好感，首先可以挑选一些令顾客愉快的话题作为开端，如讨论女顾客孩子的教育问题、讨论一下天气、讨论一下足球比赛的比分等。需要注意的是，讨论的话题一定要有所准备，否则会冷场让双方都感到尴尬。其次，要认真地倾听顾客的谈话，给顾客表达意见的机会。最后，要善于赞美顾客，真诚地赞美顾客，这样不但能有一个良好的交流开端，也能满足顾客的自尊心，获得顾客好感。

阅读与思考

小李向一位顾客推销商铺，交易过程十分顺利。正当顾客准备掏钱付款办手续时，另一位推销员跟小李谈起昨天晚上的足球比赛。小李一边跟同伴为球赛的结果愤愤不平，一边拿着合同与顾客办手续，可顾客突然决定不买了。这可是小李过年后的第一个大订单，小李想了半天也不明白顾客为什么对已经挑选好的商铺突然放弃。

第二天他忍不住给这位顾客打了个电话，想说服顾客继续购买，可是顾客很婉转地表示拒绝，没有说明理由。小李没有办法只好再次打电话，这一次顾客不高兴地在电话中告诉他："我不知道是你的球赛重要还是这个订单重要，昨天我同你谈到我女儿的期末考试考了全校第一名，钢琴弹得很棒，可是你一点也不感兴趣，只顾着与你的同伴谈你的足球比赛。"

思考：你知道小李这次推销失败的根本原因是什么吗？你能从中得到什么结论？

【实训练习】

三分钟自我推销

实训目的：了解自我推销的要点，能够成功进行三分钟自我推销。

实训方法：学生表演法，PPT 演讲。

实训内容：三分钟自我推销，上讲台演讲，用 PPT 介绍自己（包括姓名、兴趣特长、对专业的理解程度、对推销的认识和期望等内容）。

实训步骤：

（1）根据内容要求，每位同学精心准备一份三分钟自我推销的 PPT，利用课余时间反复演练，达到自我推销时内容熟练、神情大方自然。

（2）具体步骤：

1）上台问候，站稳后向所有人问好，然后通过 PPT 介绍。注意展现热情、轻松自如。

2）正式内容演练，自我推销时应注意语速音量、站姿、介绍重点、肢体动作等。

3）致谢回座，教师点评。

实训考核标准：

（1）上讲台自我推销时神态自如、举止大方、服装得体。

（2）PPT 内容新颖，画面能吸引大家。

（3）声音洪亮，口齿清晰，语速适当，普通话标准。

（4）能展现自己的独特风采。

复习思考题

1．什么是推销？如何理解“推销是一个复杂的活动过程”？

2．如何理解推销的特点？

3．如何理解推销的要素？

4．如何领会推销的原则？

5．推销人员的职责和应具备的素质分别是什么？

案例分析

案例一：

几位区域推销经理聚在办公室讨论空调的销售工作。推销经理 A 认为：要想把推销工作提高上去，关键在于团队组织，如果大家工作不努力，空调的销售业绩肯定上不去，只有大家齐心协力，共同努力，才能使销售业绩迅速提高，所以团队建设非常重要。推销经理 B 认为：产品销售的关键还是空调售后服务，即便空调质量再好，如果不能及时安装，不能提供良好的安装队伍，不能增加空调的延伸服务，不能及时与顾客沟通，迟早会被竞争对手赶超，好的品牌一定要提供良好的售后服务。推销经理 C 认为：市场风云多变，消费者的需求变化太快，空调卖得好与不好，关键还是市场，否则就是把推销人员累死也是白搭。推销经理 D 认为：产品做得再好，不如广告做得好，应该好好给产品包装，这才是关键。

问题：

（1）几位推销经理的争论主要体现了什么？

（2）本案例对你有何启示？

（3）如果你是推销经理，你会怎样做呢？

案例二：

新手如何推销

小刚是一位刚毕业的市场营销专业高职生，近期他应聘到一家医药公司做一名基层推销人员。刚上班，推销经理就派他出差到西北医药市场上谈顾客、找经销商。小刚第一次做业务，对公司还不是很了解，心里十分没底，生怕自己业务不熟，不懂行规，被顾客讥笑，影响公司业绩。为此，他除了查看公司产品说明资料和熟悉合同、销售政策外，很想先进行专门医药业务培训后再上岗跑业务。但是推销经理则认为：市场营销专业的毕业生做医药业务应该以市场为本，多跑几次就有经验了，不用担心。小刚现在很茫然，不知如何独立面对西北医药市场？

问题：

（1）如果你是小刚的朋友，你将如何帮助他？

（2）从本案例中你认为一名新推销人员应该具备哪些素质与能力？

第八章　推销模式

【案例导入】

总统阅读过的书

某出版商由于决策失误而导致一批书滞销，由于此原因该出版商整日忧心忡忡，寝食难安。于是他想出了一个方法：送书给总统。总统看到该信后无暇顾及，出于礼貌顺手写下："这书不错。"该出版商立即把这四个字印在此书的封面上，并以"现有总统喜欢的书"开始大肆宣传，结果该书很快被抢购一空。不久，该出版商又印刷出一批新书，又给总统送去一本，总统想教训该出版商，就在送来的书上写道："这书糟透了。"没想到出版商以"现有总统讨厌的书"开始宣传，人们出于好奇，这批新书很快被抢购一空。第三次，该出版商又给总统送来一本书，总统担心再次被该出版商利用，于是干脆不理不睬。但是出版商却打出了"现有总统难以下结论的书"来进行宣传，结果，该书还是很快被抢购一空。

（资料来源：http://tieba.baidu.com/p/1339903967）

启示：推销活动最大的魅力在于其多变性与复杂性，此案例中，出版商充分利用读者的心理，取得了不错的销售业绩。在推销活动中，推销人员除了要学会灵活应对销售活动的各种因素，还应该掌握各种推销模式，寻找市场环境和顾客中一些规律性东西。推销模式就是推销工作者和一些著名的推销专家，根据推销活动的特点以及对顾客购买活动各阶段的心理演变采取的策略。

【学习目标】

要求学生了解爱达、迪伯达、埃德帕、费比、吉姆推销模式的要点，掌握这五种推销模式的步骤及适用范围，并能够在实际推销活动中有意识地利用不同模式达到推销目的。

第一节　爱达推销模式

一、爱达推销模式的含义

爱达（AIDA）推销模式是国际上公认的较为成功的推销模式，由欧洲著名推销专家海因兹·姆·戈德曼首次提出，由 AIDA 音译而来，构成 AIDA 的英文单词分别为：Attention

（注意）、Interest（兴趣）、Desire（欲望）、Action（刺激）。这四个英文单词分别表示爱达推销模式的四个步骤，即引起顾客注意、激发顾客兴趣、刺激顾客的购买欲望、促成顾客的购买行为。爱达推销模式的内容可概括为：一个成功的推销人员必须做到吸引顾客的注意力，从而达到使之购买的目的。

爱达推销模式可用于以下几个方面：店堂推销、柜台推销、展销会推销及某些易于携带的生活用品、办公用品的推销。在实际生活中，推销人员不一定要按部就班，可根据具体情况，根据实际情形进行筛选。

【案例赏析】

某清洁公司推销员上门推销。

推销员："您好，我是某清洁公司的，我带来了一种新型的洗衣液，您看，就是这种。"

顾客："是洗衣液？不好意思，家里现在还有呢！"

推销员："那您一定经常用洗衣液吧？"

顾客："那当然。你看，这就是。"

推销员："这个牌子的确实不错，原来您对洗衣液很在行，不过这种包装用起来似乎不太方便吧！"

顾客："没办法，再不方便也得用啊。"

推销员：（边说边示范产品）"您看，这种洗衣液，您只需要按一下就好，这种包装使用方便，占用的空间也很少，您如果使用它可以省去很多麻烦。"

顾客："听起来很不错，多少钱？"

推销员："现在我们厂家搞活动，只需 20 元，挺便宜的。"

顾客："确实不贵。"

推销员："那就把这瓶给您留下吧？"

顾客："好。给你钱。"

分析：此案例中，顾客开始是排斥推销员所推销的产品，但是推销员利用所推销产品包装使用方便、占用空间小的特点，边说边示范产品引起了顾客注意，激发了其购买欲望，是爱达推销模式运用的具体体现。

二、爱达推销模式的具体步骤

（一）引起顾客注意

爱达推销模式，最主要的是吸引顾客，即推销人员在交谈时应快速吸引顾客的注意力。吸引顾客注意力是推销活动的前提。推销人员应不遗余力地将顾客的注意力吸引至所要推销的商品或服务中。

（二）激发顾客兴趣

吸引顾客注意后，根据爱达推销模式，接下来要做的就是让推销人员尽全力地激发顾客的兴趣。激发顾客的兴趣有以下几种方法：

1．迎合顾客

恭维和迎合顾客是吸引顾客最有效的方法之一，因为大多数人都喜欢受到他人的赞赏和尊重。例如，当你得知顾客升职时，可以这样说："听说你现在已是销售经理了，恭喜！恭喜！销售经理这个职位对你而言似乎不具备任何挑战？"这样，话题就自然而然地出来了。诚恳的恭维有助于初次交涉，但还必须做到诚恳可信。

2．显现好奇

显示好奇是指利用好奇的举动和言辞来进行有效推销。例如，推销空调，推销员可以这样说："刘先生，这几天天气比较炎热，现在有一个599元送空调的活动"，顾客对省钱的事当然感兴趣，接下来可能会听你的介绍。

3．提供无偿服务

提供无偿服务这类方法通常都能够最大限度地吸引顾客。例如，汽车4S店经常推出免费保养这样的优惠活动，以此来吸引顾客。推销人员在提供各项服务时，一定要使用示范的方式来激发顾客对所推销产品的兴趣。

4．顾客利益法

顾客利益法是指在推销产品时，要充分考虑顾客的实际利益，尽可能把推销的产品与顾客的利益紧密联系起来。推销人员提醒顾客的方法可能会是一句话或是一个问题，用这种方法让他了解所推销商品或服务的潜在利益所在。

5．使用参考法

例如："李总监，昨天我和你的朋友王经理在交谈中得知，你对我提供给他的室内装修方案也很感兴趣。"这便是参考法。运用参考法时，最好提供的参考名单上的人顾客非常熟悉和尊重，这样其效果更为显著。

6．样品礼品的赠送

赠送样品或礼品在某些推销活动中早已是很普遍的事。例如，P&G公司经常送小包洗发露给顾客。

7．运用惊奇法和激动法

在进行推销活动时，为引起顾客的注意，推销人员可采用惊奇法和激动法。例如，在卖场推销时，对路过的顾客说："厂家让利，买一赠一！"这样便可以成功地将顾客的目标转移过来。这种做法我们在逛商场时经常会遇到。

（三）刺激顾客的购买欲望

当顾客对一事物产生兴趣却不一定购买时，推销人员应想尽一切办法加深顾客的印象，使之上升为购买欲望。为了成功地激发顾客的购买欲望，推销人员则必须具备丰富的产品知识，要对产品的各种特色有了解，以及与同类产品相比的不同之处。

（四）促成顾客的购买行为

爱达推销模式的第四步，是对前三个推销步骤的总结和启发，它是推销人员在推销活动中促使顾客产生购买行为所努力的结果。这一步骤中，推销人员要不失时机地帮助顾客正确地认识其购买行为，从而达到使顾客购买的目的。

【案例赏析】

一对老夫妻很想购买一台超薄液晶电视机，但是原来的电视机没有坏，而购置一台超薄液晶电视机需要花费 2 000 元钱，所以两人在家电柜台看了好几回，一直犹豫不决。推销员小李早就注意到了这对夫妇，在对该夫妇讲解时，小李不仅仅向其详细介绍了该电视机产品的性价与质量，还向其描述购买后将如何悬挂最能节省空间，尤其强调了针对老年人的眼睛老花的收视效果，其使用寿命可达 10 年以上，每年分摊成本只有 200 元，结果这对老夫妻立刻高高兴兴地购买了此电视机。

分析：本案例中，推销员小李抓住了这对犹豫不决的老夫妻的心理特点，强调了老夫妻没有关注到的此款电视机的优点（节省空间、针对眼花的收视效果、使用寿命长），成功地推销出了电视机。

【实训练习】

爱达推销模式模拟演练

实训目的：了解和掌握爱达推销模式，熟练运用爱达推销模式推销产品。

实训方法：模拟演练法，小组讨论法。

实训内容：两人一组，从自己的物品中（手机、英语词典、化妆品、笔记本电脑、时尚杂志、汽车）任选一件，用爱达推销模式推销给对方。

实训步骤：教师说明规则，学生模拟，教师点评。

实训考核标准：

（1）举止得体、大方、自信，表达内容清晰。

（2）模拟推销情景逼真，口齿清楚，语言流利。

（3）举止文雅，语言得体，卖点分析到位，有一定可信度和诱惑力。

第二节　迪伯达推销模式

一、迪伯达推销模式的含义

迪伯达（DIPADA）推销模式是一种行之有效的推销模式，是由国际推销大师海因兹·姆·戈德曼根据其自身经验所总结出来的。迪伯达的英文组成分别为 Definition（发现）、

Identification（结合）、Proof（证实）、Acceptance（接受）、Desire（欲望）、Action（行动），缩写为 DIPADA。它们分别表示了迪伯达推销模式的六个步骤：准确地发现顾客的需求和意愿；产需相结合；向顾客证实所推销产品符合其需求；让顾客接受所推销的产品；对顾客购买欲望的刺激；达到使其购买的目的。该模式认为：推销的核心是以人为本，先顾客后商品。在推销活动中，推销人员首先必须明确顾客需求，之后再将需求与产品相联系。在迪伯达推销模式的六个步骤中，抓住顾客需求是迪伯达推销模式最大的特点，因而具有较强的针对性。

迪伯达推销模式适用于以下几种情况：①生产资料及市场产品的推销；②对老顾客和熟悉顾客的推销；③服务咨询、保险以及无形产品的推销和交易；④有组织的购买者和购买单位的推销。虽然迪伯达推销模式步骤复杂，但由于其推销效果比爱达推销模式好，受到推销界的重视。

二、迪伯达推销模式的具体步骤

（一）准确地发现顾客的需求和意愿

在实际推销活动中，推销人员要在实践中发现顾客的需求和意愿，有以下几种方法：

（1）市场调查预测法。市场调查预测法是指推销人员利用科学的市场调查技术与市场预测方法了解与预测市场和顾客的各种需求。

（2）推销洽谈法。推销洽谈法是指从顾客的角度关心顾客、询问顾客，与顾客洽谈并发现顾客的需求和实际困难。

（3）观察法。观察法是指推销人员为发现顾客的实际需求，在顾客所在的企业或销售现场而进行的观察活动，也可辅助于市场调查预测法等其他方法。

（二）产需相结合

推销人员在快速、准确地把握住顾客的需求和意愿后，应做到产需相结合，全面地向顾客介绍所推销的产品并让顾客意识到所推销的产品可以满足其自身需求，为下一步推销产品做好充足准备。“结合”的方法有：

（1）语言结合法。语言结合法是指通过推销人员的语言表述，说明产品的某个性能特点正好符合顾客需求，从而达到“结合”的目的。

（2）行为结合法。顾客的需求多种多样，如有的顾客对交货期、服务及许诺等会产生质疑，单凭语言是难以使顾客信服的，这就需要推销人员通过自己的实际行动来令顾客信服。

（3）信息结合法。信息结合法是指推销人员可以直接或间接地向顾客传递使用的信息，引发顾客对推销的产品有所需求。

（4）关系结合法。推销人员应潜意识地创建自己的关系网，不断地与顾客交流与沟通，建立好与顾客之间的关系在推销过程中尤为重要。

（5）满足需求结合法。满足需求结合法是指推销人员在企业营销过程中尽可能满足顾客的需求，从而把顾客和产品相结合。顾客的需求是合理应当满足的，推销人员应当把顾客需求放在首要位置，努力协调企业内部关系，尽可能满足顾客需求。

（6）教育与引导需求结合法。当顾客出于某种原因而缺乏对所推销产品的需求时，推销人员应从顾客的购买利益着想去说服和引导顾客，使顾客认识所推销产品具备的优点与利益。

（三）向顾客证实所推销产品符合其需求

这一步骤要向顾客证实其购买选择的正确性，应告诉顾客他们所需的产品正是此产品，还应向其说明产品可满足其需求。所谓证实，是指推销人员运用各种手段和证据，证明产品的确能满足顾客的需求。证实的目的在于帮助顾客寻求购买的理由，使顾客及企业、组织或他人相信购买时可以达到原来的购买目标，并能让顾客认识到这正是符合其需求的产品。

（四）让顾客接受所推销的产品

从迪伯达推销模式中，顾客已经明确了需求并为自己的购买行为找到了充足的理由，但离顾客的购买还有一定的距离，此时推销人员应抓紧时间促使顾客接受此产品。所谓接受，是指顾客认识产品的心理过程。而促使顾客接受就需要推销人员通过其自身的努力，让顾客承认产品符合其需要与需求。“促使接受”的方法，有以下四种：

1．询问促使法

询问促使法即推销人员在介绍产品、证实产品符合顾客需求的过程中，反复询问顾客是否赞成或理解自己的讲解和演示，一方面增进顾客对产品的注意和浓厚的兴趣，另一方面通过询问可以了解顾客对产品的接受程度。

2．诱导促使法

诱导促使法是指推销人员为诱使顾客接受此产品而向顾客提出一系列问题并请求顾客做出回答的方法。推销人员使用这种方法时一定注意设计问题的逻辑性，要逐步引导顾客接受产品。

3．顾客试用法

顾客试用法是指对有需求的顾客提供试用，一旦该产品能满足顾客的某种需求，使用过的产品就更容易被顾客接受。

4．检查促使法

检查促使法是指推销人员在示范过程中，向顾客提出带有检验性的问题，试探性地了解顾客的购买意图。若发现顾客在一些关键性问题上并没有接受，推销人员可以及时予以纠正和补充，满足顾客的真实需求。

（五）对顾客购买欲望的刺激

在迪伯达推销模式中，推销员通过其自身的努力和各种方法，让顾客从心理上接受所推销的产品时，就应该趁热打铁，刺激顾客的购买欲望。尤其是当顾客对产品产生兴趣却不一定购买时，推销员应想尽一切办法加深顾客印象从而使之产生购买欲望。刺激顾客的购买欲望需要推销员掌握所推销产品丰富的产品知识，要对产品的各种性能及特色有一定了解，以及与同类产品相比的不同之处。

（六）达到使其购买的目的

迪伯达推销模式的第六步，是对前五个推销步骤的总结和启发，也是推销员在销售活动中促使顾客产生购买行为所努力的结果。在激发顾客的购买欲望后，推销员要不失时机地帮助顾客正确地认识其购买行为，从而达到使顾客购买的目的。

【实训练习】

迪伯达推销模式模拟演练

实训目的：了解和掌握迪伯达推销模式，熟练运用迪伯达推销模式推销产品。

实训方法：教师指导法，学生表演法。

实训内容：各组在以下产品中任选一种，用本节所学的推销模式进行推销演练：化肥、农药、皮革、煤炭、机械。

实训步骤：

（1）以小组为单位，各组任选一种产品，拜访相关产品的推销人员，请教推销人员如何运用迪伯达模式推销产品。

（2）各组根据收集的有关资料按照迪伯达推销模式的步骤编写情景剧。

（3）各组进行迪伯达模式现场模拟演练。

实训考核标准：

（1）迪伯达推销模式运用正确。

（2）表情友好，姿势得体大方。

（3）推销过程具有可行性。

第三节　埃德帕推销模式

一、埃德帕推销模式的含义

埃德帕模式是 IDEPA 的译音，IDEPA 是英文单词 Identification（结合）、Demonstration（示范）、Elimination（淘汰）、Proof（证实）、Acceptance（接受）的第一个字母组成的，这五个字母表达了埃德帕推销模式的五个步骤：将产品与顾客需求结合起来；向顾客示范合适的产品；对产品进行筛选，淘汰不合适的产品；证实顾客的选择是正确的；促使顾客接受并购买此产品，做出购买决定。该模式是迪伯达推销模式的简化形式，是零售推销较为普遍的模式，比较适用于有明确购买目标的顾客。

二、埃德帕推销模式的具体步骤

（一）将产品与顾客需求结合起来

埃德帕推销模式针对的是有明确购买目标的顾客。因此，推销的第一步是推销人员应尽可能地满足顾客的需求，通过热情和主动的服务，在充分揣摩顾客需求的基础上，尽可能将产品与顾客需求紧密结合。

（二）向顾客示范合适的产品

为满足顾客的需求，应当将合适的产品示范给顾客，在示范时应注意按照顾客的需求示范产品，如果顾客拿着清单进货，推销人员应对清单上的产品予以示范，如果推销人员能根据顾客的需求，向其推销进货清单上没有的产品，如刚上市的新品，顾客则会很高兴。越准确地根据顾客需求向其示范合适的产品交易成功的可能性就越大。

（三）对产品进行筛选，淘汰不合适的产品

顾客面临选择的商品很多，在推销中，应尽可能地根据顾客的需求对推销的产品进行筛选，淘汰不合适的产品，选择合适的产品推销给顾客。

（四）证实顾客的选择是正确的

顾客往往认为只要是畅销品就是好产品，一定适合自己，而对于非畅销品，就需要用具体的实例演示来向顾客证明。当顾客选择此产品后，证实与赞扬顾客选择的正确性就显得尤为重要，它关乎着推销活动的成败。

（五）促使顾客接受并购买此产品

推销人员在进行推销活动时，应对不同的顾客采取不同的策略，在合理情况下尽可能地满足顾客的要求。此外，推销人员还应在销售业务等方面为顾客提供方便，从而使得顾客接受并购买此产品。

【实训练习】

埃德帕推销模式模拟演练

实训目的：了解和掌握埃德帕推销模式，熟练运用埃德帕推销模式推销产品。

实训方法：教师指导法，学生表演法。

实训内容：各组在以下产品中任选一种，用本节所学的推销模式进行推销演练：饮料、书包、化妆品、笔记本、杂志。

实训步骤：

（1）以小组为单位，各组任选一种产品，到有关公司或卖场实地观察推销人员如何运用埃德帕推销模式推销产品。

（2）各组根据收集的有关资料按照埃德帕推销模式的步骤编写成情景剧。

（3）各组进行埃德帕推销模式现场模拟演练。

实训考核标准：

（1）埃德帕推销模式运用正确。

（2）表情友好，姿势得体大方。

（3）推销过程具有可行性。

第四节 费比推销模式

一、费比推销模式的含义

费比（FABE）推销模式是指为方便顾客了解认识产品的优点、特性及给自身所带来的利益而事先将此印在纸上或列在清单上的一种方法。因此，费比推销模式备受推销人员的喜爱。费比的英文译音为FABE，它是由英文单词Feature（特征）、Advantage（优点）、Benefit（利益）、Evidence（证据）的首字母组成，分别表示了费比模式的四个步骤：把产品的特征详细介绍给顾客；突出产品优势；列举产品本身所能为顾客提供的最大利益；以证据说服顾客购买。

费比推销模式就其他推销模式而言，最明显的特点就是事先把产品自身所具备的特征、优点以及所能带给顾客的利益等列举出来，使顾客更快更好地了解相关内容，很受推销人员的青睐。

二、费比推销模式的具体步骤

（一）把产品的特征详细介绍给顾客

推销人员应快速准确地将产品属性特征介绍给顾客。介绍的主要内容包括以下几点：产品的性能、构造、作用、使用的简易性及可操作性、耐久性、经济性及价格等。若是新品介绍应更为详尽。如果上述内容杂乱且繁多，推销人员应事先将其整理成材料交予顾客，因而制作好广告材料是费比推销模式的一大亮点。

（二）突出产品优势

推销人员应充分地将产品的优势介绍给顾客。若是新产品，则必须说明该产品的开发背景、目的、设计理念、研发的必要性以及与老产品的差异性等。针对不同顾客可以采用不同的方式予以讲述。

（三）列举产品本身所能为顾客提供的最大利益

列举产品本身所能为顾客提供的最大利益是费比推销模式的核心所在。推销人员应以顾客的需求为出发点，尽可能地向顾客阐明产品本身所具有的优势及其自身以外的附加利益。在顾客不了解的情况下，应详细地向顾客说明并观察顾客情感的变化，在顾客感兴趣的地方多讲多列举。

（四）以证据说服顾客购买

推销人员应以产品属性为依据，通过真实的数字、案例等证据，解决顾客的各种异议与疑虑，促成顾客购买。

知识链接

费比模式的应用

洗衣机是以节水为卖点的，其销售可按 FABE 模式进行介绍，其过程如下：

F 特征：这款洗衣机最大的特点是节水，每次使用时耗水量是普通洗衣机的 $\frac{1}{2}$。

A 优点：以前的洗衣机需水量都在 80～100L，质量差一点的需水量可能达到 130L。现在的洗衣机需水量在 50L 左右。您比较一番就可以知道每次可为您节约多少生活用水。

B 利益：假如一升水 0.2 元，按洗一次可省 50L 水为例，就可以省 10 元，一个月用上七八次，就能省近一百元水费，您一个月的通讯费都省回来了。

E 证据：这款洗衣机为什么这么节水呢？（利用说明书）是由于它内部结构不同于普通洗衣机，您可以看看我们的销售记录。如果合适的话，我就帮您选购一台。

【实训练习】

费比推销模式模拟演练

实训目的：了解和掌握费比推销模式，熟练运用费比推销模式推销产品。

实训方法：教师指导法，学生表演法。

实训内容：各组在以下产品中任选一种，用本节所学推销模式进行推销演练：手机、化妆品、笔记本电脑、时尚杂志、汽车。

实训步骤：

（1）以小组为单位，各组任选一种产品，到有关公司或者卖场实地观察推销人员如何运用费比推销模式推销产品。

（2）各组根据收集的有关资料按照费比推销模式的步骤编写成情景剧。

（3）各组进行费比推销模式现场模拟演练。

实训考核标准：

（1）费比推销模式运用正确。

（2）表情友好，姿势得体大方。

（3）推销过程具有可行性。

第五节　吉姆推销模式

一、吉姆推销模式的含义

吉姆（GEM）推销模式是众多推销模式中的特例，它适用于所有推销。吉姆推销模式也可称为“产品、公司、推销人员”三角模式，是由英文单词 Goods（产品）、Enterprise（企业）、Man（推销人员）的首字母组成的。吉姆推销模式是一种以培养推销人员的自信心，提高推销人员说服顾客的能力为中心的推销模式。吉姆推销模式的核心是“自信”，即推销人员一定要对自己所推销的产品充满自信（G），一定要对自己所代表的企业充满自信（E），一定要相信自己（M）。

二、吉姆推销模式的具体步骤

（一）对自己所推销的产品充满自信

在运用吉姆推销模式时，推销人员首先要对自己所推销的产品深信不疑，只有足够的自信才能抵挡外界的拒绝，因此要对产品进行充分了解，全面把握产品的知识，特有的功能效用、优势和合理的使用方法，只有这样，才能真正树立起对产品的信心，并在与同类产品竞争时稳操胜券。

（二）对自己所代表的企业充满自信

推销人员除了对自己推销的产品充满自信外，还应该对自己所代表的企业充满自信。推销人员与公司的关系不仅仅是上下级的关系，还应该时刻关心公司的销售业绩，关注公司动态，只有这样，才能共同提高销售业绩。

（三）相信自己

在运用吉姆推销模式时，推销人员还应该相信自己。在销售过程中，推销人员会与形形色色的人打交道，如果没有足够的自信，就很难说服他们并取得他们的信任，不管面对怎样的挑战，都要坚信自己能够成功，只要不放弃，有信心坚持下去，就有成功的可能。

【案例赏析】

著名推销员齐格参加了梅里尔指导的全日制培训课程。培训过后，梅里尔先生将齐格留下说：“你能力很强，日后定会很有前途。只要你认真地投入工作中，足够自信定能冲破一切困难而获得成功。”

齐格在此之前还是一个平庸的推销员，忽然有人称赞他是成功者，然而很巧的是称赞他的人正好是他所敬重的人。他很兴奋，决定不辜负梅里尔先生的赏识，下定决心要向成功者那样思考、行动。

他在每次拜访顾客前，都会在心里反复默念：我是成功者，我是成功者。结果却收到意想不到的成效。在仅仅一个星期内，他推销产品的成功比率竟高达85%，自此以后他的推销业绩更高，甚至达到95%。

这种积极的心态使得齐格在一家拥有7 000多名推销员的公司里崭露头角，推销成绩名列第二，最后成为全国最年轻的区域主管。

（资料来源：http://hi.baidu.com/connicebaby/item/6f962cedc49a4d0d8c3ea862）

分析：自信是迈向成功的必然途径，成功的推销员一定要相信自己，用积极的心态去面对困难。此案例中，齐格之所以能够成为全国最年轻的区域主管，和他良好的心态有很大关系。

【实训练习】

吉姆推销模式模拟演练

实训目的：了解和掌握吉姆推销模式，熟练运用吉姆推销模式推销产品。

实训方法：教师指导法，学生表演法。

实训内容：各组在以下产品中任选一种，用本节所学的推销模式进行推销演练：手机、英语词典、意外伤害险、化妆品、笔记本电脑、时尚杂志、汽车。

实训步骤：

（1）以小组为单位，各组任选一种产品，到有关公司或卖场实地观察推销人员如何运用吉姆推销模式推销产品。

（2）各组根据收集的有关资料按照吉姆推销模式的步骤编写成情景剧。

（3）各组进行吉姆推销模式现场模拟演练。

实训考核标准：

（1）吉姆推销模式运用正确。

（2）表情友好，姿势得体大方。

（3）推销过程具有可行性。

复习思考题

1. 什么是爱达推销模式？其具体步骤有哪些？
2. 适用于单位购买的推销模式是哪种？其具体步骤是什么？
3. 埃德帕推销模式有什么特点？
4. 费比推销模式的具体步骤是什么？
5. 如何理解和运用吉姆推销模式？

案例分析

第一种对话：

推销员："在这台电脑上有一个控制系统'收到信息'的指示灯。"

顾客："嗯。"

推销员："当收到信息时，指示灯显示蓝色。"

顾客："嗯。"

推销员："进入办公室时看到指示灯显示蓝色，则知道有电话需要回复。"

顾客："嗯。"

推销员："这可以提醒你。"

顾客："嗯。"

推销员："若是顾客打来的电话，你知道后，立马回复，会给顾客带来好感"

顾客："嗯。"

推销员："这样，会提高你的声誉，产品的销路也会扩大很多，由此所带来的利润也是你无法估量的"

顾客："喔。"

第二种对话：

推销员："对你们而言最重要的是声誉，对吗？"

顾客："对"。（引出顾客的需要）

推销员："这个系统能让你在同行中崭露头角，它能使你迅速地回复顾客，让顾客感受到优质的服务和崇高的敬意，与此同时也维持了自己的商誉，你说是吧？"

顾客："是的。"（确认顾客的需要）

推销员："这就是为什么这种系统'收到信息'会有蓝色指示的主要目的（确认产品的特色）。蓝色指示灯可以提醒你立即处理顾客的电话，顾客定会很欣赏你这种服务态度（推销产品的特色以及因产品特色而带来的好处）。你一定会觉得这个蓝色指示灯很有用处，是不是？"

顾客："是啊。"（使顾客认同因产品特色而带来的好处）

（资料来源：http://blog.sina.com.cn/s/blog_5c784a410100lrux.html）

问题：

（1）请问这两种对话哪一种推销效果较好？请说明原因。

（2）效果较好的推销对话应用了哪种推销模式？

（3）该推销模式有何特点？

第九章 推销接近

【案例导入】

一个化妆品推销员的经历

小张最近加盟了一家化妆品公司，做了一名职业推销员。新的行业，小张一切都必须从头开始，小张为自己没有顾客而发愁，不得不每天挎着一个大背包，里面装满了各种眉笔、唇膏、粉饼等化妆品，挨家挨户地敲着陌生人的大门。可是能开门见她的人很少，多数人只是在“猫眼”里看了看，就很不客气地在门里说：“我不需要，快走吧！”这样的拒绝使小张很寒心。一连几个月她的收入都不足以维持温饱，这深深刺痛了她那颗骄傲的心，她不相信在别人干得有声有色的行业中，自己只是一个“脓包”，一定有办法开创自己的新天地。

小张先向她的同学、亲友介绍化妆品，请她们试用，并借机向她们推销产品，很快业绩有了上升，之后又请她们把自己介绍给她们的同事或朋友，但是当用这些常规方法发展到近50人时，她的业务又出现了停滞。

接下来小张决定在自己的小区里展开推销活动，她写了几百封信：“××号的×女士，您好！我是您的邻居张小丽，在××化妆品公司工作，我很希望与您交个朋友，您希望变得更加美丽动人吗？如果希望的话，能在晚上 6 至 8 点钟之间给我打个电话吗？我的电话是87654321。”并附上一些化妆品的说明书，然后把信件塞进了各户的信箱。此后几天晚上陆续接到了 5 个电话，卖出了 3 只口红、4 个保湿粉底和 1 瓶爽肤水。

就这样做了几个月，小张的推销成绩又有了一定的进步，但她仍觉得销售增长的速度慢。怎样才能提高效率呢？她苦思冥想了很长时间也不得要领。后来在儿子的家长会上她偶然得知有一个孩子的妈妈是某单位的工会主席，姓王，突然有了主意，决定试一试。

机会来了，有一天下着大雨，工会主席还没来，看着孩子们一个个被家长接走了，工会主席的孩子很着急，小张就主动上前安慰他，告诉他说：“阿姨可以送你回家。你先给妈妈打个电话，告诉她不要着急，康明（小张的儿子）的妈妈会送你回家。”小家伙照办了。小张把他送到家，记住了她家的地址。

后来她们成了好朋友，小张给她做了全套护肤美容和化妆，边做边讲解，并针对她的肤质特点提出建议，工会主席发现化妆后比平时漂亮多了。大家的赞美使她很高兴，自然成了小张的顾客，她也帮助小张介绍了一些同事，在她的影响下，她们单位很多女同事也都开始使用小张公司的化妆品了，小张的顾客数量也达到了300人，收入大有增长。

工会主席后来又帮小张与另外几个大企业的工会主席取得了联系，建立了友谊。通过这种方法，小张发展了几个公司的大量顾客。她们中有的人买全套化妆品，有的人只买单件，不论怎样，小张对她们都一视同仁，以周到的服务获得大家的满意。因此，她的顾客数量像雪球般越滚越大，销售量直线上升，收入也有了极大提高。

（资料来源：http://www.docin.com/p-48338564.html）

启示：有效地寻找目标顾客是推销成功的基础，本案例中的小张能很好地找准推销的切入点，并站在顾客的角度为其服务。当案例中的工会主席对小张及其产品进行认可后，小张借用一定的推销技巧，使工会主席为其再介绍新的顾客，从而大大提高了推销成功的可能。

【学习目标】

要求学生能认识寻找顾客的必要性及重要性，了解寻找顾客的基本原则和步骤，懂得约见顾客的方式与技巧；掌握推销人员接近顾客的技巧与各种方法，使学生会根据不同情况寻找顾客，熟练运用接近顾客的方法与技巧。

第一节　寻找顾客

一、顾客的概念

顾客是指已经购买产品或有可能购买产品的个人和组织。顾客是推销人员服务的对象。对于企业来说，顾客就是衣食父母，没有顾客就没有企业的利润，企业就无法生存；对于推销人员来说，没有顾客就无法顺利开展工作，也就无法取得事业的成功。所以说顾客是任何营销和推销活动的中心。

从营销学的角度来看，顾客分为已经购买者和潜在购买者，这些人对企业的产品既有购买需求又有购买能力。在各种推销实践中，推销人员会发现，向老顾客推销要比向其他人员推销容易得多，推销的各种成本也要低得多。所以，经验丰富的推销人员都掌握着一批顾客的名单和资料，这些顾客的购买占了其推销成果的大部分。但不断地挖掘寻找潜在顾客才是推销成功的源泉。

知识链接

结识新朋友，不忘老朋友

在推销过程中，有些经验欠缺的推销人员常常把注意力放在没有购买产品的潜在顾客身上而忽略了老顾客的维护。结果是：“认识了新顾客，冷落了老顾客；新顾客流入，老顾客流出。”这样的结果不免让人痛惜。大量的推销实践告诉我们：“推销人员十句顶不上顾客一句有用”。由老顾客带来的新顾客，成本低收益高。争取一个新顾客的成本是维持老顾客的5倍，而老顾客带来的盈利却是新顾客的15倍。一个忠诚的老顾客可以影响25个消费者，诱发8个潜在顾客产生购买动机，其中至少会有一个人产生实际购买行为。同时，老顾客还能带动相关新产品销售，所以在销售过程中一定要重视维护好老顾客。维护老顾客的关键在于树立以顾客为中心的推销观念，并尽可能为顾客提供优质的产品和良好的服务。

二、寻找顾客的过程及原则

寻找顾客是推销的起点，有效地寻找和识别顾客是成功推销的前提。在竞争激烈的现代市场环境中，企业拥有的顾客越多，企业的推销规模就越大，就越有市场竞争力。但顾客又不是轻易能获得和保持的。推销人员的主要任务之一就是采取真正有效的方法与途径来寻找与识别那些真正有可能购买产品的潜在顾客，并实施有效的推销。

（一）顾客的寻找过程

顾客的寻找是一项最具挑战性、开拓性的工作，也是推销人员能够有效提升自我能力的工作。在现实推销活动中，对绝大多数产品而言，推销人员是不可能知道所有的潜在顾客的，但却可以通过借鉴以往的经验、有效的方法，更准确高效地寻找潜在顾客。寻找潜在顾客的工作既包括获知潜在顾客是谁，也包括对潜在顾客是否会采取购买行为进行分析和判断，从而对潜在顾客进行筛选，具体过程如下：

1. 搜寻潜在顾客

寻找顾客首先从发现可能购买的潜在顾客开始，获得的潜在顾客名单越多，推销成功的可能就越大。推销人员首先要根据自己推销品的特征，根据已有的条件，搜集资料，寻找各种可能的线索，分析可能成为潜在顾客的条件，并采取尽可能多的途径和方法寻找潜在顾客，以便使寻找潜在顾客的有效性达到最大。

2. 筛选潜在顾客

对潜在顾客进行评估和筛选。推销人员要将潜在顾客的名字列成一个名单，然后将他们中购买产品的可能性由大到小排列起来，从中分析出重要、比较重要的潜在顾客，从中筛选出最有可能购买或购买量最大的潜在顾客。

3. 确定潜在顾客

为了有利于推销工作的顺利进行，推销人员要根据筛选结果确定其准备进行推销的潜在顾客。

4. 制订拜访计划

最后对这些潜在顾客进行分析、分类、建立档案并据此制订拜访计划，进行拜访洽谈。

（二）寻找潜在顾客的原则

1. 培养良好心态，在拒绝中前行

培养良好的心态，就要学会和拒绝打交道。在推销过程中，推销人员难免会遭受到各种

各样的拒绝和挫折，真切地感受到“门难进、脸难看、话难听”的滋味。这很容易使推销人员的自信心受到打击，产生害怕与顾客接触的心理，甚至会对推销活动产生抵触情绪。但是，成功的推销都是从遭受拒绝开始的，推销就是在拒绝和挫折中不断前行的，这就要求推销人员必须放下面子、树立自信心，培养勇往直前、克服困难的良好心态。

2. 树立“处处留心皆顾客”原则

作为推销人员，要想在激烈的市场竞争中不断发展壮大自己的顾客队伍，提升销售业绩，就必须牢固树立随时随地寻找顾客的强烈意识，并且要养成一种随时随地搜寻潜在顾客的习惯。顾客就在自己的身边，不放过任何一丝捕捉顾客的机会，也决不错过任何一个能扩大销售，为顾客提供更多服务的机会。

【案例赏析】

处处留心皆顾客

王美是安利公司的一名推销员，她对这份工作充满了热情和喜爱，工作中更是随时随地留心挖掘顾客。一次，王美在回公司的电梯中遇到一个送水工，便灵机一动主动上前邀请送水工到她办公室坐坐。王美在办公室里把公司产品简单给送水工介绍了一下，然后对他说：“你送水的时候顺便帮我把这些产品单也给顾客放一份，我给你的这些单子上都有个五角星，用这张单子购买产品可抵5元现金，如果顾客买了我的产品，我会给你个人答谢费。你也就是个举手之劳的事。”送水工一听很高兴，爽快地答应了。不久，王美便通过此种方法提高了业绩。

分析：寻找顾客是推销的起点，是成功推销的前提。本案例中，王美不放过一丝机会，通过与送水工的合作，成功地将业务拓展。

3. 多途径寻找原则

对于大多数商品而言，寻找推销对象的途径或渠道通常不止一条，如熟人介绍、做广告、发传单、做调研等。究竟采用哪些方法、选择何种途径更为适合，具体还应将推销品的特点、推销品的销售区域及交易对象的范围结合起来综合考虑。在实际推销工作中，采用多种方法并用的方式来寻找顾客，往往比只用一种方法或途径的收效要好，推销人员要善于创新并运用各种方法或途径，来提高寻找顾客的效率。

4. 重视老顾客原则

有些经验不丰富的推销人员常犯的一个错就是“以新代旧”，不重视老顾客的维护，只重视新顾客的开发。殊不知成功的推销人员成功的原因就是不忘老顾客并不断扩充新顾客，才使得销售额越做越多，销售业绩越来越好的。对于新顾客的销售只是锦上添花，没有老顾客做稳固的基础，对新顾客的销售也只能是对所失去的老顾客的抵补，总的销售量不会增加。推销人员必须树立的一个观念是：老顾客是自己最好的顾客。推销人员必须遵守的一个准则是：自己80%的销售业绩来自于20%的顾客。这20%的顾客是推销人员长期合作的老顾客。如果丧失了这20%的老顾客，将会丧失80%的市场。

知识链接

帕累托法则

帕累托法则又称为80/20法则，是由意大利的经济学家和社会学家帕累托发现的。帕累托法则是指在任何大系统中，约80%的结果是由该系统中约20%的变量产生的。例如：在企业当中，通常80%的利润来自于20%的项目或着重要顾客；经济学家认为，20%的人掌握着社会80%的财富；心理学家认为，20%的人身上集中了人类80%的智慧等。具体到时间管理领域是指大约20%的重要项目能带来整个工作成果的80%。在许多情况下，工作的前20%时间会带来所有效益的80%。

帕累托法则带给我们的启示是：在工作中应避免将时间花在琐碎的多数问题上，因为你花了80%的时间，你只能获取20%的效力，成功地完成无关紧要的工作是最浪费时间的。你应该将时间花于重要的少数问题上，只要掌握了这些重要的少数问题，才能只花20%的时间，获取80%的成效。

三、寻找潜在顾客的方法

寻找潜在顾客的方法多种多样，不同的产品、不同的行业，寻找潜在顾客的方法也不尽相同。没有一种方法是放之四海而皆准的，推销人员只有用心摸索、不断总结，才能找到更有效的方法。这里介绍几种常用的方法：

（一）网络搜寻法

1．网络搜寻法的含义

网络搜寻法就是推销人员运用各种现代信息技术与互联网通信平台来搜索潜在顾客的方法。它是信息时代的一种非常重要的寻找顾客方法。互联网的普及使得在网上搜索潜在顾客变得十分方便，推销人员借助互联网的强大搜索引擎如百度等，可以搜寻到大量的潜在顾客。对于新推销人员来说，网上寻找潜在顾客是最好的选择。

2．网络搜寻法的优点

（1）网络搜寻法是一种非常便捷的顾客搜寻法。推销人员可以在相关商业网站，通过各种关键词，快速寻找潜在顾客，从而节约时间，避免盲目的市场扫荡，提高了推销工作效率。

（2）可以降低推销成本和市场风险。

（3）可以较全面地搜寻到有关潜在顾客的资料。

3．网络搜寻法的缺点

（1）现代网络信息更新较快，信息的时效性差，从而影响了信息的可信度。

（2）出于信息安全的考虑，一些重要资料并不在网上公布。

（3）网络世界是个虚拟的世界，推销人员在运用互联网这一现代化信息手段查找资料时，难免会遭遇到假情报的干扰，从而不能完全保证潜在顾客资料的真实性和可靠性。

4．运用网络搜寻法应注意的问题

（1）运用网络搜寻法时，关键词的输入要精确。如果查询的主题不明确，不能准确地确

定搜索的内容是什么或搜索的主题范围很广时，则不利于推销人员获得相关的信息。

（2）尽可能尝试用多个搜索引擎去搜寻想要的信息。由于互联网上的信息量变得越来越大，单个的搜索引擎不可能包括整个网络。索引数据库的大小，系统维护的开销等都限制了一个搜索引擎的功能。因此，推销人员要尝试用所有的搜索引擎去搜寻他所要的信息。

（二）电话寻找法

1．电话寻找法的含义

电话寻找法是指推销人员在掌握了潜在顾客的姓名及电话号码后，用打电话的方式与潜在顾客联系的方法。电话最能突破时间与空间的限制，是最有效率地接触顾客的工具，推销人员若能在拜访顾客之前先提前通过电话沟通，就会有效地提高推销的成功率。

2．电话寻找法的优点

（1）最能突破时间与空间的限制，也是最有效率地接触顾客的工具。

（2）寻找速度快，信息反馈快。一般情况下，接电话的人肯定是全神贯注地听电话，只要把握好讲话的内容与顺序，就会收到很好的效果。

3．电话寻找法的缺点

（1）易遭拒绝。因不了解顾客的情况，推销遭到拒绝的可能性较大。

（2）有一些推销人员和推销对象的言语措词不一致，就很容易让双方之间产生隔阂，使双方难以沟通，在推销时如果与顾客之间沟通不好，那么后续工作将无法顺利开展。

4．运用电话寻找法应注意的问题

（1）推销人员应该选择好打电话的时间。要避开使用电话的高峰期，避免顾客因为忙碌而不能很好地沟通。

（2）应该讲究打电话的礼仪与效果。

（3）做好准备，讲究效率。事先将要说的话打个草稿，讲话时应简明扼要，不要拖泥带水，尽快把事情讲清楚。

知识链接

电话推销中的开场白

电话推销中，开场白非常重要。一般好的开场白有三个基本组成部分：

（1）销售人员应该自报家门，如：“早上好，张总，我是顺通医药的小张。”

（2）自我介绍后，应紧跟强烈、简洁的销售信息，以强调产品带给对方的好处。

（3）接下来是结束语，如：“王先生，我想与您见个面，向您展示我们公司的计划，从而能帮助贵公司在短时间内在海外获得利润，您今天下午或明天有时间吗？”

（三）“地毯式”搜索法

1．“地毯式”搜索法的含义

“地毯式”搜寻法也称普遍寻找法、逐户寻找法、挨家挨户访问法或走街串巷寻找法，是指推销人员在任务范围内或特定地区、行业内，用上门探访的形式，对预计的可能成为潜在顾客的单位、组织、家庭乃至个人无一遗漏地进行寻找并确定潜在顾客的方法，也称“扫街”。

“地毯式”搜索法通常在不太熟悉推销对象的情况下采用，其基础是“平均法则”，即推销人员所要寻找的顾客是平均分布在某一地区或职业的所有人或组织中的，如果推销人员的寻找是彻底的，那么总会找出一定数量的潜在顾客，其中会有一定比例的潜在顾客与推销人员达成交易。假如过去的经验表明，访问的10人中有1人会买某种推销品，那么50次访问会产生5笔交易。

2. “地毯式”搜索法的优点

（1）不会遗漏有价值的顾客。推销人员如果准备充分，推销技巧得当，有时会有意想不到的收获。例如，王晓在开发一个较为偏僻的地区时，由于对当地情况不太熟悉，就对潜在顾客挨个拜访，结果在当地签了个让她惊喜的大单子。

（2）推销人员可借机进行市场调查，能够较客观全面地了解顾客的需求情况。

（3）可以扩大企业和推销品的影响。推销人员寻找顾客的过程，也是传递推销信息的过程。推销人员可以广泛地接触顾客，广泛地传播与企业和产品有关的信息，从而扩大企业和推销品的影响。

（4）可以积累推销工作经验，培养和锻炼推销人员，这种方法是新推销人员的必经之路。

3. “地毯式”搜索法的缺点

（1）此方法针对性不强，有一定的盲目性，比较费时费力，推销成功率低。

（2）推销人员冒昧造访，会受到顾客的拒绝甚至是厌恶，顾客容易产生抵触情绪，也给推销人员造成很大的精神压力。

4. 运用“地毯式”搜索法应注意的问题

采用“地毯式”搜索法时，首先要根据推销品的用途、特性、企业营销策略确定目标市场的范围，然后推销人员经过初步判断与研究，确定出一个大致的目标市场范围。同时要总结以前经验，设计好谈话的方案与策略，以便提高上门访问的有效性。

（四）链式引荐法

1. 链式引荐法的含义

链式引荐法又称为连锁介绍法，是指推销人员请求现有顾客介绍未来可能的潜在顾客的方法。链式引荐法在西方被认为是最有效的寻找顾客的方法之一，也被称为黄金顾客开发法。有关资料显示：在寻找新顾客的途径中，由现有顾客推荐而获得成功者占据比例达百分之五十。这种方法的关键就是推销人员能否赢得现有顾客的信赖。因而，了解和掌握每一个顾客的背景情况都可能会给推销人员带来新的推销机会。

通常购买者之间有着相似的购买动机，各个顾客之间也有着一定的联系和影响，链式引荐法就是依靠各位顾客之间的社会联系，通过顾客之间的连锁介绍，来寻找新顾客。介绍内容一般为提供名单及简单情况。介绍方法有口头介绍、写信介绍、电话介绍、名片介绍等。运用这种方法推销人员可以不断地向纵深发展，使自己的顾客群越来越大。

知识链接

二百五法则

曾推销过13 000多辆汽车，创吉尼斯世界纪录的美国历史上最伟大的汽车推销大王乔·吉拉德曾自豪地说："二百五法则的发现，使我成为世界上最伟大的推销员。"

吉拉德做汽车推销员不久，有一次从朋友母亲葬礼上的主持人那里偶然了解到，每次葬礼来祭奠一位死者的人数平均为250人左右。又有一天，吉拉德参加一位朋友在教堂里举行的婚礼，从教堂主人那里得知：每次婚礼，新娘方大概有250人，新郎方大概也有250人参加婚礼。这一连串的250人，使吉拉德悟出一个道理：每一个人都有许许多多的亲朋好友、熟人，甚至远远超过250这个数字，而250人只不过是个平均数。

因此，对于推销人员来说，对任何顾客都须待之以诚，无论其买还是不买你的东西。因为每位顾客不仅可以使你失去许多，而且也可能为你带来许多！如果你得罪了一位顾客，也就得罪了另外250位顾客；如果你让一位顾客难堪，就会有250名顾客在背后为难你；如果你赶走一位买主，就会失去另外250位买主；只要你不喜欢一个人，就会有250人讨厌你。这就是吉拉德的二百五法则。

（资料来源：王建立，《商务谈判与推销》，北京邮电大学出版社）

2．链式引荐法的优点

（1）现有顾客推荐的新顾客大多数是可能有着共同的利益或者非常熟悉的，所以提供的信息准确、内容详细。可以有效地避免推销人员寻找顾客时的盲目性，是寻找与接近新顾客的好办法。

（2）可赢得被介绍顾客的信任，推销成功率比较高。

3．链式引荐法的缺点

（1）不适于无信誉、不能取信于顾客的推销人员。

（2）推销人员常常处于被动地位。因为现有顾客没有进行连锁介绍的义务，所以现有顾客是否愿意介绍新顾客给推销人员，完全取决于现有顾客的意图。若现有顾客出于某种考虑不愿意介绍新顾客，推销人员便无可奈何。如果推销人员对现有顾客寄予重望，就会造成被动的工作局面。

（3）得罪一个顾客，相当于得罪一片顾客，链条会中断。

4．运用链式引荐法应注意的问题

（1）要取得现有顾客的足够信任。老顾客才是最好的顾客，只要留住了老顾客，他们就会成为企业销售最忠实的介绍人和义务推销人员。

（2）推销人员对于介绍的潜在顾客也应进行详细的评估和分析，应尽可能多地从现有顾客处了解新顾客的情况，制订必要的销售准备和计划。

（3）适度感谢现有顾客，有利于建立良好长久的关系。

（五）中心人物法

1．中心人物法的含义

中心人物法也叫名人介绍法、中心辐射法，是指推销人员在某一特定推销范围内发展一些有影响力的中心人物，并在这些中心人物的协助下把该范围内的组织或个人变成潜在顾客的方法，是连锁介绍法的特殊形式。

中心人物法所依据的理论是“光环效应”。心理学家认为，人们对于在自己心目中享有一定威望的人物是信服并愿意追随的。因此，一些中心人物的购买与消费行为，就可能在他的崇拜者心目中形成示范作用与先导效应，从而引发崇拜者的购买与消费行为。在许多产品的销售领域，影响者或中心人物是客观存在的。例如，时尚性产品的销售，名人效应最为明显。一般来说，中心人物包括在某些行业里具有一定影响力的声誉良好的权威人士，在行业里具有广泛人脉关系的信息灵通人士。

知识链接

光环效应

光环效应是指在人际交往过程中形成的一种夸大的社会印象，正如日、月的光辉，在云雾的作用下扩大到四周，形成一种光环作用。光环效应常表现在一个人对另一个人（或事物）的最初印象决定了他的总体看法，而看不准对方的真实品质，形成一种好的或坏的“成见”，实际是一种认知偏差。所以光环效应也可以称为“以点概面效应”，还称为晕轮效应。美国心理学家凯利与阿希等人在印象形成实验中证实了这个效应的存在。可以把这个效应看作是主观推断泛化、定势的结果。

美国心理学家凯利曾做过一个心理实验：让一位演讲者在某大学两个班级分别作了内容相同的演讲。演讲结束后，甲班学生与其亲密攀谈，而乙班学生则对其冷淡回避。同一个人作同样的演讲，为何效果会如此不同？原来演讲前凯利曾对甲班学生说，演讲者是如何热情可亲，而对乙班学生则说，演讲者是如何不易接近。结果学生们戴着有色眼镜去观察演讲者，演讲者被罩上了不同色彩的光环，学生们看到的都是他们期望看到的。这就是“光环效应”的表现。

心理学认为，当一个人在别人心目中有较好的形象时，他会被一种积极的光环所笼罩，从而也把其他良好的品质赋予了他；如果认为某人具有某个突出缺点，这个人就被消极否定的光环所笼罩，甚至认为他其他方面都不好。这就是人心理上的一种“光环效应”。当你对一个人产生好感时，他的身上会出现积极的、美妙的，甚至是理想的光环。在这种光环的笼罩下，不仅对方外貌、心灵上的不足被忽略，甚至人为地被赋予了很多美好的品质。俗话说：“情人眼中出西施”“一白遮百丑”也是这种光环效应的结果。生活中的“先入为主”“个人迷信”“专家效应”等也是光环效应的表现。

2．中心人物法的优点

（1）推销人员可以集中精力向少数中心人物做细致的说服工作，避免重复单调地向每一个潜在顾客进行宣传与推销，节省了大量的时间与精力。

（2）可以利用中心人物提升产品的知名度、美誉度。

3．中心人物法的缺点

（1）有些中心人物难以发现或合作。

（2）寄希望于中心人物，风险较大。中心人物一旦选错或有不良行为，将殃及企业和品牌。

4. 运用中心人物法应注意的问题

（1）中心人物是指那些因其地位、职务、成就、人格而对周围的人有影响的人。

（2）推销人员应努力取得中心人物的信任与合作。在现行政策允许范围内，千方百计地开展推销活动，与中心人物建立良好的人际关系。

【案例赏析】

王伟从事医疗设备推销工作已经几年了。他知道，这个城市的名医米教授在医疗设备领域是很有权威的，并且不少大医院的负责人都是米教授的弟子或同事。于是王伟设法与米教授取得了联系，聘请其为销售公司的技术顾问。每次有新设备到货，他都让米教授进行检测。米教授的认真精神是业界所公认的，这样王伟再到大医院推销设备时，只要一提到米教授，各大医院的负责人都不会轻易拒绝了。并且，有米教授亲自为设备所做的检测说明，人们对产品的质量不再怀疑。同时，王伟他们还定期通过米教授，邀请各大医院的负责人，召开产品发布会。这样，有权威人士的证明，产品增强了可信度，也就不愁没有销路了。

分析：专业权威人士最有资格对产品说话，也最讲学术，轻易不敢说假话，否则会让自己的名誉扫地。如果推销人员能巧妙地借助权威人士的影响，就容易让顾客买账。

（六）委托助手法

1. 委托助手法的含义

委托助手法也称“猎犬法”，就是推销人员雇佣他人寻找潜在顾客的一种方法。推销人员自己则可以集中精力从事具体的推销访问工作。这些受雇人员一旦发现潜在顾客，便立即通知推销人员，安排推销访问。这些接受雇用的人员被称为推销助手。在西方国家，这种方法运用十分普遍。一些推销人员常雇佣有关人士来寻找潜在顾客。

适当地运用推销助手来发掘新顾客，拓展市场，是一个行之有效的方法。推销人员委托一些有关行业与外单位的人充当助手，在特定的销售地区与行业内寻找顾客及收集情况，传递信息，然后由推销人员去接见与洽谈，这样花费的时间肯定比推销人员亲自外出收集情况更合算些。越是高级的推销人员就越应该委托助手进行销售，推销人员只是接近那些影响大的关键顾客，这样可以获得最大的经济效益。

2. 委托助手法的优点

（1）节省推销人员的时间、精力，提高工作效率。

（2）信息来源广泛。任何人无论他个人能力有多大，信息如何灵通，都无法单靠个人的精力获得足够多的信息，这时可通过他人获得更为广泛的信息。

（3）可以有效提升推销人员的业绩。

3. 委托助手法的缺点

（1）推销助手的人选难以确定。在实际的工作中，理想的推销助手难以寻找。

（2）推销人员必须给推销助手提供必备的推销用具和必要的推销训练。如果推销助手更换频繁，培训费用就会增加。

（3）推销人员若过分依赖推销助手往往会处于被动状态。如果推销人员与推销助手配合不好，或者推销助手同时兼任几家同类企业的信息员，都会给本企业产品带来不利的竞争因素。

4．运用委托助手法应注意的问题

（1）注意对推销助手的甄别与聘用。

（2）推销人员对推销助手的成果要及时做出回报，并给予感谢。

（3）要与推销助手及时沟通彼此间的潜在顾客名单，避免对同一潜在顾客重复做工作。

（七）资料查阅法

1．资料查阅法的含义

资料查阅法又称文案调查法，是指推销人员通过收集、整理、查阅各种现有文献资料，来寻找潜在顾客的方法。这种方法是利用已经存在的一些资料，帮助推销人员较快地了解到大致的市场容量及潜在顾客的分布等情况，然后通过电话拜访、信函拜访等方式进行探查，对有机会发展业务关系的顾客开展进一步地调研。将调研资料整理成潜在顾客资料卡，就会形成一个庞大的顾客资源库。

推销人员经常利用的资料有以下几类：

（1）统计资料。统计资料主要包括国家相关部门的统计调查报告、年鉴、行业报刊等。

（2）名录类资料。名录类资料主要包括顾客名录、工商企业目录和产品目录、同学名录、会员名录、协会名录、职员名录、名人录、电话簿等。

（3）大众媒体类资料。大众媒体类资料来源主要有电视、广播、报纸、杂志等大众媒体。

（4）其他资料。其他资料包括顾客发布的消息、产品介绍、企业内刊等。

2．资料查阅法的优点

（1）有些资料查阅比较方便，如图书馆、展览室的资料、电话簿等。

（2）政府管理部门、银行、统计部门提供的资料可信度很高，可以减少寻访顾客的盲目性，提高顾客资料的可靠性。

（3）通过资料查阅法寻找顾客，可以降低信息获取的成本，节约了时间和精力，提高了工作效率。

3．资料查阅法的缺点

当今市场瞬息万变，一些资料的时效性较差，加之有些资料内容简略，信息容量小，使这种寻找顾客的方法具有一定的局限性。

4．运用资料查阅法应注意的问题

（1）注意所收集资料的时效性。如果是很久以前的资料，对推销人员的帮助不会很大，

因为市场是不断变化的。

（2）要确定资料来源及提供者的可信度。资料的来源或提供者的可信度较低，则会对推销工作起阻碍作用。

（八）交易会寻找法

1. 交易会寻找法的含义

交易会寻找法是指在交易会上寻找潜在顾客。参加各种交易会往往能使销售人员在短时间内接触到大量的潜在顾客，而且可以获得非常重要的信息。全世界每年都有不少交易会，如广交会、中小企业博览会、绿博会等，充分利用交易会寻找潜在顾客，并与潜在顾客联络感情、沟通了解，是一种获得潜在顾客的重要途径。在交易会上不仅可以对潜在顾客进行重点推介，而且可以向有购买意向的潜在顾客约好拜访的时间。

2. 交易会寻找法的优点

参加交易会的人一般都有着同样的目标、同样的爱好，所以交易会寻找法能在最短时间接触到最多同类型的潜在顾客。对有兴趣的顾客，推销人员可以充分展示推销品。

3. 交易会寻找法的缺点

交易会寻找法的费用较高。参加交易会要给主办单位交一定的展位费。

4. 运用交易会寻找法应注意的问题

（1）要得到潜在顾客及相关人员的名片。

（2）尽可能与这些潜在顾客的现场技术人员交流，明确主管人员。

（3）在交易会结束后，尽快与顾客取得联系，以免记忆失效而增加后期接触难度。

（4）将顾客的产品资料拿回来仔细分析，寻找机会。

四、如何提高成功率

寻找和识别潜在顾客，必须要做到有计划、有目的、有恒心和有毅力。一个切实可靠的计划是寻找顾客的第一步。其次是坚持按计划执行，并在计划的执行过程中按实际情况进行工作调整，一定不要半途而废，日积月累，就会有成效。越有规律地坚持下去，成功的概率就越大。

推销人员设定寻找顾客的具体目标，然后应制订计划实现这一目标。推销人员可以设定每天寻找顾客的数量目标，也可具体到用哪一种方式寻找顾客。

推销人员应对接触的每一个潜在顾客制作资料卡并妥善保管，这是推销人员的重要资料。资料卡应包括潜在顾客的所有重要信息，如个人兴趣爱好、家庭情况、公司或其他重要信息。它能帮助推销人员记住有关顾客的各种情况，提醒推销人员与顾客打电话、见面时不至于冷落顾客或遗忘重要的事情而失去此顾客。表 9-1 可以有效地帮助推销人员建立顾客资料卡。

表 9-1　顾客资料卡

<table>
<tr><td colspan="4">顾客姓名：</td><td colspan="5">建卡日期：</td></tr>
<tr><td>单位</td><td colspan="4"></td><td>性别</td><td></td><td>生日</td><td></td></tr>
<tr><td>联系方式</td><td colspan="4"></td><td>文化程度</td><td></td><td>兴趣</td><td></td></tr>
<tr><td>配偶情况</td><td colspan="8"></td></tr>
<tr><td>子女情况</td><td colspan="8"></td></tr>
<tr><td>初次接触时间</td><td></td><td>初次接触方式</td><td colspan="2"></td><td>初次接触效果</td><td colspan="3"></td></tr>
<tr><td rowspan="2">联系计划及推进措施</td><td>第一周</td><td colspan="2">第二周</td><td colspan="2">第三周</td><td colspan="3">第四周</td></tr>
<tr><td></td><td colspan="2"></td><td colspan="2"></td><td colspan="3"></td></tr>
<tr><td>购货记录</td><td></td><td colspan="2"></td><td colspan="2"></td><td colspan="3"></td></tr>
<tr><td>备注</td><td colspan="8"></td></tr>
</table>

阅读与思考

两张白纸的秘密

世界一流推销大师金克拉在推销时，总会随身携带两张纸。一张纸满满地写着字，另一张纸是一张空白纸。他拿这两张纸有什么用呢？原来那张有字的纸是顾客的推荐词或推荐信。当他在推销过程中遇到顾客拒绝时，他会说：“××先生/女士，您认识杰克先生吧？他是我的顾客，他用了我的产品很满意，他希望他的朋友也能分享到这份满意。您不会认为这些人购买我们的产品是件错误的事情，是吧？”“您不会介意把您的名字也加入到他们的行列中去吧？”

有了这个推荐词，金克拉一般都会取得良好的效果。

那么另外一张纸有什么作用呢？

当成功推销产品后，金克拉会拿出一张白纸说：“××先生/女士，您觉得在您的朋友当中，还有哪几位需要我们的产品？”“请您介绍您的几位朋友让我认识，以便使他们享受到与您一样的优质服务。”然后把纸递过去。

85%的情况下，顾客会为金克拉推荐 2～3 个新顾客。

金克拉就这样利用顾客推荐建立了自己的潜在顾客群。

思考：谈谈本案例对你的启示。

【实训练习】

寻找和确定潜在顾客

实训目的：掌握并能灵活运用所学的方法寻找潜在顾客。

实训方法：小组讨论法，现场模拟法。

实训内容：分组选用所熟悉的一种产品作为推销品，设计寻找和确定潜在顾客的方案，现场模拟。

实训步骤：制订方案，现场模拟，教师点评。

实训考核标准：

（1）寻找和确定潜在顾客的方法运用得当。

（2）现场模拟举止得体、大方、自信，表达内容清晰。

第二节　约见顾客

约见又称商业约会，是指推销人员事先征得顾客同意对其进行访问的行为过程。当推销人员做了充分的准备后，就可以约见顾客。约见是接近顾客的开始，也是推销能否成功的一个先决条件。推销工作准备得越充分，访问的效率就会越高，效果就会越佳。

一、约见前的准备工作

（一）推销人员的心理准备

推销人员在接近顾客前，最容易出现的问题就是信心不足，其实这也是一种心理素质的问题。缺乏经验的推销人员常常会顾虑以下方面：

（1）由于企业的产品存在缺点，推销人员对推销品信心不足而导致推销失败。

（2）对于顾客的问题无法给出令顾客满意的答复。

（3）顾客不接受本企业的产品。

这些无形的“恐惧”如果表现在推销过程的言谈举止中，会使顾客丧失对推销人员和他推销产品的信心。因此，推销人员首先必须熟悉本企业产品的特性并对其充满信心；其次要克服畏难情绪和逃避心理，敢于正视顾客的问题，时刻保持一种良好的精神状态，沉着冷静地去解决与顾客交谈过程中遇到的种种障碍。推销人员在接近顾客之前，一方面应做好最全面的准备，另一方面对交谈结果也要坦然接受。在拜访顾客之前，做好以下几点准备，能够帮助推销人员构筑坚强的心理防线。

（1）预演交谈的内容。为了拜访顺利进行，最好在拜访顾客前进行预演，假想顾客可能提到的问题，自问自答一番。

（2）可能遭到顾客对产品的拒绝。在拜访顾客前，告诫自己，顾客拒绝接受产品是正常现象，此次拒绝是下一次成功的开始。只要坚持不放弃，成功可能就在下一次拜访中。

（3）做好充分的资料及样品的准备，这样有助于交谈的顺利进行。

（二）顾客资料的准备

推销人员在接近顾客时，需要依据不同类型的顾客进行不同的准备。顾客的种类很多，主要分为个体顾客、团体顾客和老顾客。

1．个体顾客的资料准备

个体顾客是将具体的某个人作为单独约见的对象。一般说来，接近个体潜在顾客前要了解以下内容：

（1）一般情况。一般情况包括顾客的姓名、年龄、性别、职业、地址、籍贯、学历、经历、民族与风俗习惯、兴趣爱好等尽可能多的与顾客相关的个人信息。

1）姓名。顾客的姓名是准备的首要资料。推销人员在接近顾客前，应尽可能地记住顾客的姓名与正确的叫法、写法。这样可以有效地缩减与顾客之间的距离，促进推销成功。

2）年龄。不同年龄的人会有不同的个性差异和需求特征，因而会有不同的消费心理和购买行为。

3）性别。在接近个体顾客前，还应该了解到对方的性别，需要注意的是不能望文生义地从姓名、职业、职位等方面主观地判断其性别。

4）职业。一些职业的从业人员在价值观念、生活习惯与作风、购买行为、消费内容与方式、消费水平等方面，都有着比较明显的区别。

5）地址。顾客的住址、办公地点和经常出入的场所，对推销人员而言是很重要的资料。在准备阶段，一定要不厌其烦地核对清楚，如地址周围的环境特征、联系电话、手机号码等都要搞清楚，以便及时到达约见地点和节省拜访时间。

6）籍贯。籍贯是顾客祖籍所在地。同一籍贯地的人相见会产生心理上的亲近感，拉近彼此的距离。也许这对现在的年轻人大多失去了意义，但年长者还是十分看重的。

7）学历。学历应包括顾客的最高学历资料、技术职称等级等。最高学历，既是可供推销人员接近顾客、赞美顾客的背景，又是寻找共同话题的突破口。

8）经历。了解推销对象的经历将有助于约见时与其寒暄，拉近双方的距离，在恰当的时间，再提出你拜访的目的，成交也就水到渠成了。

9）民族与风俗习惯。我国是一个多民族的国家，少数民族都在一定程度上保持着各自民族的一些习惯和宗教信仰。

10）兴趣爱好。了解顾客的兴趣爱好不但有利于有针对性地向顾客推销商品，以投其所好，而且有利于寻找更多的共同话题接近顾客，融洽谈话气氛，避免冒犯顾客。

（2）家庭成员情况。消费者个人的购买决策在相当程度上受到家庭成员的影响，为此，推销人员应尽可能详细地了解顾客的家庭状况及其成员的个人特征。

（3）需求内客。为了便于推销工作的顺利开展。推销人员要了解顾客的需求内容。因为需求内容不仅是顾客资格审查的重要内容之一，同时也是接近顾客前准备工作的重要内容。推销人员应尽量了解顾客需求的具体情况，如购买需求的特点、动机、购买决策权限以及购买行为的规律性等，便于有针对性地做好推销工作。

2．团体顾客的资料准备

团体顾客包括工商企业、政府机关、事业单位及其他社会团体组织。由于团体潜在顾客的业务范围广，购买数量大，而且购买决策人与购买执行人往往是分离的，使得团体潜在顾客的购买行为变得更为复杂，因此涉及的问题也比较多。同时，团体潜在顾客的购买力强，生产周期与消费周期较长，对推销人员来说，完成团体顾客的推销接近计划显得更有价值，推销人员准备的资料应比个体顾客更充分。除了个体顾客的接近准备的内容之外，团体顾客的接近准备还包括以下内容：

（1）关键部门与关键人物情况。对团体潜在顾客的推销，实际上是向机构决策人或执行人的推销，但是，机构本身复杂的组织结构和人事关系，对推销能否成功有着重要的影响。因此，在接近团体潜在顾客之前，推销人员不仅要了解团体潜在顾客的近远期目标、规章制度和办事程序，而且还要了解它的组织结构和人事状况、人际关系以及关键人物的职权范围与工作作风等方面的内容。对在购买行为与决策中起关键作用的部门和人物的有关情况要了解清楚。

（2）基本情况。对影响顾客购买的其他情况也要了解，主要包括：购买决策的影响因素；目前进货有哪些渠道；维持原来的购买对象与可能改变的原因；目前顾客与供应商的关系及发展前景；目前竞争对手给顾客的优惠条件；顾客的满意程度等。

（3）企业情况。企业情况包括：团体顾客的机构名称、品牌商标、营业地点、团体顾客总部所在地及各分支机构所在地详细地址、具体人员的办公电话，以及前往约见时可以利用的交通工具，进入的条件和手续等情况。

（4）生产经营情况。团体顾客的生产经营情况对其购买行为有着直接的影响。因此，在接近团体顾客之前，推销人员应尽可能全面地了解其生产经营情况，主要包括生产经营规模、范围、资信与财务状况、产品主要销售地点及市场情况等。

3．老顾客的资料准备

老顾客是推销人员熟悉的、比较固定的买主。保持与老顾客的密切联系，是推销人员保证顾客队伍的稳定、取得良好推销业绩的重要条件。

对老顾客的接近准备工作与新顾客的接近准备工作有所不同，因为推销人员对老顾客已经有一定程度的了解，主要是对原有资料的补充、修订和调整，是对原有顾客关系管理工作的延续。接近老顾客前，应该准备以下资料：

（1）应该先了解老顾客（无论是个体顾客还是团体顾客）上一次成交后的信息反馈情况，包括供货时间、产品价格、产品质量、使用效果和售后服务等情况。

（2）变动情况。对于原来档案中的资料，最重要的一点就是对各项资料逐一审查，并加以核对，了解原有资料是否有变动。

【案例赏析】

推销员小张给从前的老顾客某医院林院长打电话，内容如下：

小张：“林院长您好！好长时间没见了，下午有空吗？我想去拜访一下您”。

林院长：“你忙你的，不用来啦！”

小张：“我们企业从国外刚进口一种新的心脏起搏器，我想向您介绍一下。”

林院长：“有业务想起找我啦？”

小张：“当然，我们是老朋友了嘛。”

林院长：“恐怕要让你失望了。”

小张：“为什么？”

林院长：“一年前我就改任书记，从事党务工作了。”

分析：在本案例中，小张的推销一定是不成功的，虽然林院长是熟人，但小张长时间没有与顾客保持联系，对林院长的变动情况也不了解，这样无疑会造成老顾客的流失。

（三）推销辅助工具的准备

辅助工具如果能恰当地运用可以加深顾客对产品的印象。对于推销人员来说，准备好推销辅助工具可以弥补语言表达能力的不足，并使顾客产生直观的感受。有经验的推销人员在这方面的准备往往是认真细致的。推销人员要注意，绝不可以丢三落四。如果辅助工具准备得不充分，等到用的时候干着急不说，还会给顾客留下不好的印象，影响推销效果。另外，还要根据约见的场合准备好自己的穿衣打扮，力求大方、得体、适宜。

所需的推销辅助工具也应视情况而定。一般情况下推销辅助工具可以分为以下两类：

（1）与顾客接触时展示给顾客的用品：名片、样品或图片资料、产品目录、价格表、小礼物等。

（2）推销人员自己使用的物品：公文包、记录本、顾客档案或资料卡片、签字笔、计算器等。

二、约见的内容

推销人员约见顾客的内容主要取决于推销工作的实际需要。推销人员应根据具体情况，灵活确定约见的内容。一般来说，约见的主要内容包括：

（一）确定约见对象

推销访问首先要确定具体的约见对象。约见对象指的是对购买行为具有决策权或对购买活动具有重大影响的人。如果是个人用品，约见对象一般容易确定。如果是企业用品，推销人员将面对的是一系列的人，如董事长、总经理、财务总监等有关组织的决策者。推销人员若能成功地约见这些决策者，将为以后在该企业或组织里的推销打下良好的基础。但是在实际推销工作中，推销人员发现自己往往无法直接约见访问对象。因此，推销人员在尽力约见购买决策人的同时，也不要忽视那些对购买有影响力的人物，如总经理助理、秘书、办公室主任、部门经理等人。这些人虽然没有最终购买决策权，但他们接近决策层，可以在企业中行使较大的权力，对决策者的决策活动也有很大的影响。

在确定约见对象时应注意以下几点：

（1）设法直接约见决策人及对购买决策具有重大影响的人，避免在无关人员身上浪费时间。

（2）有礼貌地尊重每一个人。对于企业中的任何一个人，推销人员都应该做到有礼貌。

（二）确定约见目的和事由

推销人员在约见访问对象时，必须告诉对方约见的原因和需要商谈的事项。任何人都不会接受没有理由的约见，特别是在双方从未谋面或不熟悉的情况下更是如此。虽然约见顾客的最终目的是为了成功推销商品，但约见过程会因顾客、推销进展阶段和具体推销任务的不同而不同，常见的约见目的和事由如下：

（1）推销产品。推销访问的主要目的是向顾客推销商品。在约见顾客时，推销人员应设法引起顾客的注意和兴趣，着重说明所推销产品的用途、性能和特点等。若顾客的确需要推销的产品，自然会欢迎推销人员的来访，并给予合作。

（2）提供服务。把提供良好的服务作为约见顾客的理由，往往比较受顾客的欢迎。通过这种方式既可以完成推销任务，又可扩大企业影响，树立企业及其推销人员的良好形象，为今后的推销工作铺路搭桥。

（3）签订合同。推销人员与顾客经过多次推销洽谈，已达成购买意向，需要商讨一些具体细节，签订合同。以此为目的的约见，一定不要显得过于急切，要尊重顾客的时间。因为签订合同不仅意味一次交易的结束，而且意味着下一次交易的良好开端，必须予以高度重视。

（4）收取货款。收取货款是推销过程中的重要环节。没有收取货款的推销是不完整的推销，是失败的推销。以收取货款作为访问事由，对方不应推托，但推销人员也应该体谅对方的困难。既要防止出现呆账，又不要过于逼账。

（5）走访用户。对于企业和推销人员来说，要保证基本顾客队伍的稳定与发展，不断提高销售业绩，不仅要不断寻找、发现、发展新顾客，而且要不断巩固与老顾客的关系，以建立自己稳定的销售网。这种方式既可以引起顾客的好感，增进与顾客的感情，又可以使推销人员赢得主动，还可以收集到真实的信息、合理化建议甚至忠告等，为正式推销奠定良好的基础。

总之，约见顾客有各种目的。推销人员应根据具体情况接近、约见顾客，扩大自身影响，提高企业信誉，并达到预期的推销目的。

（三）安排约见时间

约见的时间应主要根据顾客的情况确定，尽量避免在顾客忙碌的时间前往。约见顾客的时间安排是否适宜，会影响到约见顾客的效率，甚至关系到推销洽谈的成败。如果能够选择顾客较为轻松和闲暇的时候约见为最好。约见前需要与顾客进行良好的事先沟通，或者是建立在对顾客生活规律的了解之上。当与顾客的约定时间敲定以后，推销人员要立即记录下来，并且要严格按照约定时间准时到达。应坚决避免迟到或因其他的事情而推脱约定。

知识链接

最佳约见时间

教师：大约在下午4点后，放学的时候。

医生：上午11点后和下午2点前，最好的日子是雨天。

公务员：工作时间内，切勿在午饭前或下班前。

律师：上午10点前或下午4点后。

财务人员：切勿在月初和月尾，最好在月中。

银行家：上午10点前或下午4点后。

行政人员：上午10点前后到下午3点。

饮食业：避免在用餐时间，最好是下午3点至4点。

建筑业：大清早或收工时。

零售商：避开周一或周末，其他时间最好是下午2点至3点。

（四）确定约见地点

选择与确定约见地点应坚持方便顾客、有利于约见和推销的原则，这样才可能利于交易的达成。除了工作场所和顾客家里以外，在公共场所约见也是可行的，如茶馆、酒吧、咖啡馆等。以安静和便于谈话交流为宜，环境越雅致越好。总之，与顾客约定在什么场合见面，这也是每一个推销人员需要经常思考和处理的问题。

三、约见的方法

为了实现推销目标，完成推销计划，推销人员必须研究约见顾客的方法，以便在约见不同顾客时，做出适当的选择。

（一）当面约见

当面约见即推销人员与顾客当面约定访问事宜，主要运用于推销人员与顾客的偶遇或不便于洽谈业务的场合和地点。例如，途中偶遇、各种聚会见面等，推销人员都可礼貌而热情地向顾客发出访问请求，以便在一个合适的时间与顾客见面面谈。

【案例赏析】

李彬是一家礼品公司的业务员。他热情、乐观、率直，信奉“多个朋友多条路”的格言，工作勤奋认真。他经常在各种场合与聚在一起或偶然相识的顾客相交往，热情地同他们打招呼，在一起聊天，希望与他们交朋友。而分手时总是不忘自己的业务，真挚地提议，要选择适当的时间拜访对方。顾客们大多是“好的，好的”“行，行”地满口答应。而当李彬满怀希望地前去拜访时，大多碰了一鼻子灰，甚至根本见不到对方。

李彬很苦恼：这是为什么呢？

分析：当面约见是一种理想的约见方式。推销人员可以当面观察到顾客的态度、性格等，也有机会交流感情、表达思想、加深印象。一般情况下，顾客都会礼貌地答应你的请求。但一旦拒绝你，就很难有回旋余地。而且，这种方式的成功率极低，往往是推销人员依约去拜会顾客时，他早已把你忘记了或避而不见。

要想提高成功率，推销人员必须认真观察、分析顾客的个性特征，一方面以他易于接受的信息传递方式与其交往；另一方面要注意自身形象，力争给顾客留下良好的第一印象。同时，你所推销的产品最好是顾客急需的。

（二）电信约见

电信约见即推销人员利用微信、电话、互联网等电信手段约见顾客的方法。现代通信业务高速发展，电话、手机、互联网的普及，使得这类快捷方便的约见工具得到广泛应用。推销人员在电信约见顾客之前，若是做好充分的准备，如掌握顾客的详细资料、怎样打招呼、对方拒绝后的应对措施等，就会提高约见成功率。

电信约见迅速而灵活方便，座机和手机都比较普及，因而成为目前最主要的约见方式。这种方法使推销人员免受无谓奔波之苦，又使顾客免受突然来访的干扰，几分钟之内双方可就约见事宜达成一致。但这种方式的不足之处是推销人员的电话大多是秘书或办公室接待人员接听的，很容易在这里就遭到拒绝或应付。即使你通过这道“关卡”能够和潜在顾客通话，你也难以观察到顾客的表情和动作，难以判断顾客的反应。而且，顾客处于主动地位容易找到推托或拒绝约见的借口。

因此，一个成功的推销人员必须了解打电话预约顾客时应注意的问题，包括：

（1）选择易于找到顾客的时间打电话。

（2）称呼对方的名字。
（3）简要地进行自我介绍。
（4）以一个恰当的论点或方式导入主题。
（5）以关键问题激发对方兴趣。
（6）说明打电话的目的并请求约见。
（7）冷静应对拒绝。
（8）尽量留下你的联系电话。
（9）给对方一个回电的好理由。

知识链接

电话中一些常见的拒绝情况与处理方法

1. 拒绝情况：“你能否将资料邮寄过来？”/“你给我发个电子邮件就可以了。” 处理方法：“每个人的情况不一样，××先生（女士）。我们的计划是针对每一位顾客需要的。现在……（进行利益介绍，并争取一个预约）”
2. 拒绝情况：“你想谈些什么？” 处理方法：“××女士，这是一个很难在电话里解释清楚的问题，而且……”
3. 拒绝情况：“你是在浪费我的时间。”/“我对此不感兴趣。” 处理方法：这种拒绝很常见，背后可能隐藏一个具体的反对意见，推销人员可以这样回答，以弄清拒绝理由：“××先生，你是不是说你不需要新的……（所推销的东西）？”

（资料来源：罗纳德·B·马克斯，《人员推销（第六版）》，中国人民大学出版社）

（三）信函约见

信函约见即通过约见信函的寄出及反馈达到约见的目的。这类信函包括个别约见信和集体约见信，如个人书信、会议通知等。

这种方法可行的关键之处在于：对信函感兴趣的顾客在所有接到信函的顾客中占有一定的比率，且不用很高。通过信函约见顾客时应注意以下几点：

（1）书写工整，文笔流畅。
（2）内容尽量真实，可适当修饰。
（3）收件人应是顾客姓名，不要写“负责人收”“办公室收”等。
（4）发信并应及时电话联系，提高反馈率。

（四）委托约见

委托约见即推销人员委托第三者约见顾客的方式。受推销人员之托的第三者是与推销对象有一定的社会联系和社会交往人士，包括对顾客本人有一定社会影响的有关人员，如接待人员、秘书、同事、邻居、亲戚、好友等。委托约见的优点是克服了潜在顾客对陌生推销人员的抵触心理，快速地取得潜在顾客的信任与合作，有利于进一步的推销接近与洽谈；缺点是人为地增加了中间环节，如果所托之人与自己的关系或与潜在顾客的关系较一般，会导致顾客对约见的重视程度不够。因此，运用此方法特别要了解第三方与推销对象的关系。

（五）广告约见

广告约见即推销人员利用各种广告媒体约见顾客的方式。利用广告进行约见可以把约见的目的、对象、内容、要求、时间、地点等准确地告诉广告受众。在约见对象不具体、不明确或者约见顾客太多的情况下，采用这一方式来广泛地约见顾客比较有效；也可在约见对象十分明确的情况下，进行集体约见。广告约见有约见对象多、覆盖面大、节省推销时间、提高约见效率等优点。但缺点是针对性较差、费用较高且未必能引起潜在顾客的注意。

广告约见常用于顾客分布比较广、数量比较多的时候。由于一时无法找到顾客，可以在一些媒体上去发布企业或者产品的信息，让顾客直接来找我们。

【实训练习】

掌握约见顾客的要领

实训目的：熟悉约见顾客的准备内容，掌握约见顾客的要领。

实训方法：小组讨论法，现场模拟法。

实训内容：每组同学准备一种商品，请同学们根据商品的特性，做好约见顾客的准备。准备工作做好后，进行模拟约见，师生共同指出模拟约见中的问题，并给出指导意见。

实训步骤：教师说明规则，学生分组，学生模拟，教师点评。

实训考核标准：

（1）顾客约见方法运用得当。

（2）现场模拟举止得体、大方、自信，表达内容清晰。

第三节　接近顾客

一、接近顾客的话语和注意事项

接近顾客是推销人员在了解顾客资料的基础上，用技巧轻松地激发顾客对企业、产品或其他方面的兴趣的过程。接近顾客是推销过程中的一个重要环节，目的是为了激发顾客了解产品或购买产品的兴趣。

（一）接近顾客的话语

作为一名推销人员，特别是刚从事推销的新手，练就一套专业的接近话语，可以助推销人员一臂之力。接近话语如下：

（1）赞美及询问。根据事前对顾客的了解，用赞美的语言拉近和顾客的心理距离，然后循序渐进地引导出顾客的注意、兴趣以及需求。或结合顾客的现状，选一些顾客感兴趣的话题来拉近距离。

（2）简单自我介绍。口齿清晰并且流利地说出自己的名字和企业的名称。

（3）说明拜访的理由。以自信的态度，清晰地表达出拜访的理由，让顾客感觉到推销人员的专业和真诚。

知识链接

和顾客寒暄时的话题

（1）称赞的话。

（2）赚钱的事。

（3）新闻、时事。

（4）娱乐、嗜好。

（5）衣、食、住、行。

（6）旅行、运动。

（7）气候、季节。

（8）家人、家庭。

（9）对方可能感到高兴的话。

（二）接近时的注意事项

（1）忌言多。接触时不可喧宾夺主，太过表现。这样容易让顾客反感，往往会适得其反，达不到预期的目的。

（2）忌交浅言深。有些推销人员往往怀着满腔的热情或急于求成的心态，该说不该说的都热切地跟顾客去说。在刚开始接近顾客时毕竟与顾客不是很熟悉，这样做反而会使顾客产生对推销人员的排斥。因此，接近顾客时应顺势而为，在取得顾客好感后再进一步介绍产品。

（3）忌不懂装懂。在接触时不是所有的问题都有办法回答。对于确实不懂的问题，要用笔记下来，询问清楚后下次再回答。

（4）忌热情过头。推销人员热情是没有错的，但许多推销人员往往不能准确把握热情的程度。任何事物都要把握“度”，否则就会适得其反。

二、接近顾客的方法

（一）介绍接近法

介绍接近法是指推销人员通过自我介绍或他人介绍的方式来接近潜在顾客的方法。介绍的形式可分为自我介绍法和他人介绍法两种。

（1）自我介绍法。自我介绍法是最常见的一种接近顾客的方法。例如：“先生你好，我是××公司的××代表，这是我的名片”。

这种方法只能引起顾客的轻微注意。无数的事实表明：在接触之初，销售人员做的绝大部分自我介绍都是没有价值的。可能顾客根本不去记他们的名字，只有在建议内容令他感兴趣之后，才重新询问推销人员的姓名或查看推销人员的名片。故而在开发顾客过程中，推销人员应选择适当时机进行自我介绍。在使用介绍接近法时，应同时并用其他接近方法，才能顺利地接近顾客。

（2）他人介绍法。他人介绍法是利用具有影响力人士的介绍来接近顾客的方法。普通人对陌生人都有一种排斥心理，如果通过熟人的介绍会更容易接受。因此，运用这种方法的关键在于推销人员能否找到有影响的“第三者”充当自己的介绍人。他人介绍法是一种常用的接近方法。

（二）问题接近法

问题接近法又叫讨论接近法，主要是推销人员直接面对顾客提出有关问题，引起顾客的注意力或激发顾客的兴趣，进而顺利过渡到正式洽谈的一种方法。推销人员在不了解顾客真实想法的情况下，通过直接向顾客提出问题，促使顾客思考有关问题，继而引发讨论来吸引顾客，从而进入更深层次的交谈。

一般来说，推销人员提问一定要突出重点，抓住顾客最关心的问题，把发问点放在顾客感兴趣的方面。在向顾客提问题时，不能含混不清、模棱两可，而要语气恳切、明确具体。

（三）产品接近法

产品接近法也称为实物接近法，是指推销人员直接利用推销产品实物或者模型摆在顾客面前，以引起顾客对其推销产品足够的注意与兴趣，进而转入洽谈的接近方法。推销人员采用产品接近法，直接把产品、样本、模型摆在顾客面前，让产品作自我推销，给顾客一个直接接触产品的机会，以产品自身的魅力引起顾客的注意和兴趣，既给了顾客多种多样的感官刺激，又满足了顾客深入了解产品的要求，这是产品接近法最大的优点。

采用产品接近法的关键在于：

（1）产品本身必须要有一定的吸引力，能够引起顾客的注意和兴趣。

（2）产品必须易于携带，方便顾客参与操作。

（3）功能效果明显，易于宣传的产品与商品实物应该完全一致。如果宣传的产品与商品实物不一致就容易导致顾客误会。

（四）利益接近法

利益接近法是指推销人员以顾客所追求的利益为中心，简明扼要地向顾客介绍产品能为顾客带来的利益，满足顾客的需要，以达到正式接近顾客目的的一种方法。这种推销方法接近顾客时不是从宣传自身商品的优点入手，而是从购买会给顾客带来什么好处入手。比如从经济、实用、功能等方面入手，站在顾客的角度，换位思考。使用利益接近法应该注意以下两个问题：

（1）商品利益必须符合实际，不得浮夸。

（2）利益必须已得到证实，以取信于顾客。

（五）附赠接近法

附赠接近法是指推销人员利用产品附赠的礼品来引起顾客的注意，发展同顾客的关系，营造融洽的气氛，并由此转入推销洽谈的方法。一些小而有意义的礼品符合顾客求小利、求雅趣的心理，极易形成融洽的气氛。因此，在实际推销中附赠接近法经常被推销人员用作接近顾客的手段。

附赠接近法有利于推销人员接近顾客。推销人员使用附赠接近法时应注意下列问题：

（1）谨慎选择附赠礼品，要符合顾客的兴趣爱好。

（2）附赠的礼品必须符合国家法令及有关规定，严禁贿赂或变相贿赂行为。

（3）附赠接近应与附赠广告同时进行，以扩大产品影响。

（4）附赠礼品必须具有一定的实用性。

（六）表演接近法

表演接近法是指推销人员利用各种戏剧性表演技法引起顾客的注意和兴趣，进而转入洽谈的接近方法。利用这一方法，可以迎合某些顾客的求新、好奇心理，充分调动人们的主观能动性。

采用表演接近法要注意以下问题：

（1）表演必须注意戏剧性效果，而且对不同顾客要采取不同的表演手段。

（2）表演必须自然合理且具有足够的吸引力，才能打动顾客的心。

（3）努力使顾客参与到表演中，使顾客成为重要角色。

（4）表演应以推销品和与推销有关的物品为道具。

（七）好奇接近法

好奇接近法主要是利用顾客的好奇心理来接近对方。好奇心理是人们的一种原始驱动力，在此动力的驱使下，促使人类去探索未知的事物。顾客的有些购买决策许多时候受好奇心理的驱使。因此，推销人员可以利用顾客的好奇心引起其注意和兴趣，以达到推销的目的。在应用好奇接近法时，推销人员要注意以下问题：

（1）引起顾客好奇的方式必须与推销活动有关。

（2）在认真研究顾客的心理特征的基础上，做到真正出奇制胜。

（3）引起顾客好奇的手段必须合情合理，奇妙而不荒诞。

（八）赞美接近法

赞美接近法是指推销人员利用顾客的虚荣心理，通过赞美顾客而接近顾客的方法。渴望被肯定是人的天性。因此，赞美接近法是一种有效的接近法。使用赞美接近法时必须注意以下几点：

（1）赞美要有根据，要真正发自内心。赞美的内容很多，如容貌、体态、个性、人品、能力、兴趣爱好等。

（2）赞美要分清对象，区别对待，适当用词。

（3）赞美顾客要注意场合，当对方愿意听、喜欢听的时候，去赞美他，对方会很高兴。反之，就会弄巧成拙。

（4）赞美时一定要态度诚恳。

（九）求教接近法

求教接近法是指推销人员借向顾客请教问题，或者借聆听顾客传授知识的机会接近顾客的方法。这种方法体现了尊敬顾客、满足顾客心理需求的推销思想。在实际应用中的效果较好，尤其是对那些个性较强，有一定学识、身份和地位的专家型顾客，这种方法更为奏效。请教可以是推销品经营方面的问题，也可以是人品修养、个人情趣等方面的问题。但不论请教什么方面的问题，推销人员都应谦虚诚恳，多听少说；赞美在前，请教在后；请教在前，推销在后。

（十）震惊接近法

震惊接近法是指推销人员利用某种令顾客吃惊的或震撼人心的事物来引起顾客的注意与兴趣，从而使见面转入推销洽谈的方法。震惊接近法是一种比较有效的接近方法。对于少数顾客，利用此法，可以冲破其坚固的心理防线，促使顾客思考他们不愿思考的问题。应用震惊接近法时应注意以下几点：

（1）推销人员利用有关客观事实、统计分析资料或其他手段来震撼顾客，应该与推销活动有关。

（2）推销人员无论利用何种手段震惊顾客，必须确保奏效，以取得一鸣惊人的效果。

（3）震惊接近法在实际应用过程中要适可而止，引起顾客对推销的注意即可，令人震惊而不引起恐惧。

【案例赏析】

一位年轻的总经理一直不买个人保险，几次说服没有任何效果。一天，推销员带着一个男孩进入了他的办公室。

总经理：“你来这里做什么？我已经告诉过你了，我不需要那份保险！”

推销员说：“我为您带来了一件礼物，把您的椅子转过来。”

他带着小男孩绕到办公桌的后面，然后说：“擦他的鞋！”

这位大吃一惊的总经理把脚搁在擦鞋箱上，小男孩便开始动手工作。于是推销员向这位总经理说道：“您看看这个可爱又可怜的孩子，他的父母两年前突遭车祸而离世，留下他独自一人。更遗憾的是他父母生前没买相应的人寿保险，没有留给他足够的生活费这个可怜的孩子不得不出来给人擦鞋养活自己。假如你没有足够的人寿保险而突遭不测，你的儿子将和这个男孩一样，可能就必须靠擦鞋为生了。”

总经理：“……”

这位总经理受到了极大的震动，很快在保书上签了字。

分析：在本案例中，推销员通过小男孩的不幸遭遇，使总经理受到极大震动，促使其思考如果发生意外的后果，冲破了其心理防线，终使推销成功。

除了上述常用的接近顾客的方法，还有许多其他的方法。在这里必须强调的是，在推销接近时要注意以下问题：

（1）对不同的顾客要用不同的推销接近方法。

（2）不能只用一种推销接近法。

（3）第一印象非常重要，推销人员要注意自己的言行，给顾客留下好印象。

（4）接近顾客时要注意减轻顾客的心理压力，以免顾客产生抗拒心理。

（5）接近前要对顾客有充分的了解，资料获取和接近方法要恰当，避免引起顾客的误解。

【实训练习】

与顾客第一次见面的要领

实训目的：掌握第一次与顾客见面的基本要领。

实训方法：小组讨论法，现场模拟法。

实训内容：试以推销某一件具体产品为例，使用5种以上接近顾客的方法接近顾客。实训可选择在办公室或教室等场所进行模拟。

实训步骤：教师说明规则，学生分组，学生模拟。

实训考核标准：

（1）顾客接近方法运用得当。

（2）现场模拟举止得体、大方、自信，表达内容清晰。

复习思考题

1．寻找潜在顾客应遵循哪些原则？

2．推销人员在约见顾客前应做好哪些准备工作？

3．接近顾客时要注意哪些事项？

案例分析

两次推销接近的比较

1．推销员甲

刘经理："你好，请坐。"

推销员甲："我向你推销一种新产品，并提供一个样品。"

刘经理："那么怎么卖呢？"

推销员甲："400元一斤。"

刘经理："太贵了，北方市场不好卖。"

推销员甲："我们产品的质量好啊！"

刘经理："你先把样品放在这儿，这几天比较忙，过几天再联系吧！"

推销员甲："谢谢，再见。"

刘经理："再见。"

2．推销员乙

推销员乙："刘经理，你好。"

刘经理："你好。"

推销员乙："我是东方饮料有限责任公司的业务代表××，这是我的名片。（双手呈上）今天我想向你介绍一种我们公司的新产品。"

刘经理："让我先看一下名片。东方饮料有限责任公司，请坐。"

推销员乙："谢谢。这是我们的新产品，你看一下。"

推销员乙："这是我们公司的简介。"

刘经理："挺漂亮的。"

推销员乙："我们公司成立于1994年，现在年产量达到30万吨，最近我们从国外引进了一套新的生产线，开发出了新的产品。"

刘经理："从哪个国家引进的？"

推销员乙："从德国引进的，并且我们请了多名专家研究开发，才推出这一新产品。上市以后，市场反应相当不错。北京市场我们还没有开始做。今天找你来就是想跟你商量一下，怎样把北京市场做起来，看你有没有这个意思？"

刘经理："嗯，看起来你们的产品还不错。我听了你的介绍后，对你的产品也很有兴趣，能不能介绍一下，你们作为供应商，对批发商都有哪些服务？"

推销员乙："我们的服务是多方面的，如广告、促销、设计，如果我们通力合作，一定会收到很好的效果。"

刘经理："那你先把样品和公司介绍材料留下来，我呢，过一两天跟其他几位采购经理一起研究一下，好吧？"

推销员乙："好的！"

刘经理："研究以后，我们再给你一个明确的答复。"

推销员乙："那你什么时候能给我们一个消息呢？"

刘经理："今天是周二。嗯……我下周一给你一个答复吧！"

推销员乙："好的，那么下周一我再到你的办公室等你的消息。"

刘经理："好的。"

推销员乙："谢谢你，再见。"

刘经理："再见。"

问题：请对上述两个推销员在推销接近中的表现及结果进行评价。

第十章 推销洽谈

【案例导入】

推销员在给顾客推销跑步机，顾客的小孩在跑步机上跑来跑去，片刻不停，推销员实在没办法演示跑步机，生怕小孩子出现意外摔倒。

推销员在一筹莫展中灵机一动，对孩子的母亲说："多可爱的孩子！几岁了？这小孩子很漂亮！"

孩子母亲不好意思地拉住小孩，说："唉，这孩子真是太淘气了！"

推销员笑着说："聪明的孩子都这样，我家孩子小的时候也这样，这是孩子的天性。"

几番交谈中，顾客和推销员就孩子的养育展开了话题，最终顾客高高兴兴地买了价值不菲的跑步机。

启示：推销洽谈不仅是一门技术，更是一门艺术，应有针对性地采用合适的推销洽谈方法。此案例中，推销员投其所好，抓住孩子是父母心中的"小太阳"的心理，针对顾客的心理展开推销，从而激起顾客的购买欲望。

【学习目标】

要求学生理解并掌握推销洽谈的含义，掌握推销洽谈的原则；了解推销洽谈前准备工作的内容；了解推销洽谈的步骤，掌握推销洽谈的方法，掌握推销洽谈的策略。

第一节 推销洽谈概述

一、推销洽谈的含义

推销谈判的过程是一个十分复杂和烦琐的过程，而推销洽谈是推销活动中最重要的组成部分，是推销人员成功寻找、约见并接近顾客之后的与顾客展开的实质性工作，推销人员应运用各种方法和技巧，激发顾客的购买欲望，要有足够的耐心说服顾客采取购买行动。

推销洽谈也称面谈，俗称业务谈判。它是指推销人员运用各种方式和方法向顾客传递推销信息，与顾客沟通，说服和帮助顾客购买推销品的过程。推销洽谈的主要目的是向顾客介绍推销品的功能、特点、价格、售后服务等产品信息，最大限度地激发顾客的购买欲望，说服顾客采取购买行动。

二、推销洽谈的原则

在推销洽谈中，推销人员与顾客洽谈应遵循如下原则：

（一）自愿性原则

推销洽谈活动的进行，是以推销人员与顾客双方的地位平等和自愿参与为前提的，任何一方不得将自己的意愿强加于另一方。推销人员在与顾客的谈判过程中要考虑双方的共同利益，讲求公平、公正、公开，在双方平等自愿的基础上互惠互利，达成交易。推销人员在与顾客的洽谈过程中要对顾客做到足够的尊重，不以强凌弱，要做到公平公正，使顾客信服。

（二）针对性原则

针对性原则即要把握推销要点，针对不同的顾客最为关心的问题，有侧重性地将产品特点介绍给顾客，这样才能引起顾客的注意。这就需要推销人员首先要了解顾客的购买动机，其次要针对顾客的个性心理特征来进行询问和洽谈，最后推销人员才能针对不同的顾客确定自己的推销要点，有的放矢展开推销洽谈工作。

（三）说服性原则

推销洽谈是说服的过程，洽谈的成败，主要取决于推销人员是否有足够的说服力来说服顾客购买产品。推销人员要用丰富的产品知识和足够的信心与热情去感染顾客，说服和打动顾客，激发顾客对产品的购买热情。

（四）双向沟通原则

推销洽谈应是一个双向沟通的过程。因此，在洽谈过程中，推销人员不应该只顾自己的演说而不考虑顾客的感受。推销人员应和顾客打成一片，去寻找与顾客相同或相似的因素，使顾客产生认同感。要找机会让顾客多发言、多提问，善于聆听顾客的感受，努力引导顾客参与洽谈，充分调动顾客的积极性、主动性，创造有利的洽谈气氛，提高推销洽谈的成功率。

知识链接

推销中的聆听

聆听是推销人员不可缺少的功夫，一次成功的推销洽谈，约有75%依靠聆听功能的发挥。聆听看似是意见被动的接受者，但是一个善于聆听的推销人员，常常能在很艰苦的推销过程中，突破困境，获得成功。聆听的作用体现在以下四个方面：

（1）赢得顾客信任。每个人都有建立自我，让别人重视自己的倾向，面对一个耐心的倾听者表达自己的观点、意愿，倾诉自己的牢骚不满，顾客会得到一种满足，会对推销人员产生信任。

（2）探求顾客的真实意愿。在听顾客不断倾诉的过程中，推销人员可以弄清顾客的真实需要、疑难，为推销洽谈工作打好基础。

（3）判断顾客的理解程度。推销人员通过聆听来了解顾客对自己的看法是否理解，便于采取一系列措施。

（4）判断顾客的购买信号。顾客在购买之前，会有意无意地表露出一点买意，也称作“购买信号”。通过聆听和察言观色，才能及时获得这种信号，然后及时采取措施，便于成交。

（五）诚实守信原则

推销人员必须遵守职业道德，应诚实守信，不能欺骗顾客，一旦欺骗顾客，将会造成很大的负面影响。推销人员应实事求是地向顾客介绍商品，遵守承诺，树立良好的推销信誉和产品信誉，做到文明推销、合法推销。

阅读与思考

一幅“假画”

北京的一个文物商店，一位外宾在一幅古画面前留意驻足，一位老店员用流利的外语与之交谈，把作品中的诗情画意介绍得引人入胜。谁知老店员呷了一口茶，坦然地说：“不过这幅画不是真品，而是仿制品。”外宾为之一惊，大失所望。那位老店员话锋一转：“真品只有一幅，为国家所珍藏。仿制者为原作者的得意门生，不仅几乎可乱真，还仿中有创。用中国的一句名言，叫作‘青出于蓝而胜于蓝’。何况仿制者本人是高手，他的作品亦是艺术珍品。”然后，他向外宾介绍仿制者的生平和逸闻。外宾转嗔为喜，连连称赞“诚实”，欣然花数千元将画购去，真可称为“妙语一番推古画”。

（资料来源：http://www.gzkcsm.com/article.php?id=193）

思考：

（1）试想，如果老店员一开头就说：“这是一幅仿制品，不过仿得不错”，这笔生意还能谈成吗？

（2）我们能从本案例中得到什么样的启示？

（六）灵活性原则

灵活性原则就是推销人员在与顾客的洽谈过程中要根据顾客的不同需求做出具体分析，随机应变，见机行事。灵活性原则要求推销人员首先必须掌握多种推销技巧，灵活多变地选择不同的具体成交方式开展洽谈工作。其次，要求推销人员善于应变，并熟练掌握各种专业知识，能熟练地解答顾客所提出的各种有关问题。对于一些事先难以预计到的问题，推销人员必须善于应变，巧妙地解答各种疑难，克服成交障碍，灵活地处理各种问题，努力达成交易。

三、推销洽谈的内容

推销洽谈涉及面很广，内容丰富。不同商品的推销，有其不同的洽谈内容，主要有以下几个方面：

（一）洽谈议题

推销洽谈的议题是指洽谈双方共同关心的、通过洽谈希望解决的问题，是推销双方利益博弈的具体体现。它的内容十分广泛，而且会因为洽谈地点、目的、对象等因素的变化而产生差异。但无论如何，推销洽谈的最终目的是解决推销双方存在的问题和分歧，促使洽谈双方最终协商一致，顺利达成交易。

知识链接

推销洽谈的议题

1．商品品质

商品品质是商品内在质量和外观形态的综合体现，是推销洽谈的主要内容之一，推销人员必须全面地向顾客介绍推销品的质量、功能和外观特点，让顾客对推销品有一个全面的了解，也可以把商品获得的品质标准（如国际标准、国家标准、部颁标准、国际认证等）介绍给顾客。

2．商品数量

成交商品数量的多少直接关系到交易规模以及交易价格。在推销洽谈中，买卖双方应协商采用一致的计量单位、计量方法，通常情况下是将数量与价格挂钩。成交数量大时，通常商品的价格都会有一定的优惠。

3．商品价格

商品价格是推销洽谈中最重要的内容，也是洽谈中极为敏感的问题。买卖双方能否成交，关键在于价格是否适宜。在洽谈中，买卖双方要考虑与价格相关的成本、付款条件、通货膨胀状况、彼此信任与合作程度等有关因素，商定一个双方都满意的价格。同时在洽谈中，双方应确定货款结算方式及结算使用的货币、结算的时间等具体事项。

4．销售服务

销售服务是顾客极为关心的内容之一。所涉及的服务项目主要包括按时送货、运输、售后维修、养护、保管、技术指导等方面的服务，在洽谈过程中，推销人员和企业应尽量满足顾客的正当要求，以消除顾客的后顾之忧。

（二）洽谈时间

推销洽谈之前，双方要就洽谈的时间或期限进行选择和约定。合理科学地安排洽谈时间，对于洽谈任务的完成是必不可少的，对于后续有效地安排洽谈内容，选择洽谈策略，达到有效的洽谈效果是大有裨益的。

（三）洽谈地点

推销洽谈的双方不仅要对洽谈的时间做出选择，也要对洽谈的地点进行确认。确认洽谈地点通常有四种方式：主场谈判、客场谈判、主客场轮流谈判、中间地谈判。以甲乙两方进行推销洽谈为例，洽谈的地点可以选择甲方所在地，这样对于甲方而言，就是主场谈判，甲方要承担接待和安排布置谈判集体场所的义务；而对于乙方而言，则是客场谈判。对于持续时间长、需要分多轮进行的推销洽谈，可以在洽谈双方所在地之间轮流进行谈判，这种方式称为“主客场轮流谈判”。推销洽谈还可以选择不在洽谈双方任何一方所在地的第三地进行，这种方式称为“中间地谈判”。在推销洽谈中，推销双方所处的地位不同，所承担的义务和费用开支也会有差异。

（四）推销洽谈行为

推销洽谈的行为主要是指谈判的行为主体围绕谈判议题而进行的一系列有意识的活动。比如，交流谈判信息、商定推销洽谈的程序等，是解决推销洽谈中“谈什么”“怎么谈”的问题，也是推销洽谈的内容、方法、策略的体现。

【实训练习】

推销洽谈原则的应用

实训目的：通过训练，使学生能够了解推销洽谈的原则。

实训方法：小组讨论法。

实训内容：全班同学一起收看并分析赵本山与范伟主演的小品《卖拐》和《卖车》。

实训步骤：将班内同学分成几个小组，各组对小品中涉及的推销洽谈原则进行评论并结合实际生活谈谈自己的感受。

实训考核标准：

（1）能根据小品找出推销洽谈中应注意的原则。

（2）结合实际生活的感受要全面、真实。

第二节　推销洽谈的步骤和方法

一、推销洽谈的步骤

推销洽谈是一个信息交流、沟通协商的复杂过程，它的基本步骤可分为资料准备、创造良好的洽谈气氛、洽谈导入、正式洽谈四个不同的阶段。

（一）资料准备

资料准备是洽谈过程中不可缺少的阶段，主要有以下内容：①实物资料，包括产品实物及产品模型或者光盘影像资料等；②文字书面资料，包括企业的产品说明书、产品目录、用户对产品的反映、产品使用的社会效益等；③顾客的基本资料，包括顾客的姓名、性格、年龄、特点、爱好、职务、顾客本人及其所在部门和公司的状况、愿望和要求等；④竞争产品的资料，包括竞争者的推销策略、竞争者的产品或服务有哪些优缺点等信息。

（二）创造良好的洽谈氛围

洽谈中创造良好的氛围很重要，因为推销洽谈既是对顾客的说服过程，也是双方交流沟通的过程，会直接关系到洽谈的成败。为了避免在推销洽谈中与顾客发生争执，推销人员要尽可能避开讨论那些意见有分歧的问题，而要强调双方看法一致的问题，尽量让顾客意识到你同意他的看法，理解他们所提出的观点，这样双方才会有共同的话题，有助于缓和双方谈判中的紧张氛围，尽量缩小双方的差距。洽谈中，要灵活多变，如果推销人员越同意顾客的看法，顾客对推销人员的态度也就越友好，对推销人员的印象也就越深，洽谈的气氛对推销人员就越有利。在双方洽谈过程中，推销人员即使遇到不公平待遇时，也要努力保持镇静，努力缓和洽谈的气氛，用自己最大的努力争取创造一个友好、融洽的气氛。

（三）洽谈导入

洽谈导入是接近成功之后，进入正式洽谈之前的过渡阶段。洽谈导入阶段首先要把握好洽谈开始阶段，为双方相互熟悉和接下来的正式洽谈做好充足准备。其次应利用好开局阶段，它在很大程度上决定整个洽谈的前途，有举足轻重的作用。应积极主动地调动对方的积极性，在洽谈开始最好以轻松、愉快的语气谈些双方容易达成一致意见的话题，形成共同语言，引起对方共鸣，使对方做出肯定答复，创造出“一致”的感觉，双方也就容易达成互利互惠的协议。

（四）正式洽谈

对于正式洽谈，推销人员必须利用初期的洽谈对顾客进一步了解，与顾客就洽谈的主题进行有效沟通。一般情况下，洽谈主题可以从产品的特点、质量、价格、售后服务等内容入手，并根据洽谈时的具体情况灵活地调整洽谈内容，对洽谈时间合理安排，尽量使双方满意，促使洽谈得以顺利完成。

二、推销洽谈的方法

推销洽谈不仅是一门技术，更是一门艺术，应有针对性地采用合适的推销洽谈方法进行洽谈。推销洽谈的方法主要有：

（一）诱导法

顾客购买行为由购买动机支配，购买动机来源于消费需要，但外界环境的刺激也相当重要。因此，推销人员向顾客介绍完商品给他们带来需求满足后，还需要用适当的方法和技巧，去诱发他们的购买动机，从而把顾客的购买愿望变成购买行为。

在诱导法中，最常见的方法是连续肯定法，又称“苏格拉底法”。古希腊著名哲人苏格拉底在对别人劝说时，总问对方同意的问题，从而渐渐引导至他设定的问题，他不停地问，对方不停地回答“是”，当对方觉察时，已经得到肯定的结论。根据心理学分析，当一个人说“不”的时候，他的整个肌体都处于一种明显的收缩状态，这时他会拒绝任何人的意见。因而，在坚持说“不”的时候．他将所有的傲慢、自尊和固执的个性显露出来。当人在进行肯定的回答时，心情是愉快和开朗的，可以接受别人的劝说，连续肯定法的基本原理就是这个。连续肯定法要求推销人员要有准确的判断能力和敏捷的思维能力，对每个问题的提出都要经过仔细地思考，特别要注意双方对话的结构，要使顾客顺着推销人员的思维逻辑和意图做出肯定的回答。

（二）提示法

提示法是指推销人员通过语言或行为，给顾客以提示，促使其做出购买决策，促成顾客购买的洽谈方法。具体来说有以下几种提示方法：

1. 直接提示法

直接提示法是指推销人员直接劝说顾客购买所推销产品的方法，这是一种常见的洽谈法。这种方法就是要求推销人员初次与顾客打交道时就向顾客介绍产品信息，讲述产品的优点与特性之后立即建议顾客购买。

采用此方法既能节省时间、加快洽谈速度又符合现代人的生活节奏。使用这种方法时要抓住重点，要在对顾客充分了解的基础上直接提示产品的主要优点，以及顾客的主要购买动机与想要获得的主要利益。提示中的内容要尊重顾客个性，简单易懂，让顾客很容易了解产品的特征与优势，促成顾客购买产品。

2. 间接提示法

由于受知识、经验、性格、能力等的限制，顾客在听取了推销品的介绍、论证之后，仍然会迟疑不决、拖延购买，这时，推销人员如果能用间接法给予提示、说明，就能促使顾客早下决心，做出购买决定。间接提示法也称举例提示法，就是推销人员运用间接的方法来劝说顾客购买推销品的方法。例如，推销人员说："某某公司一直由我厂提供产品""这个月成交的货已经有好多批了"。

使用此方法首先应举具体和适当的例子，尽可能举顾客了解、熟悉或者在顾客所在区域有一定影响的实例，以增强可信度。其次，推销人员应在向顾客提供了有关资料之后，当顾客正处于迟疑不决时，掌握好时机进行间接提示。需要注意的是这种方法对于理智型的顾客来讲，效果不是很明显，要慎重使用。

3. 积极提示法

积极提示法是指推销人员用积极的语言或其他积极的方式劝说顾客购买推销品的方法。例如，热情的语言、赞美的语言、肯定提示、正面提示或帮助顾客等方式，由于能从正面调动顾客的积极性，会对顾客产生极强的说服力和感染力，增强推销洽谈的效果。

采用此方法时，首先提示的方式要足以引起顾客的注意，先与顾客一起讨论，再给予正面的、肯定的答复，从而克服正面语言过于平坦的缺陷。其次要正面提示，绝对不用反面的、消极的语言，只用肯定的判断语句。所用的语言与词句都应是实事求是的，是可以证实的。

【案例赏析】

"欢迎乘坐本公司高级游览车观光，既舒适又安全！"——推销人员直接提示顾客注意公司高级游览车行及其好处，正面提示了舒适和安全的特点，积极诉诸顾客求安、求乐的购买动机，一般会产生明显的正效应。如果推销人员提示："乘坐本公司高级游览观光车观光，不会感到不舒服，也不会发生意外事故！"这就是消极提示。尽管两种提示的内容是完全一致的，而这两种提示在顾客心理上所产生的心理效应则是大不相同的。由于消极提示的暗示作用，使顾客产生不舒服、不安全及其他各种不愉快的联想，从而可能拒绝购买该公司的车票。

（资料来源：李世宗：《现代推销技术》，北京师范大学出版社 2007 年版）

分析：从本案例可以看出，在推销过程中，积极暗示和消极暗示给顾客带来的感受是不一样的，推销人员用积极的方式劝说顾客购买推销品可以从正面调动顾客的积极性，会对顾客产生极强的说服力和感染力，增强推销洽谈的效果，而用消极的方式会对顾客产生一定的心理暗示，对推销产生负面的作用。

4. 明星提示法

明星提示法也称名人提示法，是指推销人员借助顾客对名人的崇拜心理来劝说顾客购买产品的方法。明星提示法迎合了顾客求名的情感购买动机，易使顾客消除疑虑。用此种方法推销的产品在顾客心目中会产生明星效应，有力地影响顾客的态度。

使用此方法提示的明星（名人、名家等）都必须在顾客心中有较高知名度，为大多数顾客所了解、接受和公认。其次，所提示的明星与产品都必须具有真实性。在前期必须与明星做好沟通，所提示的明星应与所推销的产品有必然的内在联系，才能增强对顾客的感染力与说服力。

（三）演示法

演示法又称直接示范法，是指推销人员通过非语言的方式对推销品演示和操作示范来向顾客介绍产品，让顾客通过听觉、视觉、触觉直接了解产品信息。演示法直观明了、生动形象、易于接受，一般分为产品演示法、文字演示法、图片演示法、证明演示法等。

1. 产品演示法

产品演示法是指推销人员通过直接向顾客展示产品来劝说顾客购买产品的洽谈方法。推销品本身就是沉默的推销人员，是最准确最可靠的购买信息源，再生动的描述与说明方法，都不能比产品本身留给顾客的印象深刻。可谓百闻不如一见。产品演示法通过产品本身生动形象地刺激顾客的感觉器官，可以制造一个真实可信的推销情景，因而具有较好的推销效果。

阅读与思考

赵兴是某家电销售公司的推销员，他特别擅于向顾客演示他所推销的各类家用电器。例如，滚筒洗衣机是他最乐意向顾客示范推荐的一种家用电器。为了向顾客演示滚筒洗衣机如何不伤衣料、纽扣，他把钢笔放入滚筒里，让它随洗涤物一起滚动。有一次，当他正向顾客作演示时，钢笔裂开了，墨水沾满了正在洗衣机内洗涤的衣物。

思考：你对赵兴采用的产品演示法有何意见？如果你是赵兴，你将如何向顾客解释？

2. 文字演示法

文字演示法是指推销人员通过演示有关推销品的文字资料来劝说顾客购买推销品的洽

谈方法。在现代推销环境里，文字是传递推销信息的重要媒介，也是比较有利的刺激物。在无法或不便演示推销品的情况下，推销人员可以先演示文字资料。与口头提示相比较，文字演示具有可靠性，能够增强顾客的购买信心。

3．图片演示法

图片演示法是指推销人员通过演示有关产品的图片资料来劝说顾客购买推销品的洽谈方法。与产品演示法相比较而言，图片演示法更方便，也更灵活。在不便于演示产品本身的情况下，可以考虑使用图片演示法。与文字演示法相比较，图片演示法具有更直观的特点，图片资料比较生动形象，容易被顾客接受和理解，而且可以克服语言沟通方面的障碍，特别适于国际推销。文字演示法与图片演示法结合起来运用，可以做到图文并茂，推销的效果会更好。

4．证明演示法

证明演示法是指推销人员通过演示有关证明资料劝说顾客购买推销品的洽谈方法。现代推销成功的关键是取信于顾客。推销证明材料是取信于顾客的重要推销洽谈工具。推销证明材料是多种多样的，如产品的生产许可证文件、产品质量鉴定文件、产品技术说明资料、报纸杂志等关于产品与推销人员的文章与图片、顾客的表扬信、对产品消费前后对比资料和追踪调查统计资料、市场调查报告、专家内行证词、权威机构的评价、获奖证书、专营证书等。这些推销证明资料通过第三方的肯定、认可或赞誉而令顾客信服。因此，证明演示法几乎是所有推销洽谈都要使用的洽谈方法。

【实训练习】

推销洽谈方法的应用

实训目的：了解推销洽谈的各种方法，灵活应用推销洽谈方法。

实训方法：现场模拟法。

实训内容：将班内的学生分为若干小组，学生模拟生活中的情景，设计出推销洽谈方案并现场模拟。

实训步骤：教师说明规则，学生分组模拟，教师点评。

实训考核标准：

（1）推销洽谈的内容必须是真实的。

（2）能够利用所学方法顺利进行推销洽谈。

（3）洽谈方案具有可行性。

第三节 推销洽谈策略

推销洽谈策略指的是为了达到特定的推销目标而预先制订的计谋和方略。推销洽谈策略很多，这里介绍几种常见的推销洽谈策略。

一、赢得买主的信赖

在推销洽谈中，首先要赢得买主的信赖。可信度是说服顾客购买的关键，可信度取决于三个方面：推销人员的服务态度和品格，推销人员的推销技巧，推销品的证实材料完备无缺。赢得顾客信赖的策略，其实质是推销人员仪态和品格修养水平、推销准备的充分程度以及推销技巧的熟练程度的积累。

二、先发制人

在推销过程中，有些问题如果由顾客首先提出来，推销人员再来回答，就会显得很被动。为了避免陷入这种被动的局面，推销人员可以根据顾客可能会提出的有关问题，抢先摆出来，并根据顾客的实际情况将问题解决，排除成交的潜在障碍。

这种策略的好处在于能把握洽谈的主动权，避免陷入被动应付的局面；有效调节了洽谈气氛，避免与顾客之间有异议争端，将顾客必然会提出的异议以自问自答的方式解决。但是运用这种策略时一定要对对方可能提出的问题有充分正确的分析和判断，要善于寻找提出问题的最佳时机，解决方案一定要有说服力。

三、避实就虚

在推销中，对于有些问题与对方正面进行洽谈，可能会遇到相持不下的状态，这时推销人员就可运用“避实就虚、乘虚而入、由虚而实”的战略战术，选择从一些与正面问题不相干的问题入手，让顾客的思路顺着我方的思路进行思考，承认我方的观点和意见。这种策略的好处在于当洽谈正面不易突破时可以另寻他路，避开了可能难以解决的正面冲突。运用此策略时要选择隐蔽性话题，注意与对方的心理相容。

四、调和折中

推销洽谈的过程是互谅与妥协的过程。在推销洽谈中，难免与顾客有分歧，这时就需要进行调和折中，这是洽谈的常用策略。通常调和折中是在“由双方分担分歧，相互向对方靠拢”的思路下进行的。应用此策略时不能将己方要求提得过高，应使对方听起来感到要求虽高，但不苛刻，有讨价还价的余地；让步的时机要选择得当，不可让步太快，露底太早，在提出折中或响应对方折中时，不宜宣称这是最后的折中，以保留再折中的余地。

五、软硬兼施

在洽谈过程中，可以适当采取软硬兼施的策略。其中最常见的软硬兼施是采用白脸黑脸的组队策略，即洽谈团队中一人扮黑脸采取强硬的态度，另一人扮白脸，温和相向，使洽谈气氛融洽。这样就能有效控制洽谈气氛，掌握主动，更能够使谈判僵局柳暗花明。应用此策略时要注意的问题是软硬有度，白脸黑脸配合要默契。

六、欲擒故纵

在洽谈过程中，有时直接推销难以达到目的，因此需要采用与要实现的目的背道而驰的手段，有的放矢地瓦解对方的防御心理，使对方主动对本公司产品产生兴趣，从而使推销人员在推销过程中处于主动和控制局面的地位。

知识链接

欲擒故纵策略的注意事项

（1）立点在“擒”，故“纵”时应积极地“纵”，即在“纵”中激起对手的成交欲望。激的手法是：一方面表现己方的不在乎，利益关系不大；另一方面要尽可能地揭示对方的利益，处处为其着想，让其不愿被“纵”。

（2）在冷漠之中有意给对方机会，只不过应在其等待、努力之后，再给机会与条件，让其感到珍贵。

（3）注意言谈与分寸，即讲话要掌握火候，“纵”时的用语应有尊重对方的成分，切不可羞辱对手。否则，会转移谈判焦点，使“纵”失控。

【案例赏析】

某厂有几部破旧的车不能用了。一时间许多人上门推销汽车，使主管感到心烦意乱，自然也加强了他严重的防范心理。只要推销员一上门，他就会想：“这家伙又来了，我绝不会上他的当。”有些推销员会说，这些车早已破旧不堪，换过许多零件，还不如用修理费用购置几部新车合算。但这位主管对此毫不理睬。有一天，又来了一名中年汽车推销员，主管感觉到：“这家伙是来推销汽车的，我绝不上他的当。”可是那名推销员一看见破旧的汽车便说：“这几部车起码还可以用上一年半载的，现在就换的话，也太可惜了，我看还是过一阵子再说吧!”说着便递给主管一张名片，径直地离开了。主管一听顿时感到自己的防范心理整个崩溃了，于是他马上按照名片拨通了电话。结果可想而知。

（资料来源：http://www.cmmo.cn/article-7257-1.html）

分析：此案例中推销员采用的就是欲擒故纵策略，他充分抓住了主管的心理，使其防范心理彻底崩溃，达到了推销汽车的目的。

七、投其所好

在洽谈前要对顾客的有关情况有所了解，比如从这几方面考虑：顾客需要什么，顾客在工作和生活方面有什么嗜好，顾客对推销人员的态度，运用哪种策略能使顾客满意而购买产品。推销人员不但要在推销洽谈前期了解顾客的心理，而且必须在推销洽谈过程中，不断观察对方的谈吐举动，根据从对方行为表现中所获得的信息，不断修正自己的初步推断，才能使自己最大限度地接近顾客的真实心理。

八、寻找共同点

寻找共同点策略是指推销人员在洽谈前期结合顾客的需要和自己的需要，有效地将两者结合在一起考虑、策划，以便能在洽谈中因势利导、控制洽谈的进度，使洽谈能按预定的设想有条不紊地进行。推销人员可以从多方面考虑与顾客的共同点：穿同样颜色和款式的服装，喜欢同样的运动，有着共同的关注对象等。这些都可以成为缩短顾客与推销人员之间距离、增进沟通的有效手段。洽谈大多数都是从寻找共同点开始的。这种策略促使推销人员与顾客有共同的话题，洽谈刚开始不至于陷入僵局，形成一种轻松和谐的气氛，缩短推销人员与顾客的距离，为下一步谈判打下基础。

九、价格引诱

推销人员往往把市场价格上涨看做是一个有利的时机，在这种情况下能够达成很多交易，无需按部就班，逐条逐项去谈合同，其成功的秘诀就是利用市场价格预期上涨的趋势和人们在这种市场环境下的特殊心理，把顾客的注意力吸引到价格问题上来，忽略其他方面的关注，迅速成交。

阅读与思考

有一天，一对夫妇逛商场时，逛到了刘波他们的门店。刘波一看这个女的已经挺起了肚子，知道他们很有可能是来购买童车的。

“这位太太，恭喜您就要喜得贵子了，你不妨事先给宝宝购置一个童车迎接宝宝的到来啊。”刘波笑容满面。

“嗯，我们是打算看看。”

于是，刘波热情地向这对夫妇介绍起他们的产品来：“瞧，我们的童车是便携式的，可以放平了让宝宝躺下当床，宝宝大一点后又可以弄成小椅子让孩子坐在里面，很实惠的，而且车体很轻，易于搬动，弹簧也特别好，震动很小。”刘波从各个角度介绍着童车的性能。

丈夫听了有点动心，小声地询问妻子：“你觉得呢？”

不过妻子有些犹豫，念叨着：“这个童车好是好，只是买得太仓促，价钱会不会太贵啊，我们还有时间，反正又不急用，我们可以到处看看的。”

刘波把这对夫妇的表情看在了眼里。看来，童车的功能他们是满意的，他们在犹豫价钱的问题。

于是，刘波突然做出很神秘的样子，低声对那位妻子说：“你去别的地方买童车，肯定不止这个价位，实话告诉你吧，我们这批童车的主要材料是从厂家直接进的，成本少一点，所以价钱要比其他的低。现在就只有这不多的几辆了，买得多划算啊。”妻子一听，以为真捡到什么便宜，便神秘地和丈夫交换了一下眼神，就不再犹豫，爽快地买下了一辆。刘波用这种方法取得了推销的好业绩。

思考：刘波运用了推销洽谈中的什么策略？

【实训练习】

推销洽谈策略的应用

实训目的：了解推销洽谈策略的各种方法，灵活应用推销洽谈策略。

实训方法：现场模拟法。

实训内容：将班内的学生分为若干小组，学生模拟生活中的情景，根据所学的推销洽谈策略设计出推销洽谈方案并现场模拟。

实训步骤：教师说明规则，学生分组模拟，教师点评。

实训考核标准：

（1）推销洽谈的内容必须是真实的。

（2）能够利用所学洽谈策略顺利进行推销。

（3）洽谈方案具有可行性。

复习思考题

1．如何理解推销洽谈？

2．推销人员进行推销洽谈时必须遵循的原则是什么？

3．谈一谈如何做好推销洽谈的准备工作。

4．简述推销洽谈的步骤。

5．推销洽谈的方法主要有哪几种？

6．推销洽谈的策略有哪些？

案例分析

莱文在纽约的一家大银行供职。有一次，他被指定准备一份有关某公司的机密报告。莱文了解到，只有一个人掌握着他所急需的情报，这个人就是某大工业公司的总经理。于是，莱文前去拜访他。当莱文被领进总经理办公室时，有位年轻的女子从门里探出头来告诉总经理，说她今天没邮票给他。

总经理对莱文解释说：“我在替我那 12 岁的儿子收集邮票。”

莱文说明了来意，并开始提问。但那位总经理却显得心不在焉，他言辞闪烁，根本无心向莱文透露半点情报。就这样，莱文的第一次造访失败了。

该怎样使那位总经理打开话匣子呢？莱文绞尽脑汁，终于，他想起了那位年轻女子的话。银行业务部不是收集有许多邮票吗？那些邮票还是从五湖四海的来信上剪下来的，一般人很难弄到。

第二天下午，莱文又去拜访那位总经理。莱文对传话人说：“请转告你们的总经理，我为他儿子弄到了一些邮票。”总经理满脸堆笑地接见了莱文，他一边翻弄那些邮票，一边不断地说：“我的乔治一定喜欢这张的，看这张，这是珍品。”

总经理还兴致勃勃地拿出来儿子的照片，他们谈了差不多半个小时的邮票。在接下来的一个小时里，总经理主动把他所知道的一切和盘托出，并把他的属下叫来询问，还给他的合作伙伴挂了电话，向莱文提供了大量的事实、数据、报告和信件。

（资料来源：http://www.biqi.me/files/article/html/29/29752/6353114.html）

问题：

（1）莱文为什么能取得推销成功？请结合案例详细说明。

（2）该案例给你什么启示？

第十一章　顾客异议

【案例导入】

眼镜店的巧妙促销

一天，博士眼镜店来了一位顾客，顾客在选择镜架时，先后试了两种镜架，一种样式一般，价格便宜，仅售 80 元；另一种样式新颖，但相对较贵，售价 260 元。经理见顾客犹豫不决，便主动走上前去。

经理："先生想配眼镜？我是本店的经理，有什么可以帮您的吗？"

经理："先生，我看您不是教师，便是医生，至少是个办公室职员，我没有猜错吧！"

顾客朝着经理笑了笑，没吭声。

经理："不管怎么样，先生您肯定是个知识分子，我刚才看您试了，我觉得您还是买这种比较适合。"（同时指着 260 元的那种）

顾客："好是好，就是太贵了，我看和前一副差不多，怎么贵了近 200 元？"

经理："您再仔细看看，那种样式早就过时了（80 元那种），而这种样式在其他店里还要卖 380～400 元呢！不知道您在其他店注意到没？"

顾客："你这怎么比其他店便宜那么多？"

经理："这您就不知道了，我这店是 5 年前就签了租赁合同，而对门那家店去年才刚开张，单房租他每年都要比我多付 10 000 多元；对门那家店用了某医院的牌子，那总得给医院一点使用费吧，别的不说，这两项费用计入成本，价格能低吗？更何况我们开的全是实价，我卖 260 元，其实利润不到 10%，不行你可以到其他店看看。"

顾客："260 元，太贵了，我一个月工资才多少？"

经理："哎，这位先生您可真行啊！说得我无话可说了。其实，您别看这副比那副贵 180 元，如果一副眼镜能戴三年的话，每年不过多出了 60 元，每月不就多出了 5 元吗？您放心，这种镜架比便宜的那种强多了，戴三五年肯定没问题。您看每月多出 5 元钱，就能更潇洒、更有风度，用的时间也久，难道不值得？像您这种有地位的人，每月从工资多开支 5 元钱，肯定是不会有问题的。"

顾客笑了笑："行，拿一副吧。"

经理边拿眼镜边说："先生 260 元买这眼镜，您放心，绝对吃不了亏。"

（资料来源：宋素红，《推销理论与实务》，化学工业出版社）

启示：如果你在推销中遇到了类似的顾客异议，你将如何处理？本案例中当顾客提出异议后，经理并没有直接让顾客拿较低价格的产品，也没将较高价格的产品立刻降价。而是针对产品先谈、多谈其价值，后谈、少谈其价格。顾客购买商品的根本在于商品给他带来的利益，并将这种利益与付出的价钱进行对比。因此，多强调产品价值，就会让顾客产生很划算的感觉。

【学习目标】

要求学生理解并掌握顾客异议的概念、类型及成因，了解处理顾客异议的原则和策略，掌握处理常见顾客异议的方法与技巧，学生能熟练应用处理顾客异议的一些常见方法。

第一节　认识顾客异议

一、顾客异议的概念

顾客异议又叫推销障碍，是指在推销洽谈中被顾客用来作为拒绝购买的各种问题、意见和看法。在交易过程中，推销人员和顾客既是交易伙伴，又是利益竞争者，双方都希望通过谈判回避风险并使自己的利益最大化。

俗话说："嫌货才是买货人""褒贬是买主，无声是闲人"。说的就是顾客有异议是好事情，有异议表明顾客对推销人员推销的产品感兴趣，意味着与顾客有成交的希望。推销过程中不存在顾客异议几乎是不可能的，顾客异议的产生和消除是推销成交的前提，因为只有推销活动产生了效果并引起了顾客的注意，顾客才会对推销品关注并提出异议。当顾客提出反对购买的理由时，正是推销人员进行有针对性的解释和劝说，促成交易的有利时机。推销实践证明，推销过程中所产生的顾客异议是推销人员所应该重视的，推销人员应当充分利用顾客提出异议这一契机，对顾客进行产品介绍、利益推销等说服活动，寻找、发现并唤起消费者的需求，促使顾客采取购买行动。而不能将顾客异议认为是对方不感兴趣，从而放弃促成交易的宝贵机会。

顾客异议的含义应从以下几个方面加以理解：

（一）顾客异议是推销活动中不可避免的必然现象

推销从拒绝开始，没有一帆风顺的推销成交。从理论上说，顾客如果对推销品具有浓厚的兴趣并有强烈的购买欲望，就应该直接成交。但实际上，顾客即使是对产品很满意也很少爽快地成交，而是要通过提出异议来获取更多的利益。有经验的推销专家认为，推销进入实质性阶段是从顾客说"不"开始的。

（二）顾客异议的形式和内容多种多样

顾客异议是复杂多样的，如口头异议、表情异议、价格异议、需求异议等。推销人员必须注意顾客异议有真实和虚假之分，善于观察和判断顾客的言行举止，把握其心理状态，正确理解并有效处理顾客提出的各种异议是推销成功的关键。

（三）改进推销工作的催化剂是顾客异议

顾客异议能帮助推销人员和企业发现问题，并及时进行改善和纠正。推销过程实质上就是处理异议的过程。是否具有丰富而娴熟的处理异议的技术，往往是推销人员能否成功的关键。任何一个销售人员都必须随时作好心理和思想准备，分析和处理顾客的各种异议，促成顾客产生购买行为，提高顾客的满意度和忠诚度。

二、顾客异议产生的原因

在推销过程中，顾客异议的成因错综复杂，既有必然因素，又有偶然因素；既有可控因素，又有不可控因素。推销人员不可能完全了解顾客异议的全部成因，但可以通过一定的方法找出某一异议的主要成因，从而主动有效地预测、控制和消除这一异议。通常，顾客异议的原因可归纳为顾客方面的原因、推销人员方面的原因和产品方面的原因。

（一）顾客方面的原因

顾客异议是由顾客提出的，其成因主要表现为：

1. 顾客不了解自己的需求

由于顾客没有发现自己存在的问题，认为自己对产品或服务没有需求，这是一种较为常见的顾客异议。顾客经常对推销人员说："不好意思，我们实在不需要你的产品。"其中有的是真不需要，有的是没有意识到产品的功能，有的则是由于某种成见，推销人员应通过深入全面地调查了解，刺激顾客的购买欲望，提供更多的推销信息，分析顾客的"症结"，对症下药。

2. 顾客认为价格过高

商品的价格是顾客最敏感的问题之一，也是最容易提出异议的问题之一，因为这直接关系到顾客的切身利益。因而无论产品的价格如何，总有一些人会说价格太高。即使顾客心理已经认为价格比较合适，也会在口头上提出异议，希望价格降低以获得更多的利益或心理满足。

3. 顾客的决策权有限

在实际的推销洽谈过程中，推销人员会遇到顾客说："我要回去和单位领导商量一下""等我家里人回来再说吧""我决定不了"等托词，这可能说明顾客确实决策权力不足，或顾客有权但不想承担责任。决策权有限有真假之分，推销人员要仔细分析，针对不同的情况，区别对待。推销人员必须对推销过程中出现的各种权力异议进行分析并妥善处理。

4. 顾客缺乏产品知识

随着现代科技的发展，产品的生命周期日趋缩短而新产品更是层出不穷。有些新产品的特点与优势并不能使人一目了然，这会造成一些顾客的认知障碍，从而造成顾客异议。顾客提出对产品的异议，有可能是推销品本身存在缺陷，也有可能是顾客的一种主观看法。因此，推销人员应当在充分了解产品的基础上，以各种有效的展示与讲解深入浅出地向顾客推荐商品，进行有关的产品知识普及工作，使顾客对产品产生正确的认识，从而达到消除顾客异议的目的。

5．顾客的自我保护意识

人有本能的自我保护意识，会对陌生人心存恐惧，自然会产生警戒、排斥的态度，以便自我保护。当推销人员向顾客推销时，对于顾客来说推销人员就是一位不速之客，推销品也是陌生之物。即使顾客明白推销品的功能、作用，是自己所需要的物品，但他也会表示出一种本能的拒绝，或者提出一些问题乃至反对意见。绝大多数的顾客所提出的异议都是在进行自我保护，也就是自我利益的保护。他们总是把得到的与付出的作比较。因此，推销人员要注意唤起顾客的兴趣，让其明白推销品所能带给他的利益，从而消除顾客心中的不安，排除障碍，进而达成交易。

6．顾客的购买经验与成见

顾客之前不愉快的购买经历可能会给他造成心理后遗症，从而对推销人员表现出不合作的态度。成见则常常带有强烈的感情色彩，不是靠讲道理就可以轻易消除的。推销人员要避免直接与之争论，要及时转换话题，倡导新的消费观念和消费方式，引导顾客改变旧有的思想。

7．顾客有比较固定的采购渠道

大多数企业在长期的生产经营活动中，往往与某些推销人员及其所代表的企业形成了比较固定的购销合作关系，双方相互了解和信任。当新的推销人员及其企业不能使顾客确信可以得到更多的利益和更可靠的合作时，顾客是不敢冒险丢掉以往的供货关系的，因而对陌生的推销人员和推销品怀有疑惑、排斥的心理。

8．顾客的购买习惯

多数人对改变都会习惯性地产生抵触情绪，顾客在生活中会形成自己的购买习惯，这些习惯往往造成他们对某些产品的认识带有片面性，而且又难以用讲解、说服的办法来消除。比如，顾客对某些产品或服务抱有一定嗜好、习惯，造成对这一产品或服务的“情有独钟”，从而很难再接受其他同类产品或服务。针对这种情况推销人员应该坚持不懈地与顾客接触，增加顾客了解自己产品的机会。

9．顾客的情绪不好

人的行为会受情绪的影响。推销人员和顾客见面时，若恰逢顾客遇到不高兴的事情，就很可能会借题发挥对产品提出各种异议，甚至大发牢骚、肆意埋怨。此时，推销人员需要理智和冷静地正视这类异议，做到以柔克刚，缓和气氛。

阅读与思考

美国著名的推销专家约翰·温克勒尔在其著作《讨价还价的技巧》中指出：如果顾客在价格上要挟你，就和他们谈质量；如果顾客在质量上苛求你，就和他们谈服务；如果顾客在服务上进行挑剔，就和他们谈条件；如果顾客在条件上逼近你，就和他们谈价格。总之，一个优秀的推销人员能坦然地面对自己推销品的缺陷，相信推销品的优点足以让顾客忽略推销品的不足而决定购买。

思考：当顾客出现异议时，你会直接进行解释还是会转移话题呢？怎样做才好呢？

（二）推销人员方面的原因

推销人员的行为在一定程度上代表企业形象。如果推销人员自身存在着某些主观或客观上的问题，必然会引起顾客的反感，并因此流露出反对情绪或提出反对意见。一般来说，来源于推销人员方面的原因的顾客异议主要表现在以下几个方面：

1. 推销人员素质低下

成功的推销人员必须具有娴熟的业务能力，能熟练地运用各种推销技巧，具有全面的市场知识和综合知识。同时还要具有良好的职业道德、信奉顾客至上的推销观念。如果推销人员在和顾客的洽谈过程中脏话不断，或对顾客提出的产品问题不能做出让顾客满意的回答，必然会引起顾客的反感、轻视。

2. 推销人员形象欠佳

人的第一印象特别重要，特别是推销人员，在洽谈中给顾客的第一印象是非常重要的。这比那种纸质的名片更容易让人记住你。推销人员整洁的着装、简单舒适的发型是推销过程中必备的。如果推销人员不拘小节、不修边幅，往往会造成顾客冷遇，遭到顾客排斥。

知识链接

个人形象的重要性

调查结果显示，当两个人初次见面的时候，第一印象中的55%是来自你的外表，包括你的衣着、发型等；第一印象中的38%来自于一个人的仪态，包括你举手投足之间传达出来的气质，说话的声音、语调等；而只有 7%的印象来源于简单的交谈。也就是说，第一印象中的93%都是关于你的外表形象的。

美国一位形象设计专家对美国财富排行榜前300位中的100人进行过调查，调查的结果是：97%的人认为，如果一个人具有非常有魅力的外表，那么他在公司里会有很多升迁的机会；92%的人认为，他们不会挑选不懂得穿着的人作自己的秘书；93%的人认为，他们会因为求职者在面试时的穿着不得体而不予录用。

商业心理学的研究也告诉我们，人与人之间的沟通所产生的影响力和信任度，是来自语言、语调和形象三个方面。它们的重要性所占比例是：语言占 7%；语调占 38%；形象占 55%。由此可见形象的重要性。而服装作为形象塑造中的第一外表，更成为众人关注的焦点。你的形象就是你自己的未来，在当今激烈竞争的社会中，一个人的形象远比人们想象得更为重要。一个人的形象应该为自己增辉，当你的形象成为有效的沟通工具时，那么塑造和维护个人形象就成了一种投资，长期持续下去会带来丰厚的回报。没有什么比一个人许多内在的东西都没有机会展示，还没领到通行证就被拒之门外的损失更大了。

3. 推销人员方法不当

推销人员以不实的说辞哄骗顾客、使用过多的专业术语、态度傲慢无礼、语气强势等都会让顾客感觉不愉快，而提出许多主观的异议。

4. 推销人员信誉不佳

在实际推销中，有些推销人员对顾客或不负责任，或不信守合同，或服务不周，甚至采取欺骗的手段坑害顾客，在市场上失信于顾客，或者声名狼藉，口碑极坏，导致顾客不愿意或不敢与之打交道。这不仅仅是失去某一个顾客的问题，严重者有可能失去一大批顾客。因此，在推销过程中推销人员要尽最大的努力维护自身信誉。

（三）产品方面的原因

产品即推销品，是推销的客体，是一个多因素的集合体。来源于产品方面的异议也是多方面的，主要包括价格、质量、效用、服务等。

1. 推销品价格

推销品的价格是顾客最关心、最敏感的问题，它直接关系到买卖双方的利益。大多数顾客在购买过程中会认为产品价格高，其主要原因是：顾客认为产品价格远远超出其价值；顾客的支付能力有限；顾客试探推销人员价格的虚实；顾客没有真正的购买意图，以价格高作为拒绝购买的借口；市场上同类产品价格较低。也有些顾客会认为产品价格低，认为价格低的原因主要有：顾客的经济状况好、消费水平高；顾客的社会地位高，要象征身份；顾客好表现自己，买高不买低；顾客认为一分钱一分货，便宜没好货；顾客认为价格低说明产品过时或已遭淘汰，害怕上当受骗。

2. 推销品质量

推销品质量包括产品的性能、规格、颜色、包装等，如果顾客对上述某方面不满意，便会产生异议。

例如：买卖双方对产品质量的判断标准不一样，卖方很难给买方一个合情合理、容易弄懂、容易接受的解释，则会产生异议；质量与价格的关系很难处理，产品质次价高时顾客必然会提出异议，而质优价廉其实也是一种质价不符，也可能形成异议；质量与需求的关系也很难把握，在消费水平较高的市场上，质次价低的产品未必有销路，而在购买力有限的市场上，质优价高的产品也未必有人问津。

3. 产品无法满足顾客的需要

如果顾客的需要不能充分得到满足，那么顾客通常就会不认同推销人员所提供的产品或服务。

4. 产品的销售服务

推销人员如未向顾客提供足够的信息、服务或者售后服务不能让顾客得到认同，就可能产生服务异议，推销人员为减少顾客异议，应尽其所能，为顾客提供一流的、全方位的服务，以赢得顾客，扩大销量。

三、常见异议的类型

顾客异议往往是顾客保护自己的行为，其本质不具有攻击性，但它的后果不仅会影响到推销的成功，有的还有可能形成舆论，造成对推销活动在更长时间、更大空间范围的不利影响。要消除顾客异议的负面影响，首先要识别和区分顾客异议的类型。常见异议的类型包括价格异议、产品异议、需求异议、推销人员异议、货源异议、服务异议。

（一）价格异议

"你的产品价格太高了。"价格太高，顾客觉得商品不值这个价钱，从而会与推销人员讨价还价或者拒绝购买。"这么低的价格，产品能好吗？俗话说一分钱一分货。"价格太低，顾客可能会对产品质量产生怀疑而拒绝购买。

价格因与顾客的切身利益密切相关，是顾客最敏感的问题之一，也是最容易提出异议的问题之一。不论产品的价格如何，价格异议总是存在的，关键在于利用自己所掌握的比顾客多的产品信息，让顾客相信他要付的价格绝对是最值得的。

知识链接

价格异议的动机

有人曾对世界各地参加推销研究班的推销人员进行调查，调查结果揭示了顾客提出价格异议的动机主要有以下几个方面：

（1）顾客只想购买到便宜的产品。

（2）顾客想比其他顾客以更低的价格购买产品。

（3）顾客想在讨价还价中击败推销人员，以显示他的谈判能力。

（4）顾客想向众人露一手，证明他有才能。

（5）顾客不了解商品的价值，或顾客想了解商品的真正价格。

（6）顾客想从另一个供应商那里买到更便宜的产品。

（7）顾客可能有更重要的异议，这些异议与价格没有什么联系，他只是把价格作为一种掩饰。

（二）产品异议

产品异议是顾客对推销品的使用价值、质量、式样、设计、品牌等方面提出的异议。顾客会说："这种东西质量太差了！""这衣服设计得太古板，颜色也不好看。"顾客会针对其想要购买的产品，尽可能地从各个方面提出异议，从而达到少花钱多办事的目的。此外，顾客的喜好、广告宣传、购买习惯、社会成见等因素也会导致产品异议。产品异议往往表明顾客已经了解自己的需求，有心、有权、有财力购买这种商品，但是却担心推销品是否能满足自己的需求。

（三）需求异议

需求异议即顾客自认为不需要所推销的产品。最常见的说法是："我根本不需要这种东西。"

"我们已经有了。""这东西有什么用？"等。这种异议是对推销的一种拒绝。如果这话若非真的拒绝，它可能意味着顾客对产品的认识不够，或者带有某种成见。推销人员应该利用其所掌握的情况巧妙地转化需求异议，详尽地介绍产品，帮助顾客认识产品给自己带来的利益。

（四）推销人员异议

推销人员异议是顾客针对某些特定的推销人员提出的反对意见。顾客因对推销人员不信任或反感而提出的异议，意味着顾客并不是不想购买推销品，只是不愿意向某位特定的推销人员购买。顾客提出的推销人员异议，要求推销人员一方面要提高服务质量，另一方面要不断地提高自身素养，善于运用各种推销策略与技巧来改变顾客的主观看法。

（五）货源异议

货源异议是顾客对产品来源，如原产地、生产厂家、品牌型号等提出的异议。如果顾客愿意按照推销人员的报价购买该推销品，只是不愿意向眼下这位推销员所代表的公司购买，这时就会发生"货源异议"。顾客会告诉你"我们没跟你们合作过。""我们一直从某某公司进货……"等。这种异议可能是你们公司的商业信誉不佳，也可能因为同行先入为主，同行业竞争激烈。遇到这类事情，推销人员单枪匹马往往难以达到目的。但是，个人魅力强的推销人员通过自身努力，也还是能够改变顾客的习惯或成见，促成交易达成的。

（六）服务异议

服务异议是顾客对推销品交易附带承诺的售前、售中、售后服务的异议。从产品整体概念的角度来看服务是产品的附加部分，有关服务的异议属于产品异议。在市场竞争日趋激烈的今天，加强服务、提高商品的附加值已经成为企业竞争的一种重要手段。顾客购买行为的发生，在很大程度上取决于企业能够提供什么服务及服务的质量和水平。优质的服务能够加强顾客购买商品的决心，树立企业及产品的信誉，防止顾客产生服务异议。

总之，顾客异议是多种多样的，推销人员必须根据产品的特点，在推销计划实施之前，对各种可能出现的顾客异议做出分析和预测，作好化解各类顾客异议的准备，从而妥善处理好顾客异议。

【实训练习】

认识顾客异议

实训目的： 增强学生对顾客异议的认识，使学生能够区分不同类型的异议，为后面异议的处理做好准备。

实训方法： 学生演练法。

实训内容： 4～5 人为一个小组，每个同学想想自己平时购买商品时商家所提出的各类异议，写下来，并进行总结。然后到讲台上念出自己的异议，让同学去判断这些异议的类型，自己给出答案。

实训步骤： 教师说明实训要求，学生演练。

实训考核标准：

（1）小组讨论总结的异议符合异议的条件，并具有一定的代表性。

（2）异议能够得到其他同学的认可。

第二节 处理顾客异议

一、正确对待顾客异议

美国施乐公司帕洛阿尔托研究中心的创始人雅各布·戈德曼博士说：推销是从顾客拒绝开始的。对推销而言，可怕的不是有异议而是没有异议。通常来说，只有对产品感兴趣、有购买意向的顾客，才会提出异议。通常顾客异议具有两面性：既是成交障碍，也是成交信号。有异议表明顾客对产品感兴趣，推销人员通过对顾客异议的分析可以了解对方的心理，知道他为何不买，从而针对问题，对症下药。

大多数刚入行的推销人员对顾客异议往往抱有负面的看法，他们认为顾客对产品价格、质量等提出质疑是故意找他们麻烦。一旦听到顾客提出异议，原来热情洋溢的态度就会立刻发生转变，并由此产生挫折感与恐惧感。但是对有经验的推销人员来说，他却能从另外的角度来看待和体会顾客的异议，并揭露出另外的含意。比如：

通过顾客的异议可以判断出顾客是否真的有需求。一般来说，顾客越用心挑剔，证明他对产品的关注程度和购买兴趣越高。

通过分析顾客提出的异议，推销人员能获得更多的信息，明白顾客存在的购买障碍，并据此采取相应的应对策略。

虽然异议总是带来烦恼，但有效地解决异议、满足顾客需求是消除顾客的疑虑、获得顾客信任、最终促使其购买所销售的商品的必要过程，与此同时也是与顾客建立良好的合作关系的绝佳机会，并在以后的工作中会帮助推销人员创造新的销售机会。

推销人员应将顾客异议理解为：①异议是正常的，是推销活动中的必然现象；②异议是顾客不要报酬的投资；③异议是推销工作顺利开展的催化剂；④异议是展现顾客内心想法的最好指标；⑤异议一旦得到处理能缩短销售周期；⑥异议表示你提供的利益仍然不能满足顾客的需求；⑦异议表示顾客仍有求于你。

知识链接

虚假异议很常见

在实际推销活动中，虚假异议占顾客异议的比例比较多。日本有关推销专家曾对 378 名推销对象做了如下调查：“当你受到推销人员访问时，你是如何拒绝的？”结果发现：有明确拒绝理由的只有 71 名，占 18.8%；没有明确理由，随便找个理由拒绝的有 64 名，占 16.9%；因为忙碌而拒绝的有 26 名，占 6.9%；不记得是什么理由，好像是凭直觉而拒绝的有 178 名，占 47.1%；其他类型的有 39 名，占 10.3%。

这一结果说明，有近七成的推销对象并没有什么明确的理由，只是随便找个理由来反对推销人员的打扰，把推销人员打发走。

（资料来源：吴金法、李海琼等主编，《现代推销理论与实务》，东北财经大学出版社）

二、处理顾客异议的原则与步骤

推销人员在处理顾客异议的时候，为了最大限度地消除或者转化顾客异议，树立以顾客为中心的营销观念，应掌握一些处理顾客异议方面的基本原则和步骤。

（一）处理顾客异议的原则

1. 尊重顾客

解决顾客提出的问题和意见是推销人员责无旁贷的职责。不管顾客提出的异议有无道理和事实依据，推销人员都应该耐心倾听，以温和的态度和语言与之回应，并表现出极大的关注和兴趣，让顾客心平气和地讲完。不能总是打断顾客的谈话，急切地表达自己的意见，更不能与顾客动怒争吵。否则会引起顾客反感，甚至产生新的异议。

在处理顾客异议之前，推销人员可以沉思片刻，也可以简单概括或重复顾客提出的异议，让顾客感觉到你很重视他的意见并经过了认真考虑。只有尊重顾客，才能在此基础上做好异议转化工作。

2. 做好准备工作

“不打无准备之仗”，这是销售人员面对顾客拒绝时应遵循的一个基本原则。销售前，推销人员要熟练掌握相关的产品信息，充分估计顾客可能提出的异议，做到心中有数。这样，即使遇到难题，也能从容应对。事前无准备，就可能不知所措，顾客得不到满意答复，自然无法顺利成交。可以说，良好的准备工作有助于消除顾客异议的负面性。

3. 选择恰当的时机

顾客异议的提出，不受时间、地点的限制，不受推销人员的控制。推销人员可以控制的是他自己处理顾客异议的时机和方法。根据美国对几千名推销人员的调查研究，优秀的推销人员所遇到顾客严重反对的机会只是其他人的十分之一，原因就在于优秀的推销人员往往能选择恰当的时机对顾客的异议提供满意的答复。在恰当时机回答顾客异议，便是在消除异议负面性的基础上发挥了其积极的一面。

4. 永远不与顾客争辩

争辩是销售的第一大忌。在推销人员向顾客推销某一商品的时候，两者之间往往会产生不同的看法，这是不可避免的。所以在推销的过程中无论顾客异议如何不当，无论顾客态度如何粗暴，推销人员都不应与顾客争吵，应以理智的态度、良好的心态和平缓的语气去耐心说服。与顾客争论，失败的永远是推销人员。一句推销行话是：“占争论的便宜越多，吃推销的亏越大”。

5. 给顾客留“面子”

顾客是上帝，在推销的过程中无论顾客的意见是对是错，推销人员都应该表示尊重，给顾客留足面子，万万不能给顾客留下自己被轻视的感觉。在交谈的过程中要注意措词，“这么简单的问题你都不懂。”“您没搞懂我说的意思，我是说……”这样的表达方式无形之中抬高了自己，贬低了顾客，挫伤了顾客的自尊心，势必会影响到双方的交易。更不要训斥、诋毁顾客。如果顾客没听清楚你的解释或回答，重复问相同的问题，推销人员不能不耐烦地说："我刚才不是告诉过你吗？"聪明的推销人员往往会给顾客一个台阶，在适当的时候对顾客进行称赞，使顾客在购买产品时保持愉悦的心情。

知识链接

处理异议的技巧

香港某公司培训推销人员时，列出对待顾客拒绝或抱怨的方法如下：

（1）不要回避或漠视顾客的不满足。

（2）推销人员要有容忍对方责难的雅量。

（3）要冷静听完对方的抱怨。

（4）不要争辩。

（5）尊重对方的立场，尽量照顾对方的面子。

（6）不要意气用事。

（7）切忌过于主观。

（8）不要替自己找借口。

（9）不要急于下结论。

（10）避免采取轻视对方的言行。

（11）报告主管，商谈解决之道。

（12）要有"转祸为福"的应变能力。

（二）处理顾客异议的步骤

无论推销人员的推销能力多么出色，在交易过程中总会有一些异议发生。因此，事先规划好一个处理异议的步骤非常重要。处理顾客异议的一般步骤是：倾听顾客异议→对顾客异议表示理解→澄清和确定顾客异议→解答顾客异议→努力完成销售。

1. 倾听顾客异议

倾听顾客异议实际上是收集信息的一种过程，这些信息非常有助于解决问题。在倾听这个环节要注意以下几点：

（1）要耐心听完，不要急于做出反应。否则可能会因急于答复而考虑不周。

（2）听取顾客意见时要真诚，少说多听。

（3）在倾听过程中有疑问时，不可打断顾客，待顾客讲完时再详细作询问或解释。

2. 对顾客异议表示理解

在对一个异议做出反应之前，可以用微笑、点头、直视顾客眼睛等微小动作对顾客做出回应，表示完全理解顾客。这种理解包括两个方面的内容：

（1）完全理解顾客提出异议的真实想法。

（2）向顾客表达自己对异议的理解和认同。对顾客提出的意见要诚恳地表示感谢，充分理解顾客的感受。

3. 澄清和确定顾客异议

在倾听顾客异议的同时，必须辨识异议的真伪性。通过自己的倾听进行初步的分析判断，针对顾客的提问，确定真实的顾客异议。如果不能找到真实的顾客异议，就无法有针对性地解决顾客心中的顾虑。

4. 解答顾客异议

澄清顾客异议的同时，要掌握处理异议的技巧，选择最佳的回答。需要强调的是，最佳的回答总是取决于顾客当时的情况和异议本身的特点。只有竭尽可能地满足顾客的要求，异议才会消除。

5. 努力完成销售

在推销人员圆满地处理顾客异议之后，就有可能达成交易。但是如果顾客对推销人员的解答仍有疑虑，则说明推销人员没有真正弄清顾客的需要，仍要进行沟通，直至顾客满意，推销才算成功。

三、处理顾客异议的策略

推销人员首先应当分析、确认顾客提出异议的动机是什么，然后有针对性地采取对策。

（一）价格异议的处理技巧

在产品推销过程中，如果判断顾客的价格异议是虚假异议，则可以友好地建议顾客去比较一下同类产品的情况，给顾客一个台阶下；如果顾客的价格异议是真实的，那么可以按照以下技巧开展工作：

1. 先谈价值，后谈价格；多谈价值，少谈价格

推销人员可以从产品的使用寿命、使用成本、性能、维修、收益等方面进行分析比较，说明产品在价格与性能、价格与价值、推销品价格与竞争品价格等方面中某一方面或几方面的优势，让顾客充分认识到推销品的价值。

推销人员必须注意：在推销洽谈中，除非是顾客急切地问到价格问题，不及时回答就会引起顾客猜疑，阻碍交谈的顺利进行，否则提出价格问题的最好时机是在洽谈的末尾阶段，即在推销人员充分说明了推销品的好处，顾客已对此产生了浓厚的兴趣和购买欲望后，再谈及价格问题。一般情况下，推销人员不要主动提及价格，也不要急于回答顾客较早前提到的价格问题，更不要单纯地与顾客讨论价格问题，在报价后也不应附加评议或征询顾客对价格的意见，以免顾客把注意力过多地集中到价格上，使洽谈陷入僵局。

2. 强调产品性价比

价格只是代表了产品的货币价值，是商品使用价值的外在表现。在推销过程中，推销人员应避免单纯地与顾客讨论价格的高低，而必须把价格与商品性能、质量、服务等价值联系在一起。事实上“便宜”和“昂贵”的含义并不确切，带有浓厚的主观色彩，单纯考虑价格会造成顾客利益和价值的损失。在很大程度上，价格是人们的一种心理感觉，如果加以合适的引导和比较分析，顾客对价格问题都会有全新的认识和理解。所以，推销人员不要与顾客

单纯讨论价格问题，而应通过介绍商品的特点、优点和带给顾客的利益，使顾客最终认识到，推销品的使用价值是高的，价格是相对较低的。

3. 让步策略

在推销洽谈中，双方讨价还价是在所难免的。在遇到价格障碍时，推销人员要注意不可动摇对自己的企业及产品的信心，坚持报价，不轻易让步。只有充满自信，才可能说服别人。如果只想以降价化解价格异议，很容易被对方牵着鼻子走，不仅影响推销计划的完成，而且还有损企业和产品的形象。而推销人员的职业特性也决定他不可能永远坚持不让步。在有些情况下，通过适当的让步可以获得大额订单，使顾客接受交货期较长的订货。推销员应当掌握的让步原则有：

（1）不做无意义的让步，应体现出己方的原则和立场。

（2）以退为进，在让步时提出某些附加条件，减缓让步的速度。

（3）让步要恰到好处，一次让步幅度不能过大，让步频率也不宜太快。

（4）不做损害企业利益和形象的让步。

4. 心理策略

推销人员在向顾客报价时，首先应说明该报价是考虑顾客情况后，能给予顾客的最优惠价格，并暗示顾客这已经是公司所能够给予的价格底线，没有必要再讨价还价，以抑制顾客继续讨价还价的念头。推销人员在介绍产品单价时，还可以用尽可能小的计量单位报价，以减少高额价格对顾客的心理冲击。例如，在条件允许的情况下，将吨改为公斤，公斤改为克，千米改为米，米改为厘米，大包装改为小包装。经过这种处理后，相同的价格会让顾客感觉小计量产品的价格较低。

知识链接

价格异议的处理对策

异议成因	处理对策	举例
顾客支付能力	若经济状况差，则放弃；若暂时资金紧张，建议采取其他的支付方式	顾客："价格太贵。" 推销员："您能接受的价格是多少？"
与同类产品或代用品价格比较	强调产品优势，强调一分钱一分货	顾客："这件衣服太贵了，我朋友买的比它便宜。" 推销员："这是名牌，面料、做工都是国内一流的，您这身材穿上它会更漂亮。"
与竞争者相比	强调公司优质的服务和提供更多的承诺	顾客："别人的价格比你们低。" 推销员："哦，这有可能，如果我们不提供这种特殊功能的话，价格也会低些。"
对推销品误解认为产品不值	强调物有所值	顾客："这种产品根本不值这么多钱。" 推销员："是的，它用料不多，但很费工。让我们看看它的生产工艺吧。"

（二）需求异议的处理策略

“我不需要”是推销人员经常会遇到的事。当推销人员遇到由于顾客思想观念、生活习惯以及对自身存在的需求缺乏认识而造成的需求异议时，要帮助顾客转变观念，提高认识，创造顾客的需求，从而制造更多的销售机会，具体做法如下：

（1）投其所好。每个人的喜好都不尽相同，在与顾客的洽谈中，要有针对性地对顾客进行产品介绍。

（2）供其所需。供求关系始终存在，有需求就有市场。无论什么产品，只有满足顾客的实际需求，它才有可能被顾客所接受。

（三）货源异议的处理策略

许多货源异议都是由于顾客的购买经验与购买习惯造成的，推销人员在处理这类异议时可采用以下策略：

1. 持之以恒，以诚相待

顾客如果有比较稳定的供货单位和有过接受推销服务不如意甚至上当受骗的经历时，对新接触的推销人员会怀有较强的戒备心，由此而产生货源异议。推销人员应不怕遭受冷遇，多与顾客接触，联络感情，增进相互了解。在互相了解逐渐加深的情况下，顾客也容易对推销人员敞开心扉，说出自己的顾虑和期望，此时推销人员就可以对顾客进行具有针对性的解释和劝说，最终促成交易。在与顾客的交往中，推销人员应当注意社交礼仪，以诚挚的态度消除顾客对公司或者产品的偏见。

2. 强调风险

顾客常常会提出已有稳定的供货单位或者已经习惯某种产品，并对现状表示出满意，从而拒绝接受新产品和服务。此时推销人员应指出：不论是个人或者公司，在购买产品的时候采用单一来源的方法具有很大的风险性，如果供货单位一时失去供货能力或者破产，将会导致顾客因购买不到所需产品而影响生活或者生产，为了抵御风险，顾客应当采取多渠道策略解决其购买需要。

3. 提供例证

在解决货源异议时，推销人员为了说明其推销的产品是质量可靠、渠道合法的产品，可以向顾客提供一些第三方的客观证据来消除顾客疑虑。例如，厂家的代理授权证书、企业营业执照、产品生产许可证、销售许可证、质量管理体系认证证书、产品质量鉴定报告、获奖证书以及知名企业、知名人士的订货合同或者使用记录等资料。这些例证有利于顾客消除顾虑，促使其购买。

知识链接

货源异议的处理对策

异　议	处理对策	举　例
公司太小（对产品不信任）、新公司	举例证明自己的实力 要求顾客试用产品 保证质量和赔偿担保承诺 邀请顾客参观企业	顾客：“我们不和小公司打交道。” 推销员：“我很理解，不过对于我们公司还有什么不放心的？我们的产品绝对没有问题，您看，这是…”
满足于当前货源	强调自己的所有优势 鼓励其试用 保证其会取得更好的货源	顾客：“我们对现在的供货很满意。” 销售员：“如果我们的产品（价格、服务或利润）优于您目前使用的产品，我想您会考虑换品牌的，至少试用一下，是吧？”

（续）

异　议	处理对策	举　例
希望参考其他公司产品	表示理解并提供帮助 向其介绍同行产品情况，得出自己的产品优于同行 提供比竞争对手更快的交货理由和事实，书面保证按时交货 不要做办不到的承诺，若不能按顾客要求时间交货，则强调你重视信誉和质量	（1）顾客：“我们看看其他公司产品再说。” 销售员：“我能理解，这有一份其他公司的产品介绍，您需要了解什么？” （2）顾客：“某公司可以提前2个月交货。” 销售员：“是的，晚交货会给您带来一定的损失，但是，如果质量达不到要求，会给您带来多大的损失呢？我们得保证质量，这也是您买我们产品的理由，对吧？”

四、处理顾客异议的方法

顾客异议形式多种多样，原因千差万别，处理顾客异议的方法也是灵活多样的。常用的方法有以下几种：

（一）平衡法

平衡法又叫抵消处理法或补偿处理法，是指推销人员坦率地承认顾客所指出的问题确实存在，指出顾客可以从推销品及其购买条件中得到其他的好处，使异议所涉及问题造成的损失得到充分补偿，从而使顾客得到心理平衡，增强购买的信心。如果顾客异议的确切中了产品或服务的缺陷，千万不可强词夺理或回避。明智的方法是肯定有关缺点，然后淡化处理，利用产品的优点来补偿甚至抵消这些缺点。这样有利于使顾客的心理达到一定程度的平衡，促使其做出购买决策。总之，一个优秀的推销人员能坦然地面对自己推销品的缺陷，相信推销品的优点足以让顾客忽略推销品的不足而决定购买。

（二）询问法

询问法又叫问题引导处理法，是指推销人员利用顾客提出的异议，直接以询问的方式向顾客提出问题，引导顾客在回答问题的过程中不知不觉地回答了自己提出的异议，甚至否定自己，同意推销人员观点的处理方法。

运用询问法来处理顾客异议，会使推销人员掌握更多的顾客信息，为进一步推销创造了条件；带有请教意义的询问会让顾客感到受到尊重或重视，从而愿意配合推销人员的工作，使推销保持良好的气氛与人际关系；另外，询问法还使推销人员从被动地倾听顾客异议变为主动地提出问题与顾客共同探讨。

运用这一方法时，应注意以下问题：

（1）询问要有针对性。不应询问无关问题，以免引起顾客反感。

（2）追问要适可而止。

（3）询问时要讲究推销礼仪，尊重顾客的个性，不得冒犯顾客。

（三）回避法

回避法又叫沉默法、拒绝处理法，是指推销人员判明顾客所提出的异议与推销活动以及实现推销目的无关或无关紧要时避而不答的处理异议方法。例如，顾客说：“你们厂可真不好找。”

推销员随声附和一语带过，接着转入正题说："是的，我们厂的位置是有点偏。您看看我们的新产品在功能上又有了一些改进。"在推销活动中，有些顾客异议是无效的、无关的，甚至是虚假的，推销人员完全可以不予理会。

国外的推销专家认为，在实际推销过程中80%的反对意见都应该冷处理。但这种方法也存在不足，有时不理睬顾客的反对意见，会引起某些顾客的注意，使顾客产生反感。而且有些反对意见与顾客购买关系重大，推销人员若把握不准，不予理睬，就会妨碍成交，甚至失去推销机会。因此，使用此法时必须谨慎。

（四）反驳法

反驳法也叫直接否定法，是指推销人员根据比较明显的事实与充分的理由直接否定顾客异议的方法。推销人员采用这种方法给顾客直接、明确、不容置疑的否定回答，迅速、有效地输出与顾客异议相悖的信息，以加大说服的力度和反馈速度。反驳法适用于处理由于顾客的误解、意见、信息不足等而导致的有明显错误、漏洞、自相矛盾的异议，不适合于处理因个性、情感因素引起的顾客异议。

【案例赏析】

美国一位顾客向一位房地产经纪人提出购买异议："我听说这房子的财产税超过了1 000美元，太高了！"推销人员非常熟悉有关税收法令，知道这位顾客的购买异议并没有可靠的根据，于是有根有据地加以反驳："这房子的财产税是618.5美元。如果您不放心，可以打电话问一问本地税务官。"

分析：在这个案例里，推销人员有效地使用反驳法否定了顾客所提出的有关异议，显示了推销人员良好的专业知识能力。使用这种方法，要注意沟通方式及语气的选择。在反驳顾客的时候要站在对方的立场上，摆事实、讲道理，让顾客消除疑虑，而不是靠强词夺理压倒顾客。推销人员反驳异议时，要对事不对人，言辞要适当，语气要温和，以理服人。

（五）转折法

转折法是推销工作的常用方法，是指推销人员根据有关事实和理由间接否定顾客异议的方法。采用这种方法时，推销人员首先要承认顾客异议的合理成分，然后用"但是""不过""然而"等转折词将话锋一转，对顾客异议予以婉转否定。这种方法适用于顾客因为有效信息不足而产生的偏见、成见等主观意见，而且能自圆其说的情况。

【案例赏析】

一位顾客在购买吸尘器时提出："这种型号的吸尘器价格太贵，几乎比另外一个型号贵了一倍。"推销员回答道："先生您说得很对，这个款式的价格确实是比较高，但是它的功能也是其他产品不能相比的，它有内置的可以灵活拆卸的垃圾桶，方便您及时清理吸尘器中的垃圾；它内置了雾化装置，确保吸尘过程中不会产生任何扬尘；而且它能够处理一些比较顽固的污垢，使吸尘效果更好，更加省时省力。所以，一分钱一分货，它的性价比还是很高的。”

分析：本案例中，推销人员就是使用了转折法向顾客介绍了产品，并成功消除了顾客因为不了解产品性能而产生的异议。在推销实践中，转折法应用得更为广泛。这种方法不是直接否定顾客的异议，而是先退后进，一般不会冒犯顾客，容易被顾客所接受。

（六）转化法

转化法是指推销人员直接利用顾客异议中有利于推销成功的因素，并对此加工处理，转化为自己观点的一部分去消除顾客异议，说服其接受推销。

转化法是一种有效处理顾客异议的方法。推销人员利用这种方法可以改变顾客异议的性质和作用，把顾客拒绝购买的理由转化为说服顾客购买的理由，把顾客异议转化为推销提示，把成交的障碍转化为成交的动力，不仅有针对性地转变了顾客在最关键问题上的看法，而且使之不再提出新的异议。推销人员直接承认、肯定顾客异议，在此基础上转化顾客异议，这样可以保持良好的人际关系和洽谈气氛。

【案例赏析】

经销商：“你们把太多的钱花在做广告上，为什么不把钱省下来，作为进货的折扣，让我们的利润更高一些？”

推销员：“就是因为我们投下大量的广告费用，顾客才会被吸引到指定地点购买指定品牌，不但能节省您销售的时间，同时还能促进其他产品的销售，增加了你们的利润！”

分析：本案例中，推销员直接利用经销商异议转化为说服其购买的理由，成功地化解了经销商的异议。

（七）委婉处理法

销售人员在没有考虑好如何答复顾客的反对意见时，不妨先用委婉的语气把对方的反对意见重复一遍，或用自己的话复述一遍，这样可以削弱对方的气势。有时转换一种说法会使问题容易回答得多。但也只能减弱而不能改变顾客的看法，否则顾客会认为你歪曲他的意见而产生不满。推销人员可以在复述之后问一下：“你认为这种说法确切吗？”然后再继续，以求得顾客的认可。比如，顾客抱怨“价格比去年高多了，怎么涨幅这么高？”销售人员可以这样说：“是啊，价格比起前一年确实高了一些。”然后再等顾客的下文。

熟悉上述异议处理方法，会使推销人员在面对顾客的异议时会更加从容和自信。但必须注意的是，技巧固然能帮你提高效率，但前提是必须对异议持正确态度。只有正确、客观、积极地认识异议，推销人员才能在面对顾客异议时保持冷静、沉稳，也只有保持冷静、沉稳，推销人员才可能辨别出异议的真伪，才可能从异议中发现顾客需求，才能把异议转换成一个销售机会。因此，推销人员不但要训练自己的异议处理技巧，也要培养面对顾客异议时的正确态度。

【实训练习】

顾客异议处理能力训练

实训目的：通过实训，使同学们对处理异议的原则、方法、步骤等有一个清晰的认识，能够处理一些常见异议，为推销成功作好铺垫。

实训方法：学生演练法。

实训内容：十人一组，选择生活中的典型异议，结合一定的事例，把这些异议表现出来，请其他组的同学用所学的知识去把这些异议解决掉。

实训步骤：教师说明实训要求，学生演练。

实训考核标准：

（1）演示异议的同学所表现的异议须典型。

（2）处理异议的其他组的同学能够运用本节所学内容解决异议。

复习思考题

1. 什么是顾客异议？如何正确地理解顾客异议？
2. 简述顾客异议的成因。
3. 处理顾客异议的具体方法有哪些？
4. 如何处理货源异议？
5. 如何处理价格异议？

案例分析

20 世纪 70 年代中期，SONY 彩电在美国还是名不见经传、受人歧视的杂牌货。对此，SONY 公司国外部部长卯木肇先生几乎一筹莫展。一天他偶然经过一处牧场，夕阳西下，倦鸟归林，一位稚气的牧童牵着一头雄壮的大公牛进牛栏，一大群牛跟在后面，温顺地鱼贯而入。卯木肇先生灵感突发：SONY 彩电为何不找一家“带头牛”商店率先销售？

卯木肇选定当地最大的电器推销商马希利尔公司作为主攻对象。第二天刚一上班，他就兴冲冲地赶到马希利尔公司求见经理，回答是：“经理不在。”卯木肇誓不罢休，连跑四次，经理终于同意接见。

“我们不卖 SONY 的产品！”经理劈头就是这样一句，“你们的产品降价拍卖，像瘪了气的足球，踢来踢去没人要。”卯木肇先生决定继续“缠”住这位经理，并且在当地报刊上重新刊登广告，再造商品形象。

谁知马希利尔公司经理又提出：SONY 的售后服务太差。卯木肇没有争辩，回驻地后立即设置特约服务部，负责售后服务，并在报上公布特约服务部的地址和电话号码，保证随叫随到。

然而，第三次见面时，马希利尔公司再度提出：SONY 在当地形象不佳，知名度不够，不受消费者欢迎，拒绝销售。卯木肇这时判断，这位经理挑剔的理由越来越少，是成交的先兆。他立即集合30多名工作人员，规定每人每天发5次电话向马希利尔公司订购SONY彩电。接连不断的求购电话搞得马希利尔公司职员晕头转向，误将SONY彩电列入“待交货名单”，经理大为恼火。

卯木肇等经理火气消了一点，向他大谈SONY彩电的优点，并说：“我三番五次求见您，一方面是为本公司的利益，但同时也考虑了贵公司的利益。SONY彩电一定会成为马希利尔公司的摇钱树。”经理动了心，同意代销两台彩电试试。卯木肇立即选派两名年轻能干的推销员送货上门，并要求他们留在柜台，与店员并肩销售，休息时轮流请店员喝咖啡，如果一周内卖不出去，就不必再回公司了。当天下午4点，两台彩电销出，马希利尔公司又订了两台，SONY彩电终于挤进了芝加哥这家“带头牛”商店，一个月之内就卖出700多台。有了“带头牛”开路，芝加哥地区100多家商店纷纷要求经销SONY彩电。不到三年，SONY在芝加哥地区占领了30%的市场，并逐渐打开了其他城市的市场。

（案例来源：彭先坤，文玉菊．推销技巧案例集．南昌：江西高校出版社，2009.）

问题：

（1）SONY彩电在进入芝加哥市场时遇到的客户异议有哪些？

（2）SONY公司国外部部长卯木肇先生是如何处理客户异议的？

（3）案例中的顾客异议及其处理给你什么启示？处理顾客异议最关键的是什么？

第十二章　推销成交与管理

【案例导入】

一名推销员给康先生推销汽车。

“您是喜欢四个门还是两个门的汽车？”

“哦，我喜欢四个门的。”

“您是要 1.8 排量的还是 2.0 排量的？”

“2.0 排量。”

“在黑、白、黄三种颜色的汽车中，您最喜欢哪种，康先生？”

“我最喜欢黑色，这款黑色的我要了。”

“黑色的这款现在没有货，需要等半个月，其实黑色汽车不耐脏，我们这里卖得最快的是白色。我不建议您选黑色，如果我要买就买白色，黑色不好看。”

“黑色不好看？”

“当然了。”

“那我不要这款车了，我就喜欢黑色的。”

启示：此案例中，推销员没有察觉到康先生只喜欢黑色汽车的购买信号，在推销过程中根据自己的喜好急于推销白色汽车，导致到手的订单“飞”了。推销成交是整个推销阶段中最为关键的一环，经验丰富的推销员必须有渊博的社会知识、行业知识、企业知识、产品知识、市场知识，还必须了解消费者心理，掌握推销成交的各种技巧。

【学习目标】

要求学生理解并掌握推销成交的含义及工作内容，掌握推销成交的基本策略与方法；了解推销成交的后续工作，掌握推销人员的招聘与培训；使学生了解推销人员的管理与激励。

第一节 推销成交

一、推销成交的含义、障碍和内容

（一）推销成交的含义

推销成交又称促成交易，是指顾客接受推销人员的说明、演示和推荐，进行现实购买行为，完成商品交换的过程。推销成交是全部推销工作的终极目标，是推销活动的重心。

企业应增强推销人员素质，充分地为推销作业作准备，为了掌握顾客需求，要求推销人员与顾客进行交流与会谈，回答顾客提出的不同问题，双方互建信任，其终极目标都是卖出产品，完成预定推销计划。显而易见，推销业务的整个过程都是围绕推销成交的实现而做的准备工作，推销人员能不能关注洽谈过程中顾客有意或无意透漏出的购买信号，并运用合适的策略与方法促使顾客购买产品是推销是否成功的关键。

（二）推销成交的障碍

推销成交是整个推销阶段中最为关键的一环，对于大多数推销人员来说，亦是难以逾越的鸿沟。推销人员业绩的高低往往决定于成交环节。部分推销人员，特别是刚入行的推销人员，其他推销环节都比较顺利，也善于排解顾客的异议，然而对于顾客流露出来的成交信号却不太敏感，错过了许多成交的机会，令人扼腕不已。推销成交阶段不仅对新进推销人员是重大障碍，对于有经验的推销人员来说也是一个不小的障碍。总之，推销成交阶段对几乎所有推销人员都是障碍。因此，哪位推销人员如果善于排除推销成交的障碍，那么他必然是一个业绩突出的业务员。

诸多因素阻碍着推销人员达到推销成功的彼岸，这些因素好比一道道墙或是一道道沟，推销人员若是跳不过这些墙或跃不过这些沟，那么他们便很难推销成功。这就是为什么推销人员队伍很庞大而业绩优秀的人却不多的原因，这也能解释为什么许多企业常年大量招聘推销人员。几乎所有营销主管无不期望其旗下的推销人员个个都是擅长促成推销成功的佼佼者，而不仅仅是一个善谈乖巧的推销人员。

下面首先研究不能达到推销成交的基本原因，知晓这些原因以后，可促使推销人员采取行之有效的对策，从而发展成为一名推销成交率高的推销人员。

1. 惧怕推销不成功

一般来讲，顾客很难通过与推销人员的一两次洽谈便爽快地答应掏腰包购买商品，推销的成功率不会太高。站在顾客的角度来看，谁愿意轻易相信仅仅见过几次面的陌生人呢？更何况又是一个推销人员。买卖双方没有建立基本的信任关系，是推销成功率不高的关键因素。因此，在推销业务中，推销人员大多都心存恐惧，就连经验丰富的推销人员在有些时候亦是如此，更不用说经验不太丰富的推销人员了。根据心理学定律，推销人员越是害怕失败，就越容易失败。换句话说，推销人员越希望成功，反而不容易成功。

2. 推销人员多说少听

众所周知，推销人员的口才要好，语言表达能力要强，善于解说商品的功能、效用、优点与特点。这可能会导致一些推销人员说话如打机关枪一样，一打开话匣子便一发不可收拾，没完没了。既不管顾客能不能跟上推销人员说话的速度与节奏，又不顾顾客的感受，更没有注意到顾客的语言、表情与行为中透露的购买信号。这样，推销的失败也就不足为奇了。

3. 缺少经验

缺乏推销经验是推销成交的又一个障碍。一个经验丰富的推销人员必须有渊博的社会知识、行业知识、企业知识、产品知识、市场知识，还必须了解消费者心理。光有丰富的知识，却不知道如何灵活运用也不行，这需要推销实践的千锤百炼。再者，推销成交技巧的了解与掌握，只能从推销实战中学习和体验。

【案例赏析】

被可口可乐公司派往中东开拓市场的销售员垂头丧气地回来了。销售员解释说："我制作海报时非常自信，那里的人不知道可口可乐，我以为能够轻松占领市场，但我不会讲阿拉伯语，于是用三幅画介绍我们的饮料。第一幅是一个人在沙漠上爬行，气喘吁吁；第二幅是那个人喝可口可乐；第三幅画是那人精神焕发。制作好海报后，我就四处张贴。"他的朋友说："应该效果不错吧。"销售员说："我不会阿拉伯语也就罢了，没想到阿拉伯人看书是从右往左看的！"

（资料来源：http://bbs.tiexue.net/post_3956714_1.html）

分析：这个案例中的推销员缺少社会知识，不知道阿拉伯人的风俗习惯，肯定不会推销成功。

（三）推销成交的内容

（1）全面了解和掌握顾客的情况，做到心中有数，从而与顾客有效沟通。推销人员手中所拥有的有关顾客的信息资料越多越好，唯有这样，推销人员才能尽可能多地了解顾客的各种情况，从而全方位地满足顾客的购买欲望，进而顺利达成交易。有些推销人员仅仅知道顾客的姓名、工作单位或家庭住址，这是远远不够的，推销人员应了解顾客的一切情况。例如，如果推销人员了解顾客的个性或心理特点，便有利于与他进行良好沟通，促进推销成交。

知识链接

了解顾客心理利于推销成功

（1）对沉默寡言的人：有一句说一句，一字千金。

（2）对爱炫耀的人：赞美多于10次。

（3）对优柔寡断的人：多用肯定性语言。

（4）对知识渊博的人：真诚聆听，多赞美。

（5）对慢郎中式的人：配合他的步调，因势利导。

（6）对急性的人：说话简洁明了，不拖泥带水，几句话就切入主题。

（资料来源：http://tieba.baidu.com/p/2907775181）

（2）不遗余力为所在企业塑造美好形象，使顾客对企业有好印象，这是买卖双方互建信任的前提。推销人员应该对所服务的企业有深刻的了解，不仅非常熟悉企业的发展历史、营销观念、顾客服务理念、企业文化，而且了解企业历史上重大的事件，熟悉企业历届领导人的事迹。另外，推销人员还应了解主要竞争对手的经营理念、营销策略以及整个行业的发展历史与发展趋势等情况。

（3）让顾客全面了解商品，消除顾客顾虑。推销人员应千方百计介绍、展示或演示所推销产品，使顾客充分了解产品的方方面面，让其认识到产品具有诸如功能全面、效用独特、质量优良、款式新颖、安装简便、使用方便、维修及时等优点，在不知不觉中使顾客喜欢该产品。同时，推销人员可向顾客介绍产品的价格优势或良好的性价比。如果产品质量一般，价格低廉，便强调低价的优势；如果产品物美价高，就强调产品的性价比。

（4）抓住一切机会，促使顾客下决心购买。经验丰富的推销人员心里都明白“精诚所至，金石为开”的道理，他们认为要影响甚至改变顾客的心意在理论上是可行的，最起码可以影响多数顾客。但是，这需要推销人员有锲而不舍的精神与不一般的耐心和毅力。当然，还需要许多技巧，如语言技巧、沟通技巧、成交技巧等。

（5）激发顾客购买欲望，促进顾客购买行为。我们知道，市场大小决定于三个方面：人口多少、购买欲望强弱与购买力大小。具体到推销业务，推销机会大小受顾客数量、顾客购买欲望强弱和购买力三个因素影响。顾客数量属于前面我们提到的寻找顾客环节，当推销人员找到或锁定特定推销对象之时，顾客的购买力大小就已经确定，唯一不确定的因素便是顾客的购买欲望。而且，顾客的购买欲望是可以通过适当方法刺激的。一般来说，当顾客的购买欲望强烈到一定程度，他们会毫不犹豫地购买产品。

二、推销成交的基本策略和方法

（一）推销成交的基本策略

推销成交是推销作业的最终目的。在此过程中，推销人员除了进一步与顾客沟通之外，重要的是促使顾客欣然下决心购买商品。推销成交目的的达到，需要推销人员巧妙使用有用的推销成交策略、成交方法和技巧。

1．正确识别顾客的成交信号，及时促成交易的策略

所谓成交信号是指顾客在推销洽谈过程中有意识或无意识流露出来的种种购买愿望。推销业务其实就是一种顾客与推销人员之间的双向沟通活动，其中推销人员往往处于主动地位，而顾客处于被动地位。于是，推销人员总是希望成交，但顾客却表现出不愿意购买推销产品似的。然而，如果顾客内心愿意购买产品的话，虽然他们假装不想买，其成交意图却总会以多种方式显露出来。凡是善于领会顾客的语言、留意顾客的表情与行为的推销人员，会

及时捕捉到有用的成交信号，促使交易成功。值得注意的是，成交信号稍纵即逝，粗心的推销人员可能会错过许多本应抓住的成交机会，从而与成功擦肩而过。

成交信号的表现形式十分复杂，常见的有下列几类：

（1）语言信号。语言交流是推销洽谈中最重要的工具之一，可以说，没有语言沟通，推销就几乎不能成功。纵观顾客和推销人员的整个谈话过程，推销人员可能是主要的说话者，而顾客是主要的倾听者，在有些情况下，推销人员说到尽兴之处往往忘乎所以，不给顾客说话的机会，这样的话，要想从顾客的语言中分析出成交信号，必然是缘木求鱼。因此，在推销商品的过程中，必须给顾客留出足够的说话机会，唯有如此，顾客才能透露出足够多的语言成交信号，简称为语言信号。语言信号多种多样，比如：顾客咨询交货时间、有无折扣、付款方式等；询问产品质量及了解产品加工问题；咨询送货、安装与调试、退换货、维修等售后服务问题等。毫无疑问，顾客虽然没有说“我要买或我想买”，但其希望成交的意图已经含蓄地表露出来了。

【案例赏析】

某美女步入某大型购物广场，来到服装区，某品牌服装导购员迎上前：“今天虽然是2月5日，温度却达到24度，应该买一条裙子穿。”

导购员：“这款裙装是今年最流行的。”

美女：“哦，看起来不错，我试一试行吧？”美女从试衣间走出来。

导购员：“您穿这套衣服既漂亮又优雅。”

美女：“是吗？不知道我男朋友怎么看？”

导购员：“您看，那边几个男士正给你行注目礼呢！”

分析：从本案例可以看出，导购员及时地捕捉到了顾客的购买信号：“看起来不错”“我试一试行吧”“不知道我男朋友怎么看”。

（2）行为信号。在推销过程中，顾客的一些行为也会成为成交信号，这便是行为信号。例如：顾客逐字逐句地分析商品的资料，比较各项交易条件；顾客请推销人员演示产品；不停用手摩挲商品或反复把产品拿起来又放下，并询问推销人员能不能试用产品。

（3）表情信号。表情信号是在推销人员向顾客推销过程中，从顾客的脸部表情和体态中所表现出来的各种成交信号。例如：频频微笑、时不时地点头表示赞成推销人员的意见；对所推销的商品表示关注等。

知识链接

成交信号

消费者决定购买的成交信号通过语言、行为、表情等形式显示出来。

成交信号的表现形式举例如下：

（1）认为商品质量不错。

（2）千方百计压低价格。

（3）以为商品款式过于陈旧。

（4）关心什么时候能收到货物。

（5）咨询产品“三包”政策。

（6）对产品爱不释手。

（7）眼睛盯住商品不放。

2. 态度积极，利于成交

前文我们提到，推销成交的障碍主要来自三方面，首要的成交障碍就是推销人员惧怕推销不成功这一心理障碍。产生推销心理障碍的原因很多：①推销人员自己以前推销失败的经历在心里留下的阴影，这个原因引起的推销心理障碍较难消除，所谓“一朝被蛇咬，十年怕井绳”，因此，这样的推销心理障碍被称为“心魔”。②别的推销人员推销失败的教训造成的心理障碍。推销人员为了避免犯别人曾经犯过的错误，往往在推销中畏首畏尾，放不开手脚，反而会重蹈覆辙。人的心态决定行为，推销人员的心态尤其如此，因为推销人员的态度不但影响自己的推销业绩，而且会影响顾客的态度。因此，去除种种推销心理障碍，保持积极态度，是推销成交的关键。

正确的推销态度应包括下述几个方面：

（1）推销人员以坦然的心态对待推销的成功与失败。“胜不骄败不馁”，应该是推销人员所保持的正确态度。然而，说起来容易做起来难。克服推销成功之后的骄傲心态比较简单，但要克服推销失败以后的消极心理状态较困难。经验丰富的推销人员在经历了许多的推销成交与推销失败以后，才可能达到这样的境界。对于缺乏推销经验的推销人员来说，要以正确的心态看待推销的成功与失败，几乎是不可能的。由于缺少经验，推销人员刚开始不可避免会遭遇很多推销失败，失败次数多了，消极的心态会被不断加强，他们害怕失败的推销心理障碍便越来越严重，甚至形成推销成交综合征，以至于每当到了推销成交阶段推销人员便产生十分惧怕的心理特征，从而导致更多的失败，这便掉入“担心失败——真正失败——惧怕失败——更多失败——担心失败”的恶性循环的陷阱中。

推销人员坦然面对推销成交的失败虽然不容易做到，但是只要坚持不懈仍然可能做到。特别应该注意的是，不可能等推销人员完全消除推销心理障碍以后，再去推销商品，而是要在推销过程中，不断经历推销成交失败，并逐步克服推销心理障碍，最终达到坦然面对失败的最佳心理状态。

（2）推销人员要培养职业自豪感和自信心。当今社会，公众对推销以及推销人员都有一定的偏见。社会上一部分人认为推销人员推销商品是欺骗行为。不可避免的是，极少数推销人员在推销产品时有过欺骗行为，正所谓“一颗老鼠屎坏了一锅汤”。由于社会把个别推销人员的不正当推销行为不断扩大，从而公众认为一切推销行为以及所有推销人员都会骗人。

为了克服社会偏见对推销及推销人员的消极影响，推销人员应培养职业自豪感和自信心。

（3）推销人员莫被动等顾客提出购买要求。在推销商品过程中，相当数量的推销人员想当然地以为顾客会主动要求购买商品。这样的推销人员一方面对企业的产品质量、款式、价格、服务等有信心，另一方面对自身的语言沟通技巧十分自信，他们往往认为“我们的产品质量在市场上属于上乘”“我已经极大地刺激了顾客的购买欲望”“下一秒钟顾客肯定会要买我们的产品”“我不应该主动提出成交要求，否则顾客会以为我急于推销有问题的产品”等。其实，顾客哪怕非常喜欢推销商品，他们也会采用各种措施来掩盖他们的真实购买意图，目的是争取成交的主动。由于买卖双方谁都不主动提出成交请求，就会导致成交失败。所以，为了尽快促成推销成交，推销人员应该主动帮助顾客提出购买要求，从而达成交易。

3. 牢牢把握推销洽谈主动权，把握成交时机

有些推销人员在推销洽谈中不能自始至终掌握谈话的主动权，这是缺乏经验的表现。绝大多数推销人员都能在洽谈之初掌握谈话的主动权，但随着洽谈的深入，部分推销人员便跟着顾客的思路走，失掉了洽谈的主动权，从而造成推销不能成交。正应了中国的一句古话“靡不有初，鲜克有终”。导致这一现象的原因不少，很重要的一条是推销人员不知不觉中脱离了自己原来的轨道，有意无意地赞同顾客的某些观点，这表明这样的推销人员缺乏成熟的语言沟通技巧。要克服这样的毛病，唯有不断地实践。

把握推销洽谈主动权，只是一种手段，目的是推销成交。因此，推销人员在牢牢把握推销洽谈主动权的前提下，在洽谈的购买欲望最强烈的时候趁热打铁，瞅准机会，及时成交。

4. 留有余地，为下一次推销成交做铺垫

如果这次推销没能成交，推销人员也应像开始时一样面带微笑或更加礼貌地对待顾客。这不仅关乎推销人员个人的形象，也关系到产品及企业的形象。如此做的好处有：①作为推销员个人，以后可能还会遇见这位顾客，为了避免日后相见的尴尬，现在必须这样做。古话说得好，“做人留一线，日后可相见”“买卖不成仁义在”，说的就是这个道理。况且，一次洽谈就能成交的推销毕竟极少，往往需经过多次推销谈判才能成交。这次不成功，还可以把希望寄托在下一次洽谈中，不要因为这次的失利便断绝了下次推销的机会。②如果由于推销没能成交，推销人员对顾客的态度发生 180° 大转弯，脸上刚才还笑容可掬，此刻突然阴云密布。顾客不但对该推销人员有看法，而且会对产品甚至企业产生极大反感。那么，不仅这名推销人员会永远失去这位顾客，而且顾客可能一辈子也不会购买其所推销的产品，这也会损害企业的形象。

（二）促成交易的主要方法

常用的促成交易的方法有以下几种：

1. 直接请求法

直接请求法是指推销人员主动要求顾客购买所推销产品的方法。一般来说，推销洽谈进行一段时间以后，推销人员把产品的功效、质量、价格、售后服务等信息传递给顾客，顾客已经对产品比较熟悉，也与推销人员较熟络，重要的是顾客认可了该产品或对产品产生好感。此时推销人员应瞄准机会，尽快要求顾客购买，这样就可以完成推销成交。在以下两种情况下，可以使用直接请求法成交。

（1）面对老顾客最好采用直接请求法。原因是老顾客已经比较了解推销人员，也较信任企业及所推销商品，老顾客心里明白推销人员不会欺骗他。更重要的是，老顾客已经使用过产品，知道产品没问题，会放心购买。

（2）如果顾客认可所推销产品或没有什么异议，已有购买愿望，又下不了决心或不便主动开口时，可以用直接请求法促使顾客购买产品。

2. 综合利益法

综合利益法是指推销人员将所推销商品的许多优点综合起来，以激发顾客的购买欲望。

在推销洽谈之初，推销人员首先把所推销产品的优良性能大概叙述一下，接着再分别向顾客介绍该商品的每一项特点，最后推销人员综合地说明商品能给顾客带来的各种好处。因为这种方法在不太长的推销洽谈过程中反复地强调所推销商品的综合优势，不仅可以时刻吸引顾客的注意力，让推销人员牢牢掌握推销洽谈的主动权，而且可以极大地刺激顾客的购买欲望，有利于推销成交的实现。

3. 提出合情合理的建议

如果顾客有意购买所推销产品，但犹豫不决拿不定主意，推销人员应抓住时机向顾客提出合理化建议，使顾客下定决心实施购买行为，完成推销成交。至于提出什么样的建议，用什么方式提建议，提出多少建议，什么样的建议属于合理建议，应该根据各种情况综合考虑。首先要考查推销人员所面对的顾客属于什么类型，若顾客是犹豫不决型，适合使用这一方法。比如，推销人员可以使用这样的方式提出建议，“我建议您……”。若顾客是刚愎自用型，可以说，“如果我是您……”。其次，应综合推销洽谈的具体内容，观察顾客对所推销商品的哪些方面感兴趣，最好能提出引起顾客兴趣的建议。

4. 假定成交法

假定成交法是指推销人员假定顾客已决定购买商品的一种方法。假定成交法主动避开购买或不购买的艰难选择，不让顾客做买与不买的决定，直接询问顾客有关购买商品以后的假设话题，这种避重就轻的成交方式既可以减轻顾客的压力，又可以使推销人员免遭直接拒绝。例如，推销人员在洽谈到一定火候时，便可假定顾客已决定购买，说：“王经理，您什么时候方便收货？”如果王经理不反对，生意便做成了。

假定成交法的前提是顾客确实已经产生购买所推销商品的意图，否则会适得其反，不仅不能顺利成交，而且会使顾客产生逆反心理，有的时候会相当生气。

使用假定成交法，有必要分析顾客的特点。对犹豫不决的顾客、敦厚温和的顾客和老顾客，适用这种方法。具体使用假定成交法的时候，推销人员切莫颐指气使，应采用平和的语气，让推销成交在一种和谐的环境中顺利完成。

假定成交法的难点是要让推销人员打心眼里认为，他所推销的产品确实是顾客所需要的，产品肯定能满足顾客的欲望，这次推销肯定能成交。

5. 肯定成交法

肯定成交法是推销人员用赞扬的言语肯定顾客购买所推销商品是正确的并促使顾客真正购买，实现推销成交的方法。广告词“只买对的不买贵的”就恰好表达了这一思想。比如，当一个妇女站在试衣镜前面时，推销人员可以说“这身衣服挺合适的”“这裙子再合适不过了”。推销人员的这几句话无疑可以增加推销成交的概率。

肯定成交法会消除顾客的顾虑，增强他的购物信心。值得注意的是，运用肯定成交法的时候，推销人员的态度要十分诚恳，站在顾客的角度，实实在在地描绘其购买商品之后的美好状态，这样才能获得顾客的认可，起到促进推销成交的作用。

6. 选择成交法

选择成交法是指在推销过程中，推销人员提出几种购买方案供顾客选择的成交方法。例如，推销人员问顾客“加一个鸡蛋还是加两个鸡蛋”“您喜欢红色的还是绿色的”等。

选择成交法是一个比较柔性的请求成交方法。如果推销人员直截了当地说“您买还是不买”，无论顾客如何回答，都会很尴尬。回答说买的话，顾客显得不自然；相反地，回答说不买，推销人员立显不自在。因此，“您买还是不买”这种成交方式显得十分生硬与尖锐且不合时宜，不利于创造一个和谐的推销洽谈气氛。

推销人员提出的购买方案一般列举两项内容供顾客选择，也有三种选项的购买方案。选项的内容可以涉及所推销商品的方方面面，诸如质量、款式、型号、品种、花色、数量、交货时间等。

知识链接

顾客往往选择大数字

美国商学院有一个研究，探讨一个最基本的问题：如果一样商品增加了“50%”的量却不加价，就等于是降了“33%”的价。但是如果有一天，一瓶饮料上面写“加 50%的量”，而另一瓶饮料则写着“降 33%的价”，大部分自以为聪明的消费者，会毫不犹豫地选前者，因为它的数字看起来比较大。

“加 50%的量”听起来真棒！听起来真多！当然比“降 33%的价”还要棒啦！

这个实验的结果非常惊人，他们找来一群实验者，让他们分成两组，分别看了这两样商品，一样是“加了 Y%而不加价”，另一样是“折价 X%”，结果，前者多卖了 73%的业绩。可见，推销人员绝不可忽视“数大就是美”的力量。

这种现象被称为“增数盲点”。这种盲点是每个人都有的现象。他们又做了一个实验——你要“加 33%的量”还是“降 33%的价”？大部分的人看到这个数字，感受竟然是“一模一样”(其实应该是降价比较划算)。

7. 从众成交法

市场营销理论告诉我们，影响消费者购买行为的一个重要因素是相关群体。相关群体分为两大类，一类是主要群体，另一类是次要群体。主要群体包括家庭成员、亲朋好友和同事。次要群体包括向往群体与回避群体。在从众心理的驱使下，相关群体内部成员之间在购买商品时往往互相模仿（除了回避群体）。例如，家庭里面，夫妻有情侣用品，孩子们穿的衣服、用的东西相同或相似。在学校里边，同班的同学在购买行为上具有严重趋同性。新产品刚进入市场时，由于价格昂贵，只有少数富家子弟使用新产品，当产品的产销量增加以后，价格会下降，更多的同学能买得起，于是众多同学会模仿富家子弟的消费行为纷纷购买该产品。最后，当班上大多数同学都使用同样的商品以后，少数还没有购买该商品的同学会承受极大的压力，这便是不从众的压力。所以人们为了消除这方面的压力，往往选择从众。因此，推销人员利用从众心理促使顾客购买商品的推销成交方法，叫作从众成交法。比如，推销人员说“别人都买了，您……”“今年流行这种裙子，您不……”这样的推销方法都属于从众成交法。

三、做好成交的后续工作

达成交易以后，推销人员还应继续与顾客保持沟通与联系，除了发货、回收货款、售后服务等业务之外，推销成交后的活动主要目的是为下次交易做铺垫。

（一）达成交易后推销人员不要匆忙离开现场

在顾客答应购买所推销商品以后，交易已经基本达成，此次推销可以说是成功了。然而，推销人员千万不要得意忘形，只顾自己偷着乐，无视顾客的存在。如果这时推销人员高兴过度，以为捡了一个大元宝，顾客的心里便可能会犯嘀咕，他们心里可能想：“坏了，买贵了”“这商品不会有什么问题吧”。因此，推销人员一定要注意控制自己的情绪，不要让顾客以为推销人员心里想“这东西终于脱手了”。前文我们说过，推销失败以后，推销人员要控制负面情绪，不要显得太失落。同理，推销成功以后，推销人员也不要显得过于兴奋，应该心态平和。

推销交易达成以后，推销人员应该接着与顾客进行对话，既可以继续谈推销的有关问题，也可以聊一些推销之外的话题，而不是匆忙离开。如果匆匆离开，会有不好的后果。推销人员可以发自内心地赞美顾客有独到的眼光，买了一个好商品，进一步消除顾客的顾虑。并提示顾客在使用所推销商品时应该注意哪些问题及使用窍门与技巧等。

（二）信用调查，准备收款

推销虽然成功了，顾客也答应购买推销品，但只要货款没有收回来，推销成交的任务不会最终完成，推销人员的业绩也不会增加。货款收回以后，企业的销售收入才能实现，利润才能增加。

货款回收的难度相当大，这是不争的事实。难度表现在回收不及时或到约定时间不能收回全部货款。顾客的信用等级水平与货款回收的难度关系紧密，一般来说，顾客的信用水平越高则货款回收就越容易，他们都能在指定时间内及时足额地付清全部货款，而信用等级不高的顾客往往经常拖欠货款，甚至恶意赖账。所以推销人员应进行信用调查来确定顾客的信用水平。

在什么情况下进行信用调查：①如果商品价格上涨、顾客大量增加采购数量且采购总额急剧增加、变更发货时间等情况出现时，推销人员该调查顾客的信用状况。②由于推销人员及其所在企业对新顾客的各方面情况不甚了解，尤其对其资金状况与信用状况缺乏必要了解，这时有必要调查新顾客的信用情况。③当有消息说顾客的生产、销售或其他情况出现严重问题时，就有必要调查顾客的信用状况，防止出现拖欠货款的现象。④突然接到大批量订货。无论是老顾客还是新顾客大批量订货，推销人员都要特别注意，应详细调查其信用状况。

顾客的信用调查有两种方式可供选择：①请企业、有关调查机构、团体、金融机构等独立组织或个人进行调查；②推销人员所在企业进行调查，既可以由企业内部有关部门或个人进行调查，也可以由推销人员自己进行调查。采用第一种信用调查方式时，推销人员和其所在企业不用花费大力气，但该调查方式费用较高，调查效率较高，而其可信度低。使用第二种信用调查方式，推销人员和企业需花费较大力气与时间，调查效率较低，但可信度高。

（三）保持良好的顾客关系

推销成交后，在发货阶段、顾客收货阶段、顾客付款阶段，推销人员都要保持与顾客的不间断联系。而且在顾客使用推销产品的过程中，推销人员要定期询问顾客在产品使用中是否出现问题，如有问题，应及时解决。除此之外，推销人员应逢年过节以各种方式关心顾客。如果推销人员不把顾客放在心上，那么其他企业的推销人员会见缝插针抢夺顾客，若失掉老顾客损失可就大了。

【实训练习】

推销成交方法应用

实训目的：了解推销成交的各种方法，灵活应用推销成交方法。

实训方法：小组讨论法，现场模拟法。

实训内容：学生分成若干小组，小组内部讨论推销成交各种方法的应用，各小组模拟一个商品（如手机、电视、电脑等）的推销成交过程，每小组总结推销成交的心得。

实训步骤：教师说明规则，学生分组，学生演练。

实训考核标准：

（1）推销成交方法运用得当。

（2）现场模拟举止得体、大方、自信，表达内容清晰。

（3）总结应全面，有思想观点，有感悟。

第二节　推销管理

一、推销人员的招聘与培训

企业推销产品，必须招收与聘用适量的推销人员。为了招聘到合格的推销人员，企业的人力资源管理部门须对应聘者进行必要的测试。再者，为了让新进推销人员能尽快地适应推销业务，企业有必要培训推销人员。

（一）推销人员的招聘

1．推销人员的来源

企业要招聘合格的推销人员，应该知道去什么地方寻找合适的候选者，知晓合格或优秀的推销人员来自哪里，这是企业人力资源管理部门首先应想到的问题。如果知道推销人员的来源，便可以大概推测出应聘者的基本素质。还可以根据他们的基本情况，有的放矢地进行适当的测验，以便检测出他们的业务水平，从而做到心中有数。推销人员的来源主要有两个：一是企业内部；二是企业外部。

（1）内部招聘。一个企业除了营销部门外，还有众多管理或业务部门。员工在企业内部各部门之间合理流动属于正常现象。其他部门的员工如果喜欢推销工作，人力资源管理部门就可以积极协调，让他们做推销人员，这属于人尽其才，有助于合理分配人力资源。企业内部招聘推销人员的方法，不但对推销人员知根知底，还可以减少招聘时间、节省费用，又可省略部分培训内容。

从其他企业挖来经验丰富或业绩突出的推销人员，不失为一种好办法。这方法属于行业内部招聘，也可说是企业内部招聘的扩展或变形。这一方法虽然比内部培养较省力气，而且能招聘到很优秀的推销人员，但是优秀的推销人员也会选择优秀的企业，加上他们的要价也很高，所以，一般企业很难留住优秀的推销人员。

（2）外部招聘。企业除了从内部招聘推销人员，或者从同行业笼络有经验的推销人员外，还可以面向社会招聘推销人员，这就是企业外部招聘。外部招聘也是一个重要的招聘方式。这个方法不局限于企业内部，而是在全社会范围搜罗合格的推销人才，因此，企业的选择面比较广，无疑也会招聘到出类拔萃的推销人才。

企业外部招聘的渠道有很多，最常见是广告招聘。广告招聘发布岗位要求信息的形式主要有：报纸、广播、电视、杂志及互联网。前四个为传统广告招聘渠道，互联网招聘是最新的一种招聘渠道。其中，电视的费用最高但效果好，报纸的费用最低但效果不尽如人意，现实中许多企业选择报纸发布招聘信息。互联网招聘几乎不产生费用，越来越多的企业使用这一渠道招聘推销人员。

2. 推销人员招聘的条件

众多企业招聘推销人员的条件各不相同，一个共同的趋势是企业对推销人员的要求越来越高，如学历要求、年龄要求、户籍要求及知识、能力与素质要求等。过去，企业要求推销人员具有高中或中专学历，现在，企业多数要求应聘者具有大专及以上学历。一般地，对推销人员专业知识方面的要求是最基本的必要条件。推销人员不仅要具有营销知识、社会经济知识、财会知识等，还应有法律知识。更高 点的要求是推销能力，如语言沟通能力、逻辑思维能力、团队协作能力等。另外，推销人员还应具有良好的素质，一般包括政治素质、道德素质、心理素质、文化与艺术素质等。推销人员招聘条件一般如下：

（1）大专以上学历，具有丰富的营销专业知识。

（2）具有胜任推销业务的能力，有经验者优先。

（3）口才好，擅长人际交往。

（4）具有良好道德品质、团队合作精神。

3. 推销人员招聘的程序

不同企业招聘推销人员的流程有所差异，但完整的招聘流程无外乎包含以下环节：企业营销部门上报推销人员需求计划→企业主管部门审核推销人员需求计划→企业发布招聘信息→接收并筛选应聘者的简历→笔试→面试→体检→营销部门考查是否录用。

（1）招聘的前期准备工作。推销人员招聘的前期准备工作有：营销部门上报推销人员需求计划、企业主管部门审核人才需求计划及发布招聘信息。人才需求计划不仅涉及需招聘推销人员的数量，还应制定科学合理的招聘条件，这关系到推销人员的质量。为了广泛招聘推销人员，企业可以同时选择几种渠道发布招聘信息。

（2）接收并筛选简历。招聘信息发布以后，企业就可以通过多种方式接收应聘者简历及申请材料。可以通过邮政挂号信或快递的方式接收书面简历及材料，人力资源管理部门人员也可在办公室当面收取简历，至于电子简历的收取，可以使用电子邮箱。

接收简历以后，有必要对简历进行初步筛选。人力资源管理部门人员首先要按照基本的招聘条件对应聘者的资料进行审核，不符合要求的应聘者可以放弃。例如，可根据应聘者的性别、年龄、学历、有无推销经验等条件筛选简历，从而使剩下的应聘者基本符合企业要求。

（3）笔试。笔试是一种常用的招聘程序，可以检测出应聘者的知识程度及心理素质。笔试的内容一般包括下述几个方面：

1）知识程度测试。笔试重点检查应聘人员市场营销专业知识的广度与深度，还考查应聘人员对推销相关知识的掌握程度，也看应聘者是否能灵活运用这些专业知识。

2）心理素质测验。心理素质测验是对应聘人员进行智商、情商等心理特征的测验。心理素质测验包括智商测验、情商测验。智商测验检测应聘人员的智力水平，比如短期与长期记忆能力、逻辑思维能力、推理能力等。情商测验查看应聘人员的抗压能力、团队协作能力等。

笔试的试题既可由企业自己的有关专家给出，也可聘请各大院校或科研机构的学者出题。题型有客观题，也有主观题。客观题一般都是选择题，都有唯一的标准答案；主观题没有标准答案，由答题者自由发挥，这样往往能看出应聘人员的发散性思维。笔试由企业人力资源管理部门组织实施，并请企业领导莅临指导与监督。笔试试题一旦使用，下次笔试不应再重复使用。试题在没有使用以前，要派专人严密保管，以免露题。特别注意要防止内部人员与应聘者勾结，把试题透露给答题的应聘人员。如果笔试试题的答案不科学或不合理，应聘请有关专家商讨解决办法，尤其对于没有标准答案的主观题与开放题，可以允许应聘人员有多种多样的答案，从而达到不拘一格降人才。

（4）面试。面试是推销人员招聘流程的重要步骤之一，没有哪一个企业的推销人员招聘能少了面试环节。面试其实也是一种企业与推销人员之间的双向沟通活动，即未来的雇主与未来的雇员进行的面对面的语言交流，从而使双方有初步的了解。面试能够达到下述几个目标：①查看应聘人员的相关证件原件，如身份证、学历证明及相关专业资格证书。从身份证可以看到应聘者的姓名、性别、年龄、家庭住址等信息；查看学历证明，可以了解应聘者的学历层次，是否为本科生或研究生，是否毕业于“211”或“985”院校等资料，还可以看出该应聘人员在学校的主修专业是不是营销或相关专业，如果是营销或相关专业，面试时可以问一些较为专业的问题，如果应聘者主修专业是理工类专业，谈话时则可较少涉及专业问题。至于专业资格证书，如果应聘者拿到了营销师或助理营销师资格证书，说明他或她在营销专业领域已经可以胜任基本工作。②通过考查应聘者对专业问题的回答，来了解其推销产品的潜在能力。③可以询问应聘人员一些社会热点问题，来考查其分析问题的能力。④了解应聘者的业余爱好。应聘者的爱好有时候也可以决定推销的成败。比如，如果推销人员的爱好恰好与顾客的爱好一致，就会与顾客的关系更融洽，顾客就极有可能购买推销产品。

（5）体检。面试合格后应聘人员应接受单位统一组织的体检，体检合格后才能进入最后一个环节。

（6）营销部门考查是否录用。

（二）推销人员的培训

1．推销人员培训的必要性

推销人员作为一线专业销售人员，经常要与顾客打交道，如果不培训，是难以很好地完成推销业务的。培训推销人员的工作一般由企业人力资源管理部门负责执行。当然，重要的培训项目是需要企业领导层亲自出面的，也可以聘请社会上的相关专家来企业讲课。

（1）对于刚刚进入推销行业的推销人员来说，由于没有工作经验，他们确实需要专业培训，以便迅速熟悉推销工作。企业可以让经验丰富的推销人员现身说法，讲讲推销的经验、教训、推销技巧及应注意的问题等，使新手们不至于走太多的弯路。对于那些有工作经验但刚加入企业推销队伍的人员来说，通过培训，可以使他们了解企业的发展历程、企业文化、经营理念等内容。

（2）有经验的推销人员同样也需要培训。社会在不断进步，市场情况瞬息万变，消费者的需求千变万化，经验丰富的推销人员要紧跟时代潮流，与时俱进，及时更新推销观念，适应社会的发展，时刻把握市场脉搏，才能取得更好的推销业绩。在现实中，经验丰富的推销人员往往囿于自己长期形成的成功经验，经常按老规矩推销，易滑入经验主义的泥潭。经常接受培训则可以消除这一现象。因此，有经验的推销人员应加强学习，不断更新自己的知识结构与体系，使推销人员能时刻了解并随时满足顾客不断变化的需求。

（3）推销人员通过培训，可以了解不断涌现出来的新产品。人类科技进步的步伐越来越快，新产品层出不穷且花样品种翻新较快。例如，电脑、网络、智能手机等高科技产品的更新换代速度之快令人目不暇接，因此，高科技产品的生命周期有逐渐缩短的趋势。推销人员只有掌握主流产品的使用方法，了解最新产品的性能特点，才能更好地为顾客做好推销服务。

2．推销人员培训的目标

推销人员培训的目标可分为两类：近期目标与长远目标。近期目标为达到的目的：了解推销人员所在企业的情况，掌握推销产品及企业相关产品的知识，增强推销人员的责任感并提高其思想境界，端正推销人员心态，了解竞争对手企业的推销状况等。推销人员培训的长远目标是提高推销人员销售业务水平，增强企业营销能力，促进企业发展。

3．推销人员培训的内容

推销人员培训一般包含下述内容：

（1）企业的历史、现状与未来。

首先，了解企业的过去，目的是让推销人员知道企业的光荣历史，企业创业的艰难，使他们以企业为荣，对企业有荣誉感，从而更了解企业的优良传统。了解企业的现状，有利于推销人员明白企业面临的机遇与挑战，明白企业的优势及劣势，从而更能理解企业现阶段的经营方针与政策，利于提高推销业绩。

其次，了解世界经济概况、中国国民经济状况、行业及竞争对手的情况。基于全球经济一体化，中国已经融入世界经济大熔炉，全球经济发展态势无疑会深刻影响我国的经济走势。企业所在行业在中国经济中处于什么样的地位，推销人员也应了解。另外，推销人员更应该了解竞争对手企业的历史、现状、企业文化、经营理念、营销观念、广告策略等。

同时，还应了解未来经济发展的动向，了解企业的发展战略与目标，了解竞争对手企业的未来动向等内容。

（2）产品知识。

推销人员不仅要知道本企业有哪些产品，有几条产品线、多少产品项目，每一个产品的品牌名称、品牌符号、质量、功能与性能、优点与缺点、外观、款式、包装造型等，还要了解竞争企业的产品数量、质量、品牌、包装等情况，行业内其他企业产品的情况也应了解。除此之外，推销人员要深入到生产车间参观或实习，来了解企业所有产品的生产加工的整个过程，熟悉产品的加工工艺流程，只有如此，才能全面了解产品。

（3）市场知识。

1）了解市场基本原理，掌握市场营销观念、消费的特点、消费者购买决策特点、消费者心理、消费者行为特点，掌握市场调研技术，会分析市场调查数据并利用数据进行市场需求预测。

2）聘请市场营销专家培训推销人员，讲解市场细分、市场定位、市场营销组合战略，重点介绍产品定价策略、分销策略、促销策略。在促销组合中，要强调四大促销策略（广告、推销、公共关系、营业推广）之间的相辅相成、互相促进的关系。

（4）推销知识。

推销人员应了解寻找顾客、约见顾客、接近顾客的方法。掌握推销成交的含义、障碍与内容，了解推销成交的策略与方法，认识到培训的重要性，积极接受培训。

知识链接

受人欢迎的推销人员类型

（1）关心顾客。
（2）与人为善。
（3）态度诚恳。
（4）语言流畅、表达明白。
（5）客观地介绍产品。
（6）认真对待顾客抱怨。
（7）及时解决顾客的问题。

不受欢迎的推销人员类型

（1）欺骗顾客。
（2）给顾客承诺但不兑现。
（3）夸大产品功效。
（4）不理睬顾客的抱怨。
（5）不能及时解决顾客的问题。
（6）对顾客漠不关心。

二、推销人员的管理与激励

推销人员的管理属于企业营销管理的范畴。适当激励推销人员，可以使他们焕发青春活力，提高推销业绩。

（一）推销人员的管理

人员推销是企业促销方式之一，广告既面对老顾客也面对潜在顾客，与广告不同，人员推销直接与顾客沟通。不像公共关系活动，人员推销会直接产生经济效益。营业推广的方式很多，影响面也较广，而营业推广的促销作用却不如人员推销直接。由于推销人员直接和顾客打交道，推销人员的业绩高低决定着企业的经济效益，因此，如何有效管理推销工作，如何规范与管理推销人员的活动，使人员推销产生更大的促销效益，是企业推销管理的重大课题。

1．对推销管理的理解

推销管理是指对推销人员、推销资金等资源的有效管理，目的是使用最少的推销人员、以最少的资金产生最大的推销效益。推销人员的管理工作归属于企业销售管理部门，由销售经理直接负责。其工作内容包括推销人员的招聘、培训、制订推销计划、分配销售定额、协调推销活动、激励推销人员等。

2．推销人员管理的方法

控制推销活动与管理推销人员，不是限制推销人员的行为，只是把推销人员的工作纳入正轨，使推销工作与企业的营销工作、生产活动、经营活动相一致。

（1）完善推销人员定期汇报制度。

推销人员直接接触用企业产品的用户，推销人员的表现好坏直接影响着产品与企业的形象。推销人员每日汇报制度，可以是口头汇报，也可以是书面汇报。推销人员早上去企业报到以后，首先与同事们热情打招呼询问他们的推销业绩，并谈谈自己的推销情况。然后，面见销售组长或经理，简要报告昨天的推销过程、取得的成果、遇到的难题等，接着说说今天的推销安排，想要达到的推销目标，准备拜访多少顾客，策划拜访路线。这就是口头汇报，也称为非正式汇报。书面汇报比较正式，推销人员每天汇报前一天的推销情况，如拜访顾客数量、顾客姓名、顾客如何评价产品、顾客反映的问题等。除了每日汇报制度以外，还可以建立周或月汇报制度。

推销人员定期汇报制度是推销人员管理的重要内容，实行并不断完善汇报制度，销售管理部门可以随时掌握每位推销人员的绩效水平，推销人员互相也了解彼此业绩的高低，业绩好的人员会更有动力，而业绩差的推销人员会产生压力而更加努力，否则会面临降薪或下岗的危险。

（2）销售经理能构建善于打硬仗的推销团队。

虽然销售经理主要是管理推销人员，要求有人员管理的能力，但是销售经理必须是来自基层的推销人员，也就是说，销售经理应该做过推销人员，干过推销，而且曾有很高的推销业绩。如果销售经理不懂推销，那他的推销管理工作便很难进行，因为不但推销人员不会服气一个门外汉的管理，而且销售经理时常要帮助推销人员解决推销工作中出现的棘手难题，更何况部分企业的通常做法是推销人员拜访顾客而销售经理才能代表企业同顾客签订购买产品的合同。所以，销售经理只有业务熟练，才能给推销人员树立一个极好的榜样，才能指导推销人员顺利完成工作，使销售队伍里的成员个个“能征善战”，这样才能提高推销业绩。

（3）构建并逐步完善推销人员激励制度。

激励企业员工是企业管理的重要工作内容之一，企业销售管理部门也要激励推销人员，对推销人员进行有效激励可以提高其推销积极性。

（4）构建一套行之有效的督查机制。

前文说过，推销人员经常要向销售主管或销售经理汇报工作。但是，推销人员的工作描述是否完全可信，有待证实。因为推销人员个个都能言善辩，要判断其语言中有多少水分，是不太容易的。这正是要求销售经理必须熟悉推销业务的一个原因。因此，构建一套行之有效的推销人员督查机制是必要的。销售经理可以定期或不定期回访顾客，可以用电话、电子邮件、QQ 或微信等聊天工具与顾客沟通，或者邀请顾客来企业考察座谈，一是与顾客进行较高层次的沟通交流，二是询问顾客如何评价推销人员的工作。也可考虑偶尔暗中跟踪推销人员。通过对推销人员进行有效的监督检查，可不断完善推销工作，促进推销绩效的提升。

（二）推销人员的激励

1．激励推销人员的原因

激励是激发鼓励，就是激发人的斗志，鼓舞人的士气。成语“一鼓作气”便是古人在作战时用敲战鼓的方式激励士兵奋勇杀敌。在激烈的市场竞争中，“狭路相逢勇者胜”，说的就是哪位推销人员更有积极性，他就更容易取得推销胜利。要获得工作积极性，必须激励推销人员。

（1）安于现状、不思进取的本能决定多数推销人员需要激励。

根据 80/20 原理，20%的推销人员不需要激励，他们会自发地完成自己应该完成的工作任务，而且任劳任怨业绩突出，是推销员队伍里面的佼佼者。而 80%的推销人员则需要激励，如果不激发他们的工作热情，他们的业绩较难有明显提高。在这部分推销人员里边，有 80%的人稍加鼓励便能焕发出较强的工作积极性，而剩下来的 20%任凭你怎么激励都收效甚微。因此，推销员队伍里，需要激励且激励有效的推销人员仅占推销人员总量的 64%，加上不需要激励的 20%的优秀分子，共有 84%的推销人员有实实在在的战斗力。占总数 16%的推销人员属于落后分子，企业可以考虑淘汰他们。不需要激励的 20%的优秀推销人员，其身上很少看见不思进取的负能量，相反他们身上充满了积极进取的正能量。64%的推销人员身上有较多的懒惰情绪，但给予适当激励可明显消除懒惰。

（2）工作性质决定推销人员需要激励。

为了完成任务或多赚钱，推销人员往往冒严寒战酷暑风里来雨里去，跑细腿、磨破鞋，说尽千言万语、想尽千方百计，这仅仅是生理上的苦与累，还比较容易克服。推销人员经常和各种各样的顾客打交道，俗话说“人上一百，形形色色”，面对推销人员的“死缠烂打”始终能客客气气并购买产品的顾客毕竟是少数，多数顾客要么严词拒绝、要么态度生冷，这些都会在推销人员内心深处烙上负面的心理印记，使推销人员产生畏难情绪，从而挫伤他们的推销积极性。所以，需要激励推销人员，使他们克服畏难心理，始终保持工作积极性和热情。

2．激励的作用

我们知道，多数推销人员身上都有惰性，都有“小富即安”的心态，因此，激励推销人员能起到激发其工作积极性的作用。

（1）激励推销人员的基本作用是激发他们的工作激情，鼓舞他们的斗志，勉励他们始终把顾客的利益放在第一位，促进推销业务绩效的提高。

（2）正面激励推销人员，可以鼓励多数推销人员（需要激励且激励有效的推销人员，占 64%）不断积累推销经验，善于使用推销技巧，逐步提高推销效率和推销业绩。

（3）对于占推销队伍 16%的落后分子来说，正面激励作用不大，则可考虑采用反向激励，即惩罚。通过惩罚，期望能警醒这些业绩差的推销人员，促使他们能完成推销任务。反向激励以后，如果他们还不能达成推销目标，则可使用最残酷的反向激励——开除。开除业绩最差的推销人员，可以使留下来的推销人员引以为戒，在惧怕被开除的心理的影响之下，这些推销人员会焕发出极大的工作活力，这个作用往往是正面激励所望尘莫及的。

（4）适当的激励可以使推销人员舒缓推销工作中承受的巨大压力，调整心态，减少负能量，增强自信心，使他们体会到来自企业、销售主管及同事的关怀，从而增进推销员队伍的团结，有利于整体推销能力的提升。

3．激励的方式

（1）目标激励。据研究，有明确学习目标和工作目标的人，往往比没有目标的人，更容易成功。因此，企业销售管理部门一般都为推销人员制定推销目标，以便推销人员能有前进的方向，也方便上级考核。通常的推销目标包括：销售金额，一定时期内（一般是 1 年或 1 季度或 1 月）拜访的顾客数量，一定时期内新开发顾客的数量等。

如果推销人员符合推销目标要求，企业必须给推销人员以奖励或提成，否则，推销人员便没有了工作的动力，失去了激励的意义。目标激励分为基本目标激励与超额目标激励。前者是指当推销人员完成推销任务以后，企业给予基本工资，后者是指推销人员超额完成任务后，便可获得额外奖金。

值得销售管理部门注意的问题有：①销售目标不能过高也不能过低。企业销售管理部门核定的推销目标太低的话，推销人员 100%都能达到，就会失去目标激励的意义。相反，目标定得太高，推销人员 100%都不能达成日标，会挫伤他们的自信心。唯有使 80%的推销人员能实现的推销目标才合理，合理的目标才能把激励作用发挥至极致。②由于推销人员所负责的地域不同，其推销目标应有所差异。比如，经济发达地区市场规模较大，消费需求增长较快，推销目标应定得高一点，反之，经济欠发达地方较低，落后地区目标最低。

知识链接

1.01 和 0.99 法则

日本某小学有一张励志海报：1.01 的 365 次方等于 37.8；0.99 的 365 次方等于 0.03。365 次方代表一年的 365 天，1 代表每一天的努力，1.01 表示每天多做 0.01；0.99 代表每天少做 0.01，365 天后，一个增长到了 37.8，一个减少到 0.03！

（资料来源：http://tieba.baidu.com/p/2192536412）

（2）榜样激励。科学家研究认为：“人是唯一能接受暗示的动物。”积极的暗示会对人的情绪和生理状态产生良好的影响，激发人的内在潜能，发挥人的超常水平，使人进取，催人奋进。销售主管可以把业绩突出的推销人员树立为学习的榜样，让榜样的力量默默地激励其他推销人员。

（3）情感激励。企业推销管理部门的各级领导应经常关怀推销人员及其父母妻儿的生活，见缝插针地与推销人员进行情感交流与心灵沟通，使推销人员与销售主管们息息相通，创造融洽的推销气氛，构建一个和谐的大家庭。在这样的良好环境中，推销人员工作舒心、顺心、开心，他们的业绩自然会提高。如此的精神激励效果往往好于物质激励。

【实训练习】

推销人员自我评价

实训目的：让学生尽可能了解自己。

实训方法：自我评价法。

实训内容：每位同学准备一张纸，在纸上写出自己的优点与缺点，大家互相讨论，总结在推销活动中应如何发挥自己的优点，克服自己的缺点。

实训步骤：教师说明规则，学生评价，教师点评。

实训考核标准：

（1）自我评价必须是真实的。

（2）总结应全面，有思想观点，有感悟。

复习思考题

1. 什么是推销成交？
2. 推销成交的内容主要有哪些？
3. 推销成交策略有哪些？
4. 促成交易的方法主要有哪些？
5. 交易完成以后与顾客保持良好关系有什么意义？

案例分析

案例一：

朱珠是一家保险公司的销售代表，她与某国企某部门领导约好拜访时间。为了达成交易，她务必在初次拜访过程中尽可能多地了解该顾客的有关信息。

朱珠进入该部门领导的办公室，该部门领导正在打电话。朱珠趁机环顾顾客的办公室。该顾客的办公桌靠近窗口，上面铺着玻璃板，玻璃板下面摆放了几张照片。办公桌中间最上面，有一张家人的合影，照片上有三个人，除了顾客及其妻子以外，还有一位可爱的小姑娘。合影的下面是一张顾客踢足球的休闲照。

等顾客打完电话，朱珠与顾客谈了 20 分钟，谈完保险以后，朱珠与顾客聊起了孩子的教育，总共聊了 40 分钟。

最后，朱珠问："您喜欢足球吧。"

"喜欢看球赛，自己也喜欢踢。"

"我也是。我还去韩国看过世界杯足球赛呢。"朱珠说。

"我去欧洲看过。"顾客答道。

后来，朱珠经常给该顾客打电话，不谈保险，只是交流教育子女的经验。另外，朱珠用快递寄给顾客两张北京国安队主场比赛球票及一套巴西世界杯纪念邮票。

问题：

（1）朱珠是如何了解顾客资料的？

（2）维持与顾客良好关系的前提是什么？为什么？

案例二：

推销员："这款汽车怎么样？"

顾客："还可以。"

推销员："如果成交的话，我们免费给您加满一箱油。"

顾客："带不带灭火器？"

推销员："一般不带灭火器。"

顾客："旁边 4S 店的汽车带灭火器呀。"

推销员："他们不免费加油。"

顾客："你们的售后服务如何？"

推销员："免费保养三年或 10 万公里。"

顾客："你们的汽车比某某品牌的汽车好在哪里？"

推销员："第一，小巧玲珑；第二，省油；第三……"

顾客："你们的价钱还能便宜点吗？"

问题：

（1）这个案例哪些地方是成交信号？是哪一种类型的成交信号？

（2）这个案例给了我们什么启发？

参 考 文 献

[1] 李冬芹，张幸花．推销与商务谈判[M]．大连：大连理工大学出版社，2010.
[2] 张晓，徐洪岩．现代推销技术[M]．北京：北京交通大学出版社，2012.
[3] 张亚军，包利军，王业军．商务谈判与推销技巧实训[M]．北京：科学出版社，2007.
[4] 姬爱国，张林．现代推销技能与训练[M]．长春：东北师范大学出版社，2011.
[5] 冯华亚．推销技巧与实战[M]．北京：清华大学出版社，2010.
[6] 田玉来．现代推销技术[M]．北京：人民邮电出版社，2011.
[7] 崔平．推销学[M]．北京：机械工业出版社，2005.
[8] 吴建安，王旭．现代推销学[M]．大连：东北财经大学出版社，2000.
[9] 吴为之．现代推销学[M]．北京：首都经济贸易大学出版社，1996.
[10] 李世宗．现代推销技术[M]．北京：北京师范大学出版社，2007.
[11] 龚荒．商务谈判与推销技巧[M]．北京：清华大学出版社，北京交通大学出版社，2005.
[12] 范忠，陈爱国．商务谈判与推销技巧[M]．北京：中国财政经济出版社，2010.
[13] 李夏生，纪孝清．推销实务[M]．北京：化学工业出版社，2009.
[14] 张晓青，高红梅．推销实务[M]．大连：大连理工大学出版社，2007.
[15] 钟立群．现代推销技术[M]．北京：电子工业出版社，2005.
[16] 邱少波．现代销售技能[M]．上海：立信会计出版社，2005.
[17] 杨群祥．商务谈判与推销[M]．大连：东北财经大学出版社，2005.
[18] 易开刚．现代推销学[M]．上海：上海财经大学出版社，2004.
[19] 侯铁珊．推销原理与技巧[M]．大连：大连理工大学出版社，1994.
[20] 倪正兴．如何成为推销高手[M]．成都：西南财经大学出版社，2003.
[21] 陈企华．最成功的推销实例[M]．北京：中国纺织出版社，2003.
[22] 王景山．商务谈判教程[M]．北京：中国计量出版社，2009.
[23] 刘园．国际商务谈判[M]．北京：首都经济贸易大学出版社，2004.
[24] 杨晶．商务谈判[M]．北京：清华大学出版社，2005.
[25] 王晓．现代商务谈判[M]．北京：高等教育出版社，2007.
[26] 肖华．商务谈判实训[M]．北京：中国劳动社会保障出版社，2006.
[27] 陈文汉．商务谈判实务[M]．北京：电子工业出版社，2009.